DE BIZÂNCIO
PARA
O MUNDO

Colins Wells

DE BIZÂNCIO PARA O MUNDO

A SAGA DE UM IMPÉRIO MILENAR

9ª edição

Tradução
Pedro Jorgensen

Rio de Janeiro | 2024

Copyright © 2006 by Colin Wells, mapas de David Lindroth

Título original: *Sailing from Byzantium: how a lost empire shaped the world*

Capa: Sérgio Campante

Foto de capa: Bettman/Corbis (DC)/Latinstock

Editoração: DFL

Texto revisado segundo o
Acordo Ortográfico da Lingua Portuguesa de 1990

2024
Impresso no Brasil
Printed in Brazil

Cip-Brasil. Catalogação na fonte
Sindicato Nacional dos Editores de Livros, RJ

W511b
9ª ed.
	Wells, Colin, 1960-
	    De Bizâncio para o mundo: a saga de um império milenar/Colins Wells; [tradução Pedro Jorgensen]. – 9ª ed. – Rio de Janeiro: Difel, 2024.
	    322p.: 23cm
	
	    Tradução de: Sailing from Byzantium
	    ISBN 978-85-286-1519-7
	
	    1. Civilização eslava – Influências bizantinas. 2. Civilização islâmica – Influências bizantinas. 3. Europa, Oeste – Civilização – Influências bizantinas. I. Título.

11-4229	CDD – 940 CDU – 94(4)

Todos os direitos reservados pela:
Difel — um selo da
EDITORA BERTRAND BRASIL LTDA.
Rua Argentina, 171, 3º andar – São Cristóvão
20921-380 – Rio de Janeiro – RJ
Tel.: (21) 2585-2000

Não é permitida a reprodução total ou parcial desta obra, por quaisquer meios, sem a prévia autorização por escrito da Editora.

Atendimento e venda direta ao leitor:
sac@record.com.br

Para vovô e vovó Petey
E para meus pais
Com amor e gratidão

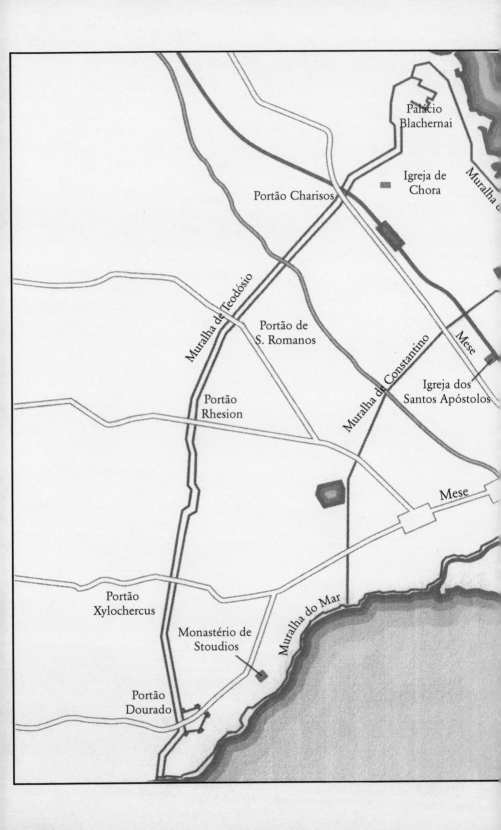

Sumário

Principais Personagens	11
Cronologia	17
Mapas	19
Introdução	27
Prólogo	31

PARTE I   Bizâncio e o Ocidente

Capítulo 1	Rumo à separação	37
Capítulo 2	Entre Atenas e Jerusalém	60
Capítulo 3	Petrarca e Boccaccio são reprovados em grego	70
Capítulo 4	Crisoloras em Florença	86
Capítulo 5	Os emigrados bizantinos no *Quattrocento*	105

PARTE II   Bizâncio e o Mundo Islâmico

Capítulo 6	Uma nova Bizâncio	129
Capítulo 7	A Casa do Conhecimento	147
Capítulo 8	O Iluminismo árabe	164

PARTE III   BIZÂNCIO E O MUNDO ESLAVO

Capítulo 9	Uma ameaça vinda do norte	181
Capítulo 10	A missão de Cirilo e Metódio	191
Capítulo 11	Guerras de rivalidade	201
Capítulo 12	Sérvios e outros	209
Capítulo 13	A ascensão de Kiev	217
Capítulo 14	A idade de ouro da Rus de Kiev	229
Capítulo 15	A ascensão de Moscou	245
Capítulo 16	A Terceira Roma	262
Epílogo	O último bizantino	271

Nota do Autor   281
Agradecimentos   283
Notas   287
Bibliografia   291
Índice   313

Principais Personagens

Bizâncio

Humanistas

Teodoro Metochites (1270-1332). Estadista, erudito, patrono das artes. Fundou a Última Renascença bizantina e reconstruiu a Igreja de Chora.

Barlaam da Calábria (c. 1290-1348). Primeiro adversário do hesicasmo; deu aulas de grego a Petrarca.

Demétrio Cydones (c. 1324-c. 1398). Estadista bizantino; traduziu Santo Tomás de Aquino para o grego.

Manuel Crisoloras (c. 1350-1415). Diplomata e educador; primeiro professor bem-sucedido de grego antigo no Ocidente.

Georgios Gemistos Pletho (c. 1360-1452). Filósofo e erudito; estimulou o interesse por Platão entre os humanistas italianos.

João Bessarion (c. 1399-1472). Erudito expatriado, tradutor, patrono de humanistas italianos e bizantinos na Itália; ajudou a redigir o decreto de união das igrejas Católica e Ortodoxa (1439) e depois se tornou cardeal católico.

João Argyropoulos (1415-1487). Professor e filósofo; completou a mudança de interesse por Platão iniciada por Pletho entre os italianos.

Monges

Gregório Palamas (*c.* 1296-1359). Teólogo místico e santo; principal proponente do movimento hesicasta no monasticismo ortodoxo.

Cirilo (*c.* 826-869) e Metódio (*c.* 815-885). Irmãos missionários ortodoxos e apóstolos dos eslavos; inventores e promotores do antigo eslavo eclesiástico, idioma litúrgico dos ortodoxos eslavos de inspiração bizantina.

Imperadores

Justiniano (*c.* 482-565; reinou a partir de 527). Realizou a Reconquista da Itália; construiu a basílica de Santa Sofia.

Heráclio (*c.* 575-641; reinou a partir de 610). Salvou Bizâncio dos persas, depois perdeu as províncias mais ricas para os muçulmanos árabes no início da Idade Média bizantina.

Constantino VII Porfirogênito (905-959; reinou a partir de 945). Imperador da dinastia macedônica e autor de *Sobre como governar o Império*, importante fonte histórica do período.

Basílio II (958-1025; reinou a partir de 976). Imperador da dinastia macedônica; levou Bizâncio ao ápice de seu poder ressurrecto na Primeira Renascença bizantina.

Aleixo I Comneno (*c.* 1057-1118; reinou a partir de 1081). Fundador da dinastia comnena, que, depois do colapso da segunda metade do século XI, promoveu a recuperação temporária de Bizâncio na época das Cruzadas.

João VI Cantacuzeno (c. 1295-1383; reinou entre 1347 e 1354). Estadista, regente, imperador, teólogo, historiador e, finalmente, monge; patrono de humanistas, mas também hesicasta comprometido; formulou a política de unidade para a igreja na Rússia.

Manuel II Paleólogo (1350-1425; reinou a partir de 1391). Neto de João VI Cantacuzeno; amigo e patrono de muitos humanistas bizantinos durante a Última Renascença bizantina.

Patriarcas de Constantinopla

Fócio (c. 810-c. 895; patriarca em 858-867 e 877-886). Erudito humanista que concretizou a Primeira Renascença bizantina; promotor da missão de Cirilo e Metódio aos eslavos.

Nicolau I, o Místico (852-925; patriarca em 901-907 e 912-925). Regente do jovem Constantino VII Porfirogênito durante as guerras de Simeão da Bulgária contra Bizâncio.

Filoteu Kokkinos (c. 1300-c. 1378; patriarca em 1353-54 e 1364-76). Monge hesicasta que ajudou a realizar a política de unidade da igreja na Rússia.

O Ocidente

Teodorico (c. 454-526). Rei dos godos (a partir de 471); educado em Constantinopla e colocado pelos bizantinos para reinar na Itália.

Boécio (c. 480-c. 524). Filósofo e erudito romano tardio; tentou traduzir Aristóteles para o latim.

Cassiodoro (c. 487-c. 580). Erudito e administrador romano tardio, mais tarde monge.

Liudprand de Cremona (c. 920-c. 972). Nobre e diplomata lombardo que visitou Constantinopla duas vezes a serviço de monarcas ocidentais.

Enrico Dandolo (c. 1107-1205). Doge veneziano (a partir de 1192) que orquestrou o saque e a ocupação de Constantinopla por soldados ocidentais da Quarta Cruzada (1204-1261).

Petrarca (1304-1374). Poeta italiano que fundou o humanismo renascentista na Itália e tentou aprender grego.

Coluccio Salutati (1331-1406). Humanista, chanceler de Florença que providenciou para que Manuel Crisoloras lá ensinasse grego.

Leonardo Bruni (1370-1444). Retórico e historiador; aluno de Crisoloras e principal proponente do humanismo cívico.

Poggio Bracciolini (1380-1449). Renomado latinista que se juntou ao círculo florentino de Crisoloras quando jovem.

Niccolò Niccoli (1364-1437). Classicista fugidio que estudou com Crisoloras em Florença; escreveu pouco, mas exerceu forte influência sobre artistas e outros humanistas.

Guarino de Verona (1374-1460). Pioneiro educador italiano que foi o mais íntimo seguidor de Crisoloras.

Tommaso Parentucelli (1397-1455). Humanista italiano que se tornou papa, como Nicolau V (a partir de 1446); fundou a Biblioteca do Vaticano e providenciou para que Bessarion supervisionasse a tradução de manuscritos gregos.

Lorenzo Valla (1407-1457). Talentoso classicista e filólogo italiano, protegido do humanista bizantino expatriado cardeal Bessarion.

Marsílio Ficino (1433-1499). Amigo e parceiro de Cosimo e Lourenço de Médici; fundou a Academia Platônica em Florença depois de aprender grego.

⊙ Mundo Islâmico

Maomé (c. 570-632). Profeta e fundador do islã.

Muawiya (c. 602-680). Quinto califa (a partir de 661) e fundador da dinastia omíada, baseada na antiga província bizantina da Síria.

Abd al-Malik (646-705). Califa omíada (a partir de 685); restaurou o poder omíada; construiu o Domo da Rocha.

Al-Mansur (c. 710-775). Califa abássida (a partir de 754) e fundador de Bagdá; iniciou o movimento de tradução greco-árabe.

Al-Mamun (786-833). Califa abássida (a partir de 813); levou adiante o movimento de tradução greco-árabe; associado em fontes posteriores à "Casa do Conhecimento".

Hunain ibn Ishaq (808-873). Tradutor cristão nestoriano de textos gregos médicos e científicos para o árabe; viajou ao antigo território bizantino em busca de textos.

⊙ Mundo Eslavo

Bóris I (?-907). Cã da Bulgária (852-889); convertido ao cristianismo em 865; adotou a liturgia eslavônica de Cirilo e Metódio.

Simeão, o Grande (c. 865-927). Filho de Bóris e primeiro tsar da Bulgária (a partir de 893); ortodoxo fervoroso; travou duas grandes guerras contra Bizâncio num esforço de capturar Constantinopla.

Estêvão Nemanja (?-c. 1200). Soberano da Sérvia medieval que a trouxe para a comunidade bizantina; fundou a dinastia governante da Sérvia e numerosos monastérios ortodoxos; tornou-se monge e santo ortodoxo.

Sava (1175-1235). Filho mais moço de Estêvão Nemanja; tornou-se monge em Monte Athos; fundou a Igreja ortodoxa sérvia independente; santo ortodoxo.

Olga (?-c. 969). Princesa e soberana (a partir de 945) russa de Kiev; viajou a Constantinopla, onde se converteu ao cristianismo ortodoxo.

Svyatoslav (c. 945-972). Príncipe russo de Kiev e filho de Olga; guerreiro pagão morto pelos pechenegues quando cruzava o Dnieper.

Vladimir, o Grande (c. 956-1015). Príncipe russo de Kiev e filho de Svyatoslav; diz-se que converteu seu povo ao cristianismo ortodoxo; santo ortodoxo.

Yaroslav, o Sábio (978-1054). Príncipe russo de Kiev e filho de Vladimir; reconstruiu Kiev como capital ortodoxa e a levou ao ápice de seu poder.

Cipriano (c. 1330-1406). Monge búlgaro que, trabalhando com o patriarca Filoteu, foi o maior expoente do hesicasmo bizantino na Rússia.

Sérgio de Radonezh (1314-1392). Monge e santo ortodoxo russo; fundador do monasticismo russo e promotor do hesicasmo russo.

Eutímio de Turnovo (c. 1317-c. 1402). Monge hesicasta búlgaro e patriarca de Turnovo; fundador do movimento "segunda influência sul-eslava", a revitalização hesicasta do legado do antigo eslavo eclesiástico.

Máximo, o Grego (c. 1470-1556). Nascido Miguel Trivolis e educado em círculos humanistas de Florença antes de se converter ao cristianismo; como monge, Máximo passou uma década em Monte Athos antes de ir para a Rússia, onde ficou conhecido como "Máximo, o Grego".

Cronologia

Ano	Bizâncio	Ocidente	Mundo Islâmico	Mundo Eslavo
330	Fundação de Constantinopla			
c. 500		Godos na Itália; Boécio e Cassiodoro ativos		
500s	Justiniano imperador (d. 565)	Reconquista da Itália	Guerra entre Bizâncio e a Pérsia	Eslavos nos Bálcãs
c. 575-640	Heráclio imperador (d. 641)	Lombardos na Itália	Maomé (d. 632) funda o islã	Ábares se aliam aos eslavos
c. 650-750	Começa o Alto Medievo	Ascensão dos francos	Dinastia omíada	Búlgaros chegam aos Bálcãs
c. 750-850	Era do iconoclasmo	O papado se alia aos francos	Dinastia abássida; fundação de Bagdá	Ascensão da Bulgária
c. 860s	Primeira Renascença bizantina; Fócio ativo	Cisma fociano	Floresce o movimento de tradução greco-romana; Hunain ibn Ishaq ativo	Os russos atacam Constantinopla; Cirilo e Metódio ativos
c. 900s	Constantino VII Porfirogênito	Oto, o Grande	Começa o declínio abássida	Simeão da Bulgária (d. 927); ascensão de Kiev
c. 1000s	Basílio II (d. 1025); declínio bizantino (após c. 1075)	Turcos entram na Ásia Menor (após c. 1075)	Turcos seljúcidas	Vladimir, o Grande; conversão do Rus de Kiev
c. 1100s	Imperadores comnenos	Começam as Cruzadas	Começa o declínio do Iluminismo árabe	Principados rivais na Rússia
c. 1200s	Quarta Cruzada (1204-1261)		Mongóis saqueiam Bagdá	Horda Dourada na Rússia
c. 1320	Última Renascença bizantina; Teodoro Metochites ativo	Giotto ativo; começo da Renascença italiana	Fundação do Estado turco-otomano	Metropolita Pedro vai para Moscou (1326)
c. 1330-1355	Controvérsia hesicasta	Barlaam na Itália; Petrarca estuda grego	Ascensão do poder otomano na Ásia Menor	Filoteu promove a unidade do metropolitanato russo
c. 1350-c. 1400	Cydones e Filoteu ativos	Salutati ativo; Crisoloras em Florença (1397-1400)	Otomanos conquistam boa parte dos Bálcãs	Ascensão de Moscou; batalha de Kulikovo (1380); Cipriano ativo
c. 1400-c. 1480	Queda de Constantinopla; fim do Império Bizantino (1453)	Bessarion e outros ativos na Itália; Concílio de Florença (1439)	Otomanos continuam a conquista dos Bálcãs	Desintegração do poder mongol; expansão de Moscou

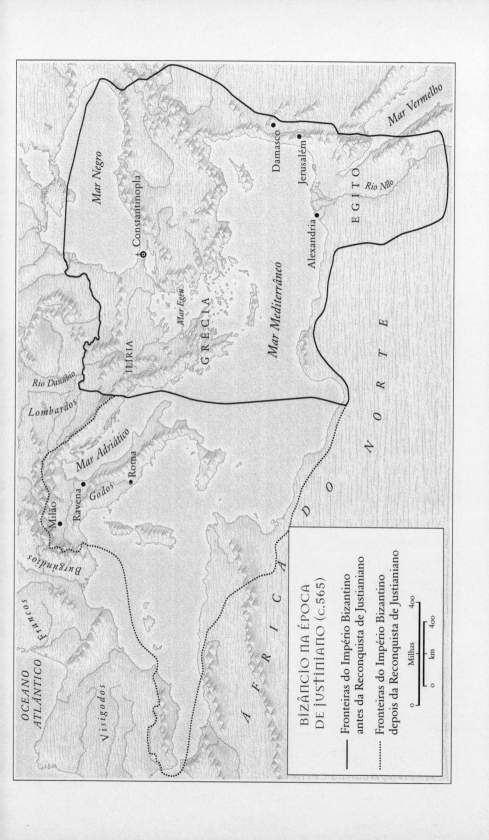

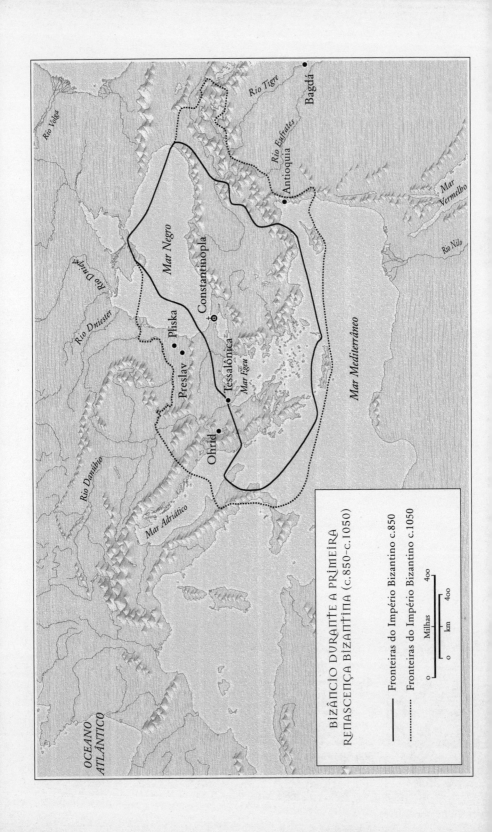

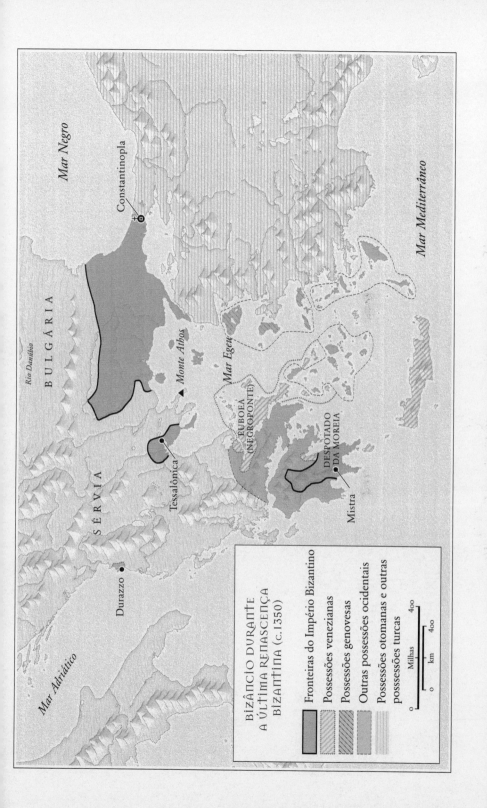

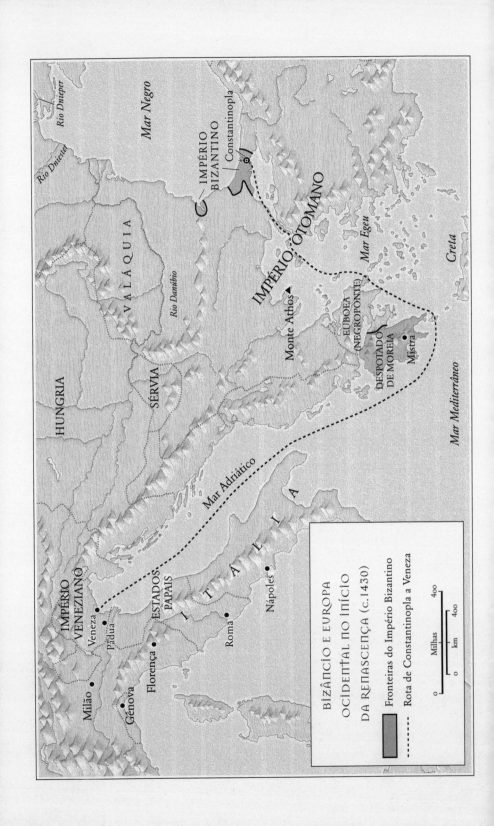

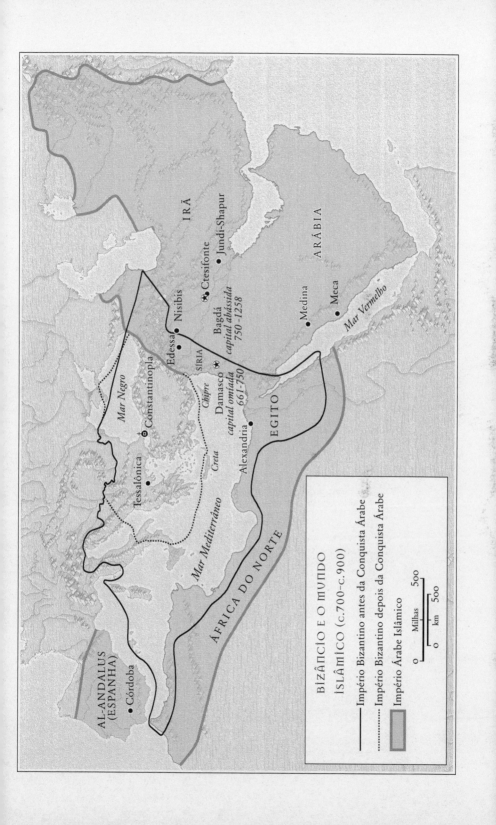

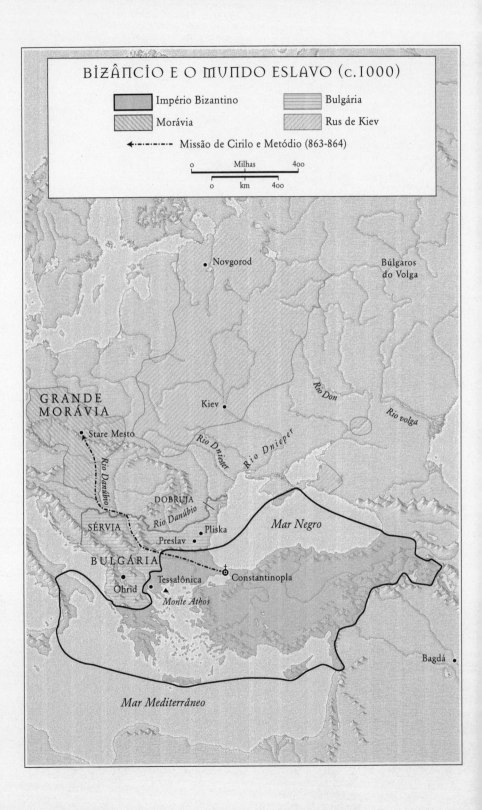

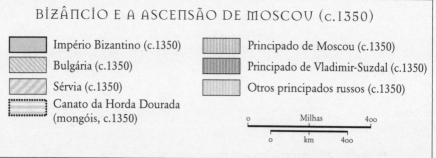
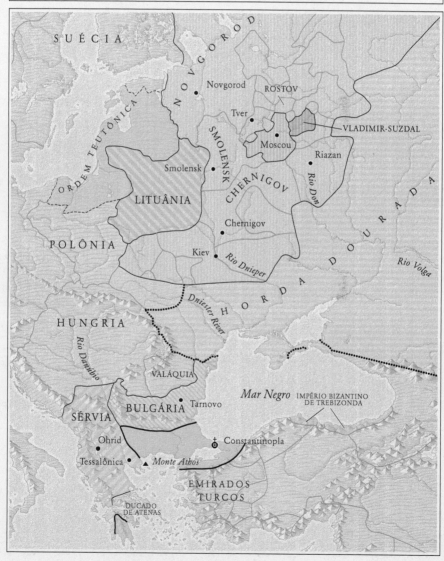

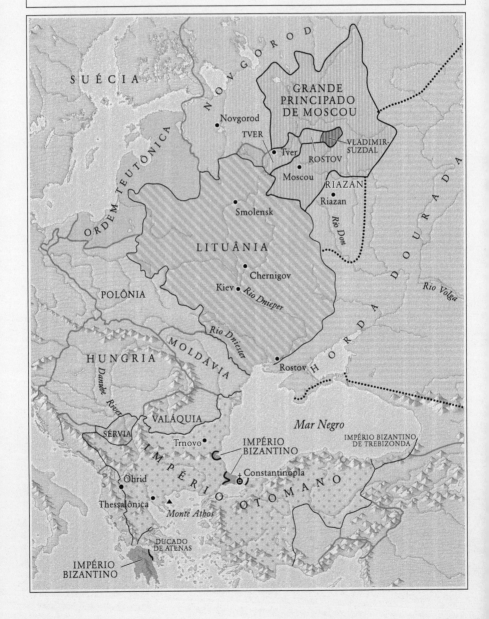

Introdução

O Império Bizantino foi o herdeiro medieval da Grécia e da Roma antigas, continuação do Império Romano em território grego, tendo o cristianismo como religião de Estado. Nasceu no início do século IV com a fundação de uma nova capital cristã, Constantinopla, no lugar da antiga cidade grega de Bizâncio, e terminou quando os turcos otomanos capturaram a cidade em 1453 e fizeram dela a capital de seu império islâmico, que o substituiu em termos de aspirações territoriais e estilo imperial.

Os historiadores ocidentais, a começar por Edward Gibbon em seu *Declínio e queda do Império Romano*, até muito recentemente tratavam a história de Bizâncio como uma longa e pouco edificante narrativa de decadência imperial. Se a medida de um império é seu território, isso talvez seja verdade. Da vastidão do Império Romano de outrora, passado um milênio de adversidades, Bizâncio se viu reduzida, em suas décadas finais, a pouco mais do que a própria cidade de Constantinopla.

Pesquisas mais recentes têm revelado, no entanto, que, sob o ângulo da influência cultural, Bizâncio tem uma história de realizações duradouras e, em alguns momentos, de vigorosa expansão. *De Bizâncio para o mundo* conta essa história ao leitor comum.

A organização do livro procede de duas ideias que, juntas, facilitam sobremaneira a compreensão do legado cultural bizantino. A primeira é a dupla natureza desse legado, refletida na combinação de fé cristã com cultura grega. A segunda é que os beneficiários desse duplo legado foram três civilizações mais jovens surgidas em terras arrebatadas a Bizâncio: os mundos ocidental, islâmico e eslavo. Essas três civilizações globais foram essencialmente moldadas por Bizâncio – cada uma delas adotando, de maneira altamente seletiva, um aspecto seu. Este livro celebra tanto a energia e o dinamismo dessas três culturas mais jovens quanto a extraordinária riqueza da cultura bizantina.

De Bizâncio para o mundo se divide, pois, em três partes. A primeira, "Bizâncio e o Ocidente", trata do legado de Bizâncio à civilização ocidental, fundamentalmente a transmissão da literatura da Grécia antiga. Enquanto os ocidentes latino e grego vegetavam na Idade Média, os eruditos bizantinos cuidavam de preservar zelosamente os clássicos gregos. Quando, na aurora do Renascimento, os primeiros humanistas italianos começaram a ansiar pelo conhecimento da Antiguidade greco-romana, lá se foram os bizantinos à Itália lhes ensinar a literatura da Grécia antiga. Não fosse por esse pequeno, porém dinâmico grupo de professores humanistas bizantinos, a literatura grega poderia ter se perdido para sempre quando os turcos conquistaram Constantinopla em 1453.[1]

---

[1] Os termos *humanismo* e *humanista* têm sido usados de várias formas desde meados do século XIV, quando o poeta italiano Petrarca recuperou o antigo conceito de *humanitas*, usado pelo escritor romano Cícero como equivalente do grego *paideia*, "educação". Nas universidades italianas de fins do século XV, os professores de *studia humanitatis* – literalmente "estudo da humanidade", um plano de estudos que incluía gramática, retórica e filosofia antigas – eram chamados de *humanistas*. A partir daí, os eruditos alemães do século XIX cunharam o termo *humanismus*. A maioria dos eruditos renascentistas, a começar por Petrarca, usaria esse termo somente para designar o estudo e o estudioso da literatura e das civilizações grega e latina antigas no Ocidente. Neste livro, os termos são aplicados a Bizâncio e a seus eruditos clássicos, antes e depois de Petrarca. Algumas autoridades modernas contestaram tal uso como anacrônico, além de apagar algumas diferenças importantes. Contudo, ele me parece uma boa maneira de enfatizar aquilo que os "humanistas" bizantinos tinham em comum com seus congêneres italianos: um profundo interesse pelo mundo da Antiguidade clássica.

A segunda parte, "Bizâncio e o Mundo Islâmico", volta no tempo para descrever a ascensão do Império Árabe islâmico em terras outrora bizantinas no Oriente Médio. Muito antes de os italianos redescobrirem a Grécia antiga, os árabes adotaram-lhes a ciência, a medicina e a filosofia, apoiando-se nessas obras para fundar o Iluminismo árabe, reconhecido como a idade de ouro da ciência islâmica. Esses textos vieram basicamente de Bizâncio, assim como os eruditos que os traduziram e ensinaram. A repressão, por parte das autoridades religiosas, da inquirição racionalista sobre a qual se baseavam a ciência e a filosofia da Grécia antiga, acabou levando à rejeição do seu legado pelo mundo islâmico.

Na terceira parte, "Bizâncio e o Mundo Eslavo", é abordado o aspecto religioso do legado bizantino. Séculos de obstinado trabalho missionário bizantino transformaram os eslavos do sul e do leste de invasores incultos em grandes defensores do cristianismo ortodoxo. Convertendo primeiramente os búlgaros, depois os sérvios e finalmente os russos, os monges bizantinos e eslavos trabalharam juntos para criar o que um importante erudito moderno chamou de "a comunidade bizantina".[2] Essa entidade cultural pan-eslava, que transcendia limites nacionais mesclando tradições monásticas ortodoxas de contemplação mística com um enérgico zelo missionário, remodelou por completo o mundo tal como existia ao norte de Bizâncio.

Embora essas histórias estejam aqui contadas uma de cada vez, o leitor deve ter em mente que elas aconteceram, em sua maior parte, simultaneamente. Pareceu-me melhor contá-las na ordem em que começam. Seus clímaces, porém, se dão numa ordem diferente. A primeira parte começa com o ocaso da Antiguidade greco-romana e vai até sua descoberta humanística nos séculos XIV e XV. A segunda está focada na ascensão da civilização islâmica, do século VII ao IX, à sombra de Bizâncio. A terceira tem sucessivos clímaces narrativos entre os séculos IX e XV, período em que o mundo eslavo se amalgamou para assumir o lugar de legítimo herdeiro de Bizâncio. Para uma visão geral dos desenvolvimentos nessas três áreas, sugerimos ao leitor recorrer ao quadro cronológico da página 17.

---

[2] A expressão é de Dimitri Obolensky.

PRÓLOGO

Num canto retirado de Istambul, aninhada sob as compactas muralhas terrestres da Cidade Velha, bem perto de onde elas começam a descer até o Corno de Ouro, há uma pequena Igreja ortodoxa junto a uma praça tranquila. Os guias turísticos a chamam de Kariye Camii, versão turca de seu nome grego bizantino mais antigo – Igreja de São Salvador em Chora. Mais ou menos o equivalente à gíria estadunidense *in the sticks*,[3] o qualificativo "em Chora" exprime a localização periférica da igreja em relação ao movimentado coração urbano da Cidade Velha. A cidade moderna – vibrante, suja, caótica, eletrizante – se estendeu para além das antigas muralhas terrestres, mas a Igreja de Chora permanece totalmente à margem das sendas que conduzem a maior parte dos turistas a atrações maiores e mais conhecidas, como a Basílica de Santa Sofia, a Mesquita Azul e o palácio Topkapi.

O exterior despojado de Chora não disputa a atenção dos passantes com as recém-restauradas casas do período otomano que ficam de frente para a praça, uma convertida em hotel, outra em um agradável café. No entanto, os felizardos que a incluírem em seus roteiros não esquecerão tão cedo os ousados e dinâmicos afrescos que lhe adornam o teto, nem

---
[3] Na periferia. (N. T.)

os graciosos e delicados mosaicos que lhe cobrem as paredes, todos cuidadosamente restaurados na década de 1960. A qualidade e a força emotiva das cenas e passagens do Velho e do Novo Testamento ali retratados são eloquentes testemunhos das realizações da civilização que floresceu na cidade antes da chegada dos turcos.

A igreja e seu monastério foram provavelmente construídos ainda nos séculos VI e VII, passaram por várias restaurações, mas seu estado era péssimo no começo do século XIV. O monastério há muito se acabou. A igreja que ainda existe é, quase inteiramente, obra de um único homem, um abastado grego bizantino chamado Teodoro Metochites, que financiou e supervisionou a total renovação da igreja e do monastério entre os anos de 1316 e 1321. Datam dessa época os mosaicos e os afrescos de Chora, estes rapidamente pintados sobre gesso ainda úmido.

Melhor, mais concentrado e mais bem-preservado exemplo de arte bizantina ainda existente, a Igreja de Chora é também o registro material de uma fase nova e surpreendente na longa história das realizações artísticas do império. Mais de 1.500 quilômetros a oeste, o pintor italiano Giotto di Bondone – contemporâneo quase exato de Metochites – acabara de concluir seu ciclo de afrescos na capela Arena, em Pádua, obra-prima hoje reconhecida como pioneira da revolução artística que foi a Renascença italiana. Seguindo a pista da nítida semelhança entre esses dois ciclos de afrescos, os historiadores da arte sugeriram que eles compartilham a mesma estética humanista e o renovado interesse pela representação realística da figura humana. Para alguns, esse interesse remonta a Bizâncio, mais exatamente a um período de renovação da arte bizantina que culminou em Chora e ajudou a deflagrar a revolução artística que se seguiu no Ocidente.

A Renascença italiana foi prefigurada por um movimento análogo, menos conhecido, vivido pela Bizâncio de Metochites, sobre a qual o eminente bizantinista Sir Steven Runciman, falecido em 2000, aos 97 anos de idade, escreveu uma pequena pérola intitulada *A última Renascença bizantina*. Outros historiadores a chamam de Renascença Paleóloga – nome da dinastia que governou o império durante os dois últimos séculos de sua existência.

Existem óbvias e importantes diferenças entre a Renascença italiana e a bizantina. É muito significativo que reconheçamos o nome de Giotto, mas não o de qualquer outro artista que dirigiu a restauração de Chora, inteiramente creditada, por essa mesma razão, ao seu rico patrono Metochites. Os italianos da época se desvencilhavam da visão de mundo medieval de um modo que os bizantinos não chegariam a fazer antes que seu tempo se esgotasse.

Bastaria a restauração de Chora para que Teodoro Metochites tivesse seu nome lembrado pela posteridade. Mas ele é também considerado o fundador da Última Renascença bizantina. Mais importante intelectual de seu tempo, Metochites foi um escritor de notável erudição, além de poderoso homem de governo, tendo servido durante quase um quarto de século como primeiro-ministro do imperador Andrônico II Paleólogo.

Tal como a maioria dos bizantinos ilustrados, Metochites foi, pelos padrões modernos, um tremendo falastrão. Até mesmo os normalmente prolixos bizantinos achavam repetitiva, jactanciosa e muitas vezes completamente impenetrável sua prosa grega pretensamente classicista. Todos os seus escritos sobrevivem, exceto as cartas, destruídas por um incêndio em 1671, perda que não há de ser chorada pelos que hoje labutam para entender sua obra: densos comentários sobre Aristóteles, tratados astronômicos, poemas flácidos, tépidas vidas de santos, pomposas orações e, acima de tudo, páginas e páginas de ensaios diversos sobre história e literatura grega.

Contudo, os eruditos modernos também descobriram em Metochites pepitas de originalidade e descortino liberal, duas qualidades que não se têm como encontradiças entre escritores bizantinos. Ele chegou a ser chamado de humanista e seus interesses literários tidos como complementares aos valores artísticos refletidos nos mosaicos e afrescos de Chora. Tal como sua congênere italiana, a Última Renascença bizantina foi um movimento tanto literário e intelectual quanto (ou ainda mais que) artístico que bebeu na fonte do mundo greco-romano pré-cristão.

Em sua piedosa apreciação das novas imagens de Chora, Metochites era desapaixonadamente convencional. Em contraste, era todo eloquência e ardor para com os manuscritos seculares, clássicos da antiga literatura grega com que abasteceu a biblioteca do monastério de Chora, a melhor da cidade. Era a sua coleção pessoal, doada com a condição de que servisse também como biblioteca pública. Metochites considerou-o um ato de filantropia mais importante que qualquer outro, como diz explicitamente numa longa carta de advertência aos monges de Chora: "Em consideração a mim", roga ele em conclusão, "mantenham em segurança os depósitos dessa imensa riqueza, a saber, estes livros de valor incalculável", preservando "com o maior cuidado estes verdadeiros tesouros que hão de ser de grande valia para os homens de épocas vindouras."

Quando um neto rebelde destronou Andrônico II em 1328, Metochites foi destituído de seu poder e riquezas. Depois de uma breve temporada de prisão e exílio, ele tornou-se monge no monastério de Chora, como era o costume bizantino, sob o nome de Theoleptos. Morreu lá poucos anos depois, com pouco mais de 60 anos de idade.

Embora o paradeiro dos livros de Metochites seja desconhecido, em sentido mais geral suas palavras não poderiam ser mais proféticas: em poucas décadas o Ocidente começaria sua lenta e hesitante redescoberta da literatura da Grécia antiga. A percepção de que tais obras clássicas só estavam disponíveis em Bizâncio levaria homens como Petrarca, Boccaccio e seus sucessores a formar uma aliança com os humanistas bizantinos, herdeiros intelectuais de Metochites. Durante cerca de um século, enquanto os remanescentes do império desmoronavam ao seu redor, os professores bizantinos e seus alunos italianos salvaram a literatura da Grécia antiga da destruição em mãos dos conquistadores turcos. A dádiva bizantina – os clássicos gregos – propiciou que a promessa do humanismo renascentista fosse cumprida, permitindo ao Ocidente reclamar o pacote literário que constitui o alicerce de sua civilização. É assustador imaginar o mundo sem essas obras e inquietante perceber a fragilidade da linha da qual elas pendiam sobre o vazio.

PARTE I

Bizâncio e o Ocidente

Capítulo I
Rumo à Separação

Quem vai à Itália descobre que Bizâncio está logo ali. E mesmo essa pequena distância é reduzida, de modo lento, mas persistente, quando se entra nas galerias de arte, nos museus e, sobretudo, nas igrejas do país. Bizâncio rodopia delicadamente à nossa volta, como uma névoa, silenciando o burburinho de vozes alemãs, norte-americanas e japonesas na Basílica de São Marcos, por exemplo, construída com a ajuda de artesãos bizantinos, segundo o modelo da há muito extinta Igreja dos Santos Apóstolos de Constantinopla e adornada com os despojos da conquista de Constantinopla por Veneza durante a Quarta Cruzada; o mesmo ocorre na Igreja de São Vital, em Ravena, em cuja abside o imperador bizantino Justiniano e sua esposa, Teodora, notória *stripper* transformada em imperatriz, há quinze séculos se fitam acompanhados de seus respectivos séquitos ao longo de 14 metros de mosaicos.

Como em nenhum outro lugar da Europa, Bizâncio vem à vida nos monumentos da Itália; e, nos monumentos de Ravena, como em nenhum outro lugar da Itália. A Veneza de hoje tem, certamente, uma atmosfera mais bizantina, mas de um período muito posterior. E, de todo modo, a Bizâncio de Veneza é produto de roubo ou plágio. A de Ravena é original.

Construída muito antes de os venezianos fincarem sua primeira estaca e dotada de um entorno pantanoso mais facilmente defensável do que o de Roma, Ravena foi, na Idade Média, a capital do governo bizantino na Itália.

Vieram, então, os bárbaros – vândalos, godos e outros –, cuja chegada e usurpação do poder político formam o turbulento processo que conhecemos como a "queda de Roma". Justiniano, por sua vez, determinado a reconquistar o território perdido, empreendeu, em meados do século VI, uma cruel e debilitante Reconquista da Itália e de outras partes do Império do Ocidente. Concluída a longa guerra, construiu São Vital para celebrar sua vitória.

A poucos minutos de caminhada de São Vital, os mosaicos da Igreja de Santo Apolinário Novo contêm uma mensagem muito diferente daquele olhar imperturbável e afirmativo do casal imperial e seus respectivos séquitos. Construída pelo rei e estadista godo Teodorico, o Grande, pouco antes de Justianiano subir ao trono, Santo Apolinário Novo precede São Vital em uma geração e proclama nos termos mais efusivos a chegada dos godos na cena romana. Duas séries de mosaicos se faceiam nas longas paredes interiores da igreja: um grandioso panorama de Ravena com o palácio de Teodorico na parede sul e uma vista do porto vizinho de Classis na parede norte.

O panorama da parede sul outrora continha retratos de godos, membros da dinastia Amal de Teodorico e outros nobres; depois da Reconquista, os bizantinos, da mesma forma como expulsaram diligentemente os godos da Itália, arrancaram e substituíram as pedras do mosaico constitutivas de figuras góticas. O visitante de hoje pode claramente distinguir as áreas onde as novas pedras, que não se ajustam, foram aplicadas. Entre as bordas das colunas ao lado do palácio, onde as figuras góticas originais que nela se apoiavam foram substituídas por cortinas onduladas, ainda se podem ver alguns dedos, vestígios deixados pela revisão – tão delicadamente incrustados que não podiam ser retirados das colunas do mosaico – para fazer parecer que o último dos godos se esconde atrás delas, esperando para saltar através da cortina. Na parede vizinha, um retrato que parece ser o de Teodorico teve o nome retirado da legenda e substituído pelo de Justiniano.

Santo Apolinário Novo refletia o estado de coisas existente na Europa de então: uma civilização, decerto, mas um tanto canhestra, rotulada pelos estudiosos de "sub-romana", um aglomerado de culturas semirromanas e semibárbaras, como a dos godos, surgidas fragmentariamente no Ocidente ao longo dos séculos IV e V. Esses mundinhos efervescentes, os primeiros sinais da futura Europa Ocidental, surgiram nas ex-colônias romanas que se estendiam pela Espanha, Gália e Germânia, mas também nos Bálcãs e, finalmente, na própria Itália.

Na Itália dominada pelos godos, contudo, não haveria tempo para que a mistura fermentasse de forma adequada; o vaso em pouco tempo se quebraria para sempre, por obra de Justiniano, na vã tentativa de recuperá-lo. E não só os godos sofreriam: quase toda a península seria destruída e seu povo profundamente traumatizado pelo que, em tese, era o seu resgate.

Não foram absolutamente as invasões bárbaras, mas a brutal devastação da Reconquista bizantina que acabou com o antigo mundo ocidental.

Ainda assim, o reinado de Teodorico na Itália, iniciado pouco antes da Reconquista, teve um clima de otimismo. O começo do século V fora violento e inquietante no Ocidente, com a exaustão do domínio romano e sua substituição por bárbaros em incômoda parceria com as desorientadas elites romanas locais: vândalos na África, visigodos na Espanha, francos na Gália. A própria Roma estivera duas vezes exposta aos exércitos bárbaros, em 410 e novamente em 455. O desmoronamento do poder romano levara um bispo e escritor cristão da África romana, Agostinho de Hipona, a virar as costas à paisagem terrena e apontar aos seus leitores a Cidade de Deus, cuja prístina invulnerabilidade fazia esplêndido contraste com a decadência de Roma. No entanto, em poucas décadas o Ocidente viraria a esquina.

O ano 476, mais tarde considerado como o último do Império do Ocidente, na verdade passou despercebido por seus contemporâneos.

Nessa época, a ausência do poder imperial já não era algo a se temer. Na última década do século, os bizantinos convidaram Teodorico – ele próprio criado e mais ou menos educado em Constantinopla – a ocupar a Itália com seus acólitos. Os godos formaram uma incômoda aliança com as antigas elites senatoriais romanas, para controlar a Itália em nome da boa governança e do imperador "romano" de Bizâncio.

Procópio, o mais importante historiador bizantino dessa época, descreve Teodorico como popular e digno. O rei godo, diz ele, "era sumamente criterioso na observação da justiça, conservava as leis sobre uma base firme e protegia a terra dos bárbaros que habitavam as redondezas com o mais elevado grau de sabedoria e virilidade". Embora na época pudesse ser considerado "nominalmente um tirano", prossegue Procópio, "Teodorico era um verdadeiro imperador, tanto quanto qualquer outro que desde o início se tenha distinguido no cargo".

A descrição de Procópio sugere algumas intrigantes ambiguidades características desse mundo em transformação. O que era um bárbaro? Um tirano? Um rei? Um imperador mesmo? À medida que trilhavam seus caminhos, bizantinos e italianos começariam a propor respostas conflitantes a tais perguntas. Essa duradoura divergência – marcada não por passos imensos e irrevogáveis, mas por objetos minúsculos e detalhes quase imperceptíveis – se estendeu por toda a milenar história de Bizâncio.

BOÉCIO E CASSIODORO

Para nos colocarmos na pista dessa separação, devemos invocar dois doutos cavalheiros romanos contemporâneos de Teodorico, Boécio e Cassiodoro. Tal como Jano, o deus romano das chegadas e partidas, que tinha duas faces, também eles contemplavam dois lados ao mesmo tempo – para ouvir o mundo antigo que se despedia e acenar à Idade Média que se aproxima.

Os estudiosos modernos invariavelmente apresentam Boécio como o "último dos romanos e primeiro dos escolásticos",[1] o que significa que Boécio foi, durante muito tempo, o último europeu ocidental culturalmente relevante a conhecer a língua e a filosofia gregas. Houve algumas exceções, até mais do que se costumava pensar – mas ele foi, digamos, o último peso-pesado, pelo menos até a redescoberta de Aristóteles por Santo Tomás de Aquino e outros escolásticos a partir do século XII, cerca de sete séculos depois. E mesmo então poucos escolásticos, se é que algum, conheciam o grego tanto quanto Boécio, em grau só equiparável ao dos eruditos renascentistas do *Quattrocento* florentino, pelos quais o Ocidente ainda teria de esperar quase mil anos.[2]

Não se sabe ao certo como e onde Boécio aprendeu grego, mas as fontes contêm indícios de que ele estudou em Atenas ou Alexandria, ou em ambas, quando jovem. Se assim foi, cabe notar que essas temporadas, outrora uma prática comum, em breve já não seriam possíveis para uma classe alta em extinção por todo o Mediterrâneo. Depois de perder o pai ainda menino, Boécio foi adotado por um parente mais velho, Símaco, importante figura de Roma que tinha também fortes laços com a cultura literária do Oriente grego. Ocorre que o refinado Símaco nutria o ambicioso plano de restaurar a familiaridade italiana com os clássicos gregos, possivelmente um dos motivos que o levaram a apadrinhar o seu jovem e talentoso parente. Sob a orientação de Símaco, Boécio empreendeu o projeto quase inacreditavelmente ambicioso de não apenas traduzir e comentar a obra completa de Platão e Aristóteles, mas também conciliar seus pontos de vista filosóficos muitas vezes divergentes. E teve de fazê-lo em seu tempo livre, dado que aos 20 e poucos anos já escrevia

---

[1] O escolasticismo foi o mais importante movimento intelectual da Europa antes da ascensão do humanismo. Igualmente estimulado pela descoberta da literatura antiga – no caso, a redescoberta parcial do pensamento de Aristóteles no século XII –, ele está intimamente associado à ascensão das universidades ou "escolas". O maior dos escolásticos foi Santo Tomás de Aquino, cujo pensamento foi incorporado postumamente à doutrina católica. O escolasticismo fazia uso da razão e da discussão dialética na formulação da teologia.

[2] O termo *Quattrocento* se refere ao século XV e às suas inovações culturais na Itália.

prodigiosamente e desempenhava funções políticas cada vez mais importantes para Teodorico.

Teodorico valorizava claramente o prodigioso intelecto de Boécio, tornando-o parte de seus planos de revitalizar a alta cultura romana aplicando-lhe um verniz gótico. Mas havia também razões mundanas por trás do ensino do grego na Itália. A cultura de Boécio tinha um lado prático, de que o rei tirou plena vantagem para promover seu programa de prestígio interno e externo: existem cartas fastidiosamente lisonjeiras em que ele pede a Boécio para conceber um sistema de pesos e medidas à prova de falsificação, encontrar um harpista qualificado para enviar a Clóvis, rei dos francos, e providenciar dois dispositivos de medição do tempo, um relógio de sol e um relógio de água, como presentes para impressionar Gundobad, rei dos burgúndios. As cartas desenham um interessante quadro de coexistência pacífica, cooperação mesmo, entre a classe senatorial romana – da qual Boécio era membro – e seus novos senhores godos em Ravena.

Havia, no entanto, um lado escuro nesse reino feliz. Os estudiosos modernos, em geral, seguem Procópio na descrição de Teodorico como um soberano esclarecido e liberal, pelo menos até os últimos anos de seu reinado. Destacam, em especial, sua tolerância religiosa, pois ele e seus godos, como cristãos arianistas, não estavam em comunhão com o corpo principal da Igreja.[3] Os godos haviam sido convertidos no século IV, quando o arianismo era especialmente forte entre os herdeiros imperiais da dinastia de Constantino. Mais tarde foi declarado herético, mas não antes que os godos e a maioria das demais tribos germânicas o tivessem adotado. Numa época em que a perseguição religiosa era algo quase natural, Teodorico praticava uma política de "separados, mas iguais". Hoje, em Ravena, ao lado da catedral arianista de Teodorico, os visitantes podem visitar o gracioso batistério arianista onde os godos eram batizados, construído para fazer frente ao grande batistério ortodoxo anexo à catedral da cidade.

---

[3] Os arianistas seguiam os ensinamentos de Ário (*c.* 256-336), um monge egípcio que negava a divindade de Cristo e enfatizava sua humanidade.

O batistério usado pelos romanos era o dos ortodoxos. Como a Igreja ainda não conhecia os termos de sua futura divisão em católica romana e bizantina, ou ortodoxa grega, os qualificativos *católica* ("universal") e *ortodoxa* ("crença correta") eram livremente usados em Roma e em Constantinopla.

Foi nesse momento que surgiram as primeiras fissuras no edifício. De 484 a 519, período em que Boécio crescia e começava a servir ao governo de Teodorico, a Igreja viveu seu primeiro cisma Oriente-Ocidente, ocorrido quando o papa excomungou o patriarca de Constantinopla por causa da questão de como resolver outra heresia, a dos monofisistas.[4] Em Constantinopla, o imperador ficou do lado do patriarca, ao passo que, em Roma, os poderes estabelecidos apoiaram o papa, controvérsia cuja politização afastou as elites romanas remanescentes do governo imperial em Constantinopla.

Teodorico, cuja posição constitucional era, no melhor dos casos, ambígua, beneficiou-se do cisma, pois a hostilidade das elites romanas para com Constantinopla as tornou muito mais propensas a se amancebar com os godos arianistas. Sua posição se manteve relativamente segura enquanto pôde jogar Roma e Constantinopla uma contra a outra. Em 518, no entanto, um humilde soldado de nome Justino foi aclamado imperador de Bizâncio. O poder por trás do trono de Justino foi, desde o começo, o seu sobrinho Pedro Sabátio, que teria maquinado a ascensão do tio e viria a sucedê-lo sob o nome de Justiniano. Determinado a restaurar a unidade, Justiniano se empenhou pessoalmente nas negociações pelo fim do cisma, cujos frutos surgiram no ano seguinte. Com o papa e o patriarca uma vez mais em comunhão, Teodorico viu-se repentinamente em terreno instável.

Foi no contexto da resolução do cisma que Teodorico decidiu deter, processar, aprisionar, torturar e finalmente executar – por traição – seu *magister officiorum* (mestre de ofícios), o mais graduado e respeitado

---

[4] Os monofisistas afirmavam a divindade de Cristo em detrimento de Sua humanidade, mais ou menos o reverso da posição arianista. As ideias monofisistas eram particularmente populares no Egito, na Terra Santa e na Síria, na época províncias bizantinas.

membro de sua administração civil, além de súdito ilustre, o versátil Boécio. A acusação de "iniciar uma revolução", conta-nos Procópio, era falsa, forjada por romanos enciumados da riqueza e prestígio de Boécio, mas conseguiu convencer o perspicaz Teodorico.

Esta é uma referência caracteristicamente vaga, pois Procópio tende a ser pródigo na ação e econômico nas ideias. O próprio Boécio faz um relato mais completo da questão em *A consolação da filosofia*, escrito na prisão enquanto aguardava o cumprimento da sentença. Pouco depois de escrever essa obra-prima – uma complexa e pungente mescla de poesia e prosa cuja influência no Ocidente medieval só seria menor que a da Bíblia –, Boécio foi executado. Antes de abatê-lo a pauladas, os carrascos o teriam torturado com uma corda apertada na testa até seus olhos saltarem das órbitas.

Como bem observa Procópio, a tortura e a execução de Boécio não se coadunam com a fama de soberano liberal e esclarecido atribuída a Teodorico. Ele sugere que Teodorico foi manipulado pelos inimigos de Boécio no Senado, explicação que muitos observadores consideraram inconsistente. Uma interpretação interessante é a de que a condenação de Boécio foi uma decisão absolutamente consciente do rei godo, ao saber que o romano participara de uma conspiração política visando ao fim do cisma e a reunificação de Oriente e Ocidente sob domínio bizantino. De acordo com esse cenário, os escritos teológicos de Boécio tiveram um papel decisivo na trama. Sem reaproximação religiosa, não havia esperança de unidade política; os tratados de Boécio incitavam à reconciliação na mesmíssima linha proposta por Justiniano, que negociava pelos bizantinos. Houve, de fato, propaganda imperial escrita como parte de um projeto deliberado de derrubada do domínio godo na Itália. O rei godo Teodorico executou Boécio por tê-lo traído, atuando como agente bizantino.

O incômodo fantasma de Boécio passaria alguns séculos a assombrar, de maneiras diferentes, o Oriente e o Ocidente cada vez mais desgarrados. A perda do grego se deu naturalmente, à medida que a Europa Ocidental se realinhava sobre um novo eixo, que já não ia de leste a oeste, mas de norte a sul. É significativo o próprio fato de Boécio ter se tornado célebre por (entre muitas outras coisas) saber grego, assim como a sua opinião de que o melhor que podia fazer pela filosofia grega era traduzi-la para o latim, necessidade não manifestada em épocas anteriores.

Se Boécio tivesse vivido tempo suficiente para consumar seu plano de traduzir Aristóteles e Platão, a história intelectual do Ocidente teria sido outra. Boécio não chegou até Platão. E, da vasta obra de Aristóteles, só conseguiu traduzir os seis escritos de lógica conhecidos como *Organon*, o "Instrumento". Basicamente, uma série de regras para o pensamento sistemático, o *Organon* está no cerne do racionalismo aristotélico. É nele que Aristóteles expõe aos seus leitores o método do silogismo, um cauteloso passo a passo lógico da premissa à conclusão: Sócrates é filósofo; todos os filósofos são humanos; logo, Sócrates é humano.

Essas traduções seriam ignoradas durante séculos, mas outras obras de Boécio viriam a ter um papel decisivo no estabelecimento do currículo educacional adotado pelo Ocidente durante toda a Idade Média: densos escritos técnicos sobre aritmética, teoria musical, astronomia, retórica, filosofia e teologia. Ao contrário das traduções do grego, essas obras de síntese permaneceram em voga e se tornaram leitura obrigatória, a última palavra em seus temas até e durante o Renascimento.

Oculta, porém, nas obras de Boécio que ficaram para trás, havia uma preocupação universal compartilhada pelo grande pensador que retomaria o seu trabalho sete séculos mais tarde – Santo Tomás de Aquino: *conjungere rationem fidemque*, isto é, unir fé com razão. Análoga, e de certa forma paralela, à ideia de unir Aristóteles com Platão (pois os escritos de Platão têm marcados elementos místicos), essa necessidade de harmonizar opostos epistemológicos cósmicos era um apetite que o Ocidente perderia para só recuperar séculos depois.

Para substituir Boécio como mestre de ofícios, Teodorico promoveu o retórico da corte, Cassiodoro, autor das fastidiosas cartas solicitando os préstimos de Boécio já mencionadas. Escrever cartas em nome do rei fazia parte de seu trabalho como retórico imperial, papel que desempenhou com dignidade simultaneamente ao exercício de vários cargos políticos nas primeiras décadas do século VI. Uma coletânea dessas educadas missivas, cuidadosamente editadas mais tarde, por ele mesmo, para publicação, sobrevive como uma das principais fontes do nosso quadro da Itália à época de Teodorico.

Se Boécio navegava por águas perigosas, o sobrevivente Cassiodoro, marujo cauteloso como poucos, nunca saía em mar aberto. Cassiodoro sempre defendeu os governantes godos, a ponto de urdir uma *História dos godos* destinada a afirmar que eles eram, no fundo, verdadeiros romanos. Cassiodoro viveu e trabalhou em Ravena, onde prevalecia um impregnado espírito de colaboração, ao passo que Boécio nunca deixou de ser, geográfica e culturalmente, um romano. Cassiodoro era um funcionário público, não um filósofo, personagem menos famoso, mas, sob todos os aspectos, mais representativo de sua época do que o imponente Boécio. A longa vida de Cassiodoro – centenária, ao que se diz – adentrou a nova era, enquanto a de Boécio foi ceifada no limite da antiga.

Os serviços prestados aos godos por Cassiodoro se baseavam em suas consideráveis qualificações como retórico de treinamento clássico. Mas essas qualificações não existiriam na Itália por muito tempo mais. Teodorico morreu em 526. As crescentes pressões diplomáticas de Justiniano sobre o enfraquecido governo godo levaram à invasão da Itália em 535, culminando na tomada de Ravena em 540 pelo brilhante general Belisário. O colaborador Cassiodoro se tornou, na prática, um prisioneiro de guerra. Substituída a administração goda pelo governo direto, os bizantinos despacharam Cassiodoro para Constantinopla.

Embora o tenham levado como refém, os bizantinos estavam, na verdade, prestando-lhe um favor. Depois de um impetuoso começo, a Reconquista da Itália por Justiniano arrastou-se por mais de uma década e meia de luta encarniçada e destrutiva. Quando ela acabou, em 553, os godos haviam sido expulsos e a Itália, arruinada. Cassiodoro, ao que parece, permaneceu em Constantinopla durante todo esse tempo. Embora não tenha deixado registro de sua estada na cidade, podemos imaginar o quanto ela deve tê-lo impressionado. Enquanto a Itália era devastada, ali havia riqueza e brilho, pompa e poder, cerimônia e civilização.

Constantinopla ficava na borda da Europa, num promontório recurvo cuja ponta montanhosa aponta para a Ásia, do outro lado do estreito de Bósforo. Reza a lenda que os colonizadores gregos que fundaram a cidade em tempos imemoriais batizaram-na em homenagem ao seu líder, Bizas. Os colonizadores que já haviam fundado Calcedônia, do outro lado do Bósforo, foram acusados de cegueira por deixar passar este sítio. Sua costa meridional dá para o mar de Mármara e a setentrional, para o Corno de Ouro, um braço de mar comprido e profundo que penetra a costa europeia do Bósforo, proporcionando à cidade um dos melhores portos naturais do mundo. Em caso de ataque por mar, os bizantinos içavam uma pesada corrente de ferro instalada na entrada da enseada para impedir a entrada dos barcos inimigos.

Um século depois, a cidade de Constantino foi ampliada por Teodósio com formidáveis 8 quilômetros de muralhas duplas destinadas a protegê-la de ataques terrestres. A Mese, sua principal artéria, abria-se para o Augusteon, um complexo de imponentes equipamentos públicos próximos à extremidade do promontório: o Hipódromo, onde aconteciam as corridas de bigas e os jogos; fóruns diversos orlados de colunas, arcos e pórticos; as duas casas do Senado, construídas, para simbolizar a transferência do poder de Roma, junto ao vasto complexo do Grande Palácio, sede dos negócios imperiais que se derramava pela encosta até as muralhas costeiras do Bósforo. Constantinopla era pontilhada de colunas comemorativas, estátuas, igrejas, casas de banho, monastérios e palácios. Na época de Justiniano se difundiu a crença de que o próprio Deus a protegia. Ela era o centro do mundo, versão temporal da cidade celeste, um grande casco de tartaruga físico e metafísico dentro do qual os bizantinos se recolheriam um sem-número de vezes para resistir a outros tantos ataques de invasores menos civilizados.

Para nossos ouvidos modernos, seu próprio nome evoca o exótico, mas desde o começo ela emanava uma algaravia de vozes estrangeiras, resultado de sua localização numa confluência de rotas que cobriam todas as direções da bússola: norte e sul pelo mar, entre os portos do Mediterrâneo e os ancoradouros do mar Negro, ricos em grãos; leste e oeste por terra, da Europa aos confins da Ásia; um lugar eternamente poliglota, onde o tempo todo se escutavam línguas desconhecidas fechando negócios, oferecendo mercadorias e discutindo questões teológicas urgentes.

Quando Cassiodoro lá chegou, a cidade passava por um verdadeiro frenesi construtivo. Menos de uma década antes, boa parte dela fora incendiada em distúrbios originados na brutalidade dos jogos do Hipódromo. Justiniano varrera as ruínas da velha cidade com uma orgia de novas obras. Em poucos anos se construíram banhos públicos, edifícios governamentais, palácios com pórticos e, sobretudo, igrejas. A Igreja dos Santos Apóstolos, na Mese, em pleno centro da cidade, sobrevivera aos incêndios, mas, mesmo assim, foi demolida e reconstruída, maior e melhor, em formato de cruz, com cinco domos. Sua construção estava em curso quando Cassiodoro lá chegou e foi completada durante sua estada.[5]

Ela seria a segunda maior igreja da cidade. A primeira Cassiodoro pôde visitar imediatamente – Santa Sofia, a nova e monumental igreja que os construtores de Justiniano haviam recém-concluído para substituir a original, incendiada. Com sua compacta estrutura de alvenaria encimada por uma cúpula larga e rasa de mais de 30 metros de diâmetro, ela dominava a colina vizinha ao Hipódromo, no final da Mese. Séculos antes os romanos haviam inventado a argamassa, que usavam pura ou misturada a tijolos e pedras para construir edifícios, aquedutos, monumentos e estradas. No Ocidente, esse conhecimento se perdera; tal como o grego antigo, a técnica de fabricação de tijolos desapareceu por quase mil anos. Mas sobreviveu em Bizâncio, onde os tijolos e a argamassa de Santa Sofia marcam o clímax da construção romana tardia.

Alguns anos mais tarde, porém, a cúpula desabou por efeito de um terremoto e teve de ser substituída por outra menos rasa. Menos impressionante, também, para o observador que está do lado de dentro, a nova cúpula tem, em compensação, a qualidade de ter permanecido no lugar.

---

[5] Já em ruínas em 1453, a Igreja dos Santos Apóstolos foi arrasada para dar lugar ao complexo da mesquita de Mehmet, o Conquistador, Fatih Camii em turco. A igreja devia ser muito parecida com a Basílica de São Marcos, em Veneza, que a teve por modelo.

Essa história é uma boa alegoria do reinado de Justiniano: projetos grandiosos botam abaixo a casa, que tem de ser reconstruída com menos grandiosidade e mais espírito prático.

Os anos passados por Cassiodoro em Constantinopla são a charneira que conecta a Antiguidade à Idade Média. Foi justamente na década de 540 que as coisas começaram a andar mal para Justiniano e para Bizâncio. A guerra no Ocidente, aparentemente encerrada com a captura de Ravena, recrudesceu num longo e furioso incêndio que se estendeu por toda a península italiana. Ainda assim os bizantinos poderiam tê-la resolvido, não fosse o fato de Constantinopla e outras cidades bizantinas, cerca de um ano após a chegada de Cassiodoro, terem sido devastadas por um surto de peste bubônica que liquidou uma boa quarta parte dos súditos de Justiniano. Surtos como esse se repetiriam nas décadas vindouras, despovoando o Império e pressionando intensamente o exército. Justiniano tinha também outras guerras para lutar, contra a Pérsia, por exemplo, e as hostilidades já se haviam iniciado na frente oriental. Quando Belisário pediu reforços, não havia ninguém disponível.

Os bizantinos começaram então a voltar-se para dentro, e assim também Cassiodoro. Em algum momento por volta do início da guerra, ele "se converteu", no sentido antigo de abraçar mais plenamente a vida e os valores cristãos, mesmo já o sendo nominalmente. Ele agora ingressara no mundo monástico. E foi provavelmente durante a sua estada em Constantinopla que escreveu o volumoso comentário sobre os salmos que viria a ser, no Ocidente, o guia padrão para a leitura desse texto, intimamente ligado ao cotidiano da vida monástica. Cassiodoro retornou à Itália já inteiramente dedicado a essa vida.

Ao deparar com a ruína em que se transformara sua terra natal, Cassiodoro retirou-se para a imensa propriedade de sua família no sul da península. Lá, perto dos ventosos penhascos litorâneos de Squillace, ele criou um monastério chamado Vivarium ("viveiro de peixes"). Não era nenhuma maravilha e certamente não chegava aos pés do grande monastério daquela época, Monte Cassino, fundado duas décadas antes por São Benedito, pai do monasticismo ocidental. O que parece ter assegurado seu lugar na história é algo que lhe foi dado por seu sábio fundador: um *scriptorium*, uma sala especialmente equipada para a cópia de manuscritos. Não se sabe ao certo, mas parece que o *scriptorium* do Vivarium foi o primeiro do Ocidente e que Cassiodoro trouxe a ideia de Bizâncio, onde esse tipo de salas já existia nos monastérios e residências de aristocratas ilustrados.

Naquela que é provavelmente sua obra mais importante, *Instituições das cartas divinas e seculates*, misto de guia monástico e enciclopédia, Cassiodoro descreve orgulhosamente o escritório do Vivarium. Ele tinha um relógio de sol para os dias ensolarados, um relógio de água para as noites e os dias nublados e "engenhosas luminárias que... mesmo sem assistência humana, proveem claridade total da mais copiosa luz". Embora o Vivarium tenha entrado em colapso pouco tempo depois da morte de Cassiodoro, o *scriptorium* veio a se tornar uma característica comum dos monastérios ocidentais.

Além do *scriptorium*, Cassiodoro equipou o seu monastério com uma biblioteca invulgarmente alentada, abastecida por uma fartura de livros trazidos de Constantinopla. Os estudiosos costumavam atribuir a Cassiodoro o papel de salvador da literatura pagã em seu Vivarium. Hoje se acredita que seu interesse era quase exclusivamente restrito aos textos religiosos, o que inclui as obras gregas trazidas de Bizâncio. O que ele criou foi uma biblioteca cristã, e o que fomentou foi um ambiente intelectual cristão destinado a substituir, não a corrigir, os decadentes centros de ensino secular ocidentais. O único interesse de Cassiodoro nos poucos textos latinos seculares ali incluídos era a instrução linguística; os monges os usavam como modelos para melhorar seus conhecimentos de gramática e sintaxe latina clássica, que podiam depois aplicar a propósitos religiosos. Fora da Igreja, o latim falado já se transformava em italiano, francês e espanhol. A última obra de Cassiodoro, escrita quando já passava dos 90 anos, foi um manual elementar de ortografia latina destinado aos monges subinstruídos que povoavam o *scriptorium*.

Não era nada que se equiparasse às suas obras históricas seculares e aos altissonantes floreios retóricos com que havia começado, mas aquele mundo sem limites acabara. A escala das coisas encolhera. O ritmo e a trajetória de Cassiodoro são um bom resumo do movimento geral do

Ocidente rumo ao monopólio do saber nas mãos da Igreja, enquanto a vida passava da arena pública para o âmbito mais restrito da propriedade privada. Cassiodoro foi, indubitavelmente, um camaleão de primeira ordem, mas cabe refletir se as circunstâncias de sua idade provecta não lhe tenham acrescentado um toque de nostálgica contrição.

A Separação

Ao iniciar-se a Baixa Idade Média, a cristandade foi se dividindo, lenta e organicamente, em duas metades: a latina católica e a bizantina ortodoxa; a primeira erguida sobre textos latinos, a segunda sobre textos gregos. Durante séculos, ambas sustentaram a fachada de Igreja unificada. As gretas dessa fachada, porém, foram se tornando cada vez maiores.

E não se tratava somente da igreja. A Reconquista de Justiniano desmoronou com a morte do imperador, atraindo para a despovoada península italiana os lombardos, um novo grupo de bárbaros que, ao contrário dos godos, não davam a mínima para o vetusto prestígio romano. Isolados pelo colapso do poder bizantino e ameaçados pelos lombardos, os papas foram buscar proteção mais ao norte, no poder ascendente dos francos. A união foi consumada no dia de Natal do ano 800, quando o papa, Leão III, coroou o rei franco, Carlos Magno, "imperador" de um Império romano restaurado. Foi uma terrível afronta para os bizantinos quando souberam da notícia. Na época, reinava em Constantinopla a imperatriz Irene e uma das justificativas do papa para se apropriar do título foi a de que uma mulher não poderia, por direito, ser considerada a soberana dos romanos. Com a indignação exacerbada pela suspeita de que o papa estava com a razão,[6] os bizantinos começaram a qualificar todos os ocidentais como *frangoi* (francos), uma perigosa e indistinta horda de bárbaros.

---

[6] Poucos bizantinos ousariam expressar abertamente suas dúvidas a respeito da imperatriz, uma formidável soberana que acabara de cegar o próprio filho e coimperador para torná-lo incapaz de reinar. A operação foi pessimamente executada e ele acabou morrendo em virtude dos ferimentos.

Nos anos, décadas e séculos que se seguiram, a disputa pelo título de *imperador dos romanos* assumiu proporções quase comicamente exageradas. Com uma imperturbabilidade que às vezes raiava a pura ilusão, os bizantinos insistiam que só eles eram os verdadeiros "romanos" e só o seu imperador podia reclamar tal título, reproduzindo a ficção de que o domínio bizantino era universal entre os cristãos e os soberanos ocidentais reinavam com o seu beneplácito. Mas a realidade era bem outra, apesar da recuperação experimentada por Bizâncio, a partir do começo do século IX. Nessa época, o isolamento do Ocidente resultara em autoconfiança – de seus ambiciosos e rixentos reis feudais, o mais poderoso dos quais, a exemplo de Carlos Magno, não podia deixar de ambicionar o título máximo de imperador dos romanos, e do papado, que, acostumado a ficar só, reservava-se o direito de conceder tal título.

Ocidentais e bizantinos não mais se conheciam e, quando apresentados, se punham a erguer muralhas de desprezo recíproco. A fortuna nos proporcionou uma janela sobre esse estranhamento na figura de Liudprand, nobre e diplomata lombardo que fez duas visitas a Constantinopla em meados do século X, mais exatamente nos anos 949 e 968, a primeira a serviço do rei burgúndio, a segunda foi a favor de seu novo senhor, Oto, o Grande, duque da Saxônia, rei dos germânicos e, finalmente (como não podia deixar de ser), "imperador dos romanos". No intervalo entre as duas visitas, que o prolífico Liudprand nos descreveu em copiosos detalhes, Oto o nomeou bispo de Cremona, razão pela qual ele entrou para a história como Liudprand de Cremona.

Em sua primeira visita a Constantinopla, Liudprand ficou favoravelmente impressionado com o imperador bizantino Romano I. Seus relatos se estendem sobre a suntuosidade dos palácios de Constantinopla e dos rituais da corte, que ofuscavam os de quaisquer reinos do Ocidente. A exemplo dos califas de Bagdá, a corte bizantina lançava mão de aparatos sofisticados para impressionar e impor respeito. Junto ao trono do imperador havia uma árvore de bronze dourado com pássaros mecânicos, também dourados, pousados em seus galhos. Cada pássaro cantava uma canção apropriada à sua espécie. Romano sentava-se num imenso trono guarnecido de leões mecânicos dourados, que à aproximação do visitante "batiam com a cauda no chão e davam rugidos apavorantes com a boca aberta e a língua trêmula". Então, numa última demonstração de onipotência sobrenatural, o próprio trono se erguia magicamente no ar, até a altura do teto, com o imperador e tudo.[7] Segundos depois ele descia com o imperador vestindo um novo e luxuoso traje. A distância impedia qualquer interação direta e o imperador se comunicava com o visitante, já totalmente amaciado, por intermédio de um secretário.

Duas décadas mais tarde, Liudprand já não se deixava impressionar por esses truques. Ele agora era bispo de Cremona, representante de um soberano rival do imperador dos romanos. Morto Romano I, o novo rei bizantino, Nicéforo II, foi o alvo das deliciosas invectivas do desiludido Liudprand. "Uma monstruosidade humana, um anão cabeçudo com olhinhos de toupeira", resume ele, prosseguindo em estilo similar. Na verdade, Nicéforo foi um dos mais impressionantes imperadores-guerreiros de Bizâncio, veterano de numerosas campanhas contra os árabes e eslavos. No entanto, por se recusar a reconhecer Oto como "imperador dos romanos", ficou atravessado na garganta de Liudprand.

E assim tudo o mais nessa visita, incluindo (literalmente) a comida, que "cheirava a alho e cebola e era besuntada de azeite e molho de peixe". Os costumes bizantinos se haviam tornado demasiado não-romanos, observa Liudprand de forma enfática. Com suas túnicas de mangas compridas, cabelos soltos e joias, os bizantinos eram astutos e efeminados, "uns inúteis, mentirosos e assexuados". O imperador bizantino bebia a água do próprio banho; Oto era másculo, sincero, e sua comida não era malcheirosa.

O crescente hiato cultural entre o Oriente e o Ocidente encontrou sua expressão religiosa no século XI, quando, num acesso de raiva, um enviado papal sumamente arrogante chamado Humberto decidiu por conta própria excomungar o patriarca de Constantinopla. A posterior transformação da acometida de Humberto, ocorrida no ano 1054, em

---

[7] No século XX, essas imagens inspiraram William Butler Yeats, cujos poemas "Sailing to Byzantium" e "Byzantium" as usam como metáfora do intelecto incorruptível e da beleza intemporal.

um cisma entre as duas igrejas, revelou que havia em questão coisas mais sérias do que meramente o seu ego exaltado. Uma delas era a incorporação pelos romanos do *filioque*[8] ao credo latino no início do século. Os católicos agora diziam que o Espírito Santo provinha "do Filho", como do Pai. Os ortodoxos aferravam-se à formulação original de que Ele procedia somente do Pai. Desde 1054, o papa e o patriarca de Constantinopla não estão em comunhão.

Estrategicamente, também, o século XI se revelou, tanto quanto o VI, um divisor de águas. Quando ele começou, Bizâncio vivia o ápice de sua prosperidade medieval, e o Ocidente ocupava um lugar secundário. Quando ele terminou, Bizâncio era uma tremenda desordem e o Ocidente entrara num período de crescimento explosivo.

O sinal mais visível dessa virada foi o lançamento, no fim desse século, da Primeira Cruzada, destinada a recuperar a Terra Santa das mãos dos turcos muçulmanos. Como a rota para as terras muçulmanas passava por Bizâncio, essas turbulentas expedições colocaram em estreito contato francos e bizantinos. Os bizantinos supunham que o território conquistado pelos francos seria devolvido ao reino de Bizâncio. Os cruzados, por sua vez, tinham outras ideias: a conquista de Jerusalém, Antioquia e outras antigas cidades bizantinas foi seguida da fundação de reinos que já não respondiam ao imperador de Constantinopla.

Durante as três Cruzadas que marcaram todo o século seguinte, os cada vez mais desesperados bizantinos (em tese os anfitriões) conseguiram manter os belicosos francos (em tese, os convidados) sob aparente controle. No entanto, o hiato entre o Oriente e o Ocidente se tornara demasiado largo. Em pouco tempo, a fachada da aliança cristã se autodestruiria da maneira mais espetacular que se poderia imaginar.

---

[8] Palavra latina para "e do Filho", acrescentada ao Credo de Niceia pela Igreja ocidental por insistência dos francos. A processão do Espírito Santo acabou se tornando a principal diferença doutrinária entre as igrejas católica e ortodoxa.

A Quarta Cruzada

Numa bela manhã de primavera do ano 1203, uma vasta força de invasão reuniu-se na ilha de Corfu, no extremo norte do litoral grego. Com as velas enfunadas por um vento suave e favorável, os barcos começaram a mover-se para o sul, espalhando-se a perder de vista nas águas cintilantes do mar Jônico para deleite de seus maravilhados observadores. À frente seguiam os barcos mais pesados e letais, seguidos de barcos de transporte carregados de homens e cavalos, e, finalmente, das galeras, com suas fileiras de escravos e prisioneiros de guerra. Um grande número de mercadores com provisões e outros bens acompanhava a frota. Era sábado, 24 de maio, véspera de Pentecostes e o destino da frota, cerca de 800 quilômetros a leste, a enfraquecida cidade de Constantinopla.

Os barcos, pertencentes à rica república marítima de Veneza – antes uma província bizantina, agora uma rival –, levavam cerca de 10 mil cruzados cristãos do norte da Europa, a maioria cavaleiros franceses e normandos, que os haviam alugado aos venezianos por um preço exorbitante. Para os piedosos cavaleiros da Quarta Cruzada, cujo propósito declarado era derrubar os reis muçulmanos do Egito, Constantinopla deveria ser apenas uma parada para abastecimento.

Depois de deixar Veneza no fim do verão anterior, os cruzados rumaram para o sul pela costa da Dalmácia, onde naquele mesmo outono conquistaram Zara, uma cidade portuária cristã controlada pelos húngaros, rivais de Veneza. Os venezianos negociaram sua captura em troca da extensão do prazo de pagamento do preço cobrado pelo transporte dos cruzados. Esta cínica transação foi fechada pelo provecto doge de Veneza, o sumamente cúpido e inescrupuloso Enrico Dandolo. Como não estava previsto que os cruzados atacassem outros cristãos, o papa Inocêncio III ficou justificadamente indignado. Ele já advertira contra atitudes ímpias ao suspeitar corretamente que Dandolo ambicionava uma recompensa muito maior do que Zara. Depois de passar o inverno em Zara, os cruzados partiram para Corfu recolhendo soldados isolados pelo caminho.

A viagem de Corfu a Constantinopla levou um mês. No fim de junho de 1203, os cruzados ancoraram pela primeira vez à vista da capital bizantina.

A vista da cidade deixou-os assombrados. Nada na Europa Ocidental poderia tê-los preparado para o tamanho e a suntuosidade de Constantinopla. A maior cidade do Ocidente nessa época era provavelmente Veneza, com uma população estimada em 100 mil habitantes. Londres e Paris, mesmo Roma, eram lugares comparativamente atrasados, com populações entre 20 e 40 mil habitantes, talvez. Baseado em números que obteve de funcionários bizantinos, o cavaleiro francês Geoffroy de Villehardouin estimou mais tarde a população de Constantinopla em 400 mil habitantes. Ela seria, portanto, de dez a vinte vezes maior do que Paris.

"Quem nunca tinha visto Constantinopla olhava atônito para a cidade sem acreditar que pudesse haver no mundo inteiro um lugar tão belo", conta-nos Geoffroy em sua crônica da Quarta Cruzada. À medida que os barcos cruzados se aproximavam pelo mar de Mármara, a extensa e elevada muralha de pedra pardacenta – que ainda se atocaiava junto à costa rochosa – ia se transformando lentamente de um borrão escuro no horizonte em um objeto de encher os olhos. Ela acompanhava o movimento dos barcos à volta do promontório, deixando entrever, na encosta protegida, os graciosos pórticos e colunas do complexo do Grande Palácio. Seguiam-se mais muralhas costeiras até surgir, totalmente visível desde o Bósforo, o perfil compacto e imponente de Santa Sofia coroando a parte alta da cidade. "Nenhum homem era tão valente e ousado que não estremecesse diante daquela visão", continuou Geoffroy.

Apesar de sua espantosa opulência e da contínua prosperidade de seu comércio – do qual dependia a riqueza dos venezianos, ávidos por controlá-lo –, Constantinopla e seu império haviam padecido décadas de instabilidade política e distúrbios. Uma fieira de usurpadores se havia apossado do trono sagrado de Bizâncio e dissensões internas arruinavam sua classe dominante e o governo imperial. Aproveitando-se da situação, em pouco tempo os cruzados descobriram o ponto fraco das defesas da cidade. Era do alto da Torre de Gálata, situada no distrito onde os ocidentais tradicionalmente se alojavam, que se içava a grande corrente que bloqueava a entrada do porto. Tomando a torre, os cruzados – guiados pelos venezianos – puderam baixar a corrente e atacar o ponto mais fraco das muralhas, já bem adentro do Corno de Ouro.[9] Foi assim que, semanas depois de sua chegada, eles já haviam ocupado a cidade e instalado no trono um soberano fantoche, Aleixo IV, filho de um ex-imperador destronado anos antes.

Pelo resto do verão e o outono, os cruzados e seu séquito veneziano aguardaram em Constantinopla, em vão, que Aleixo IV cumprisse suas obrigações para com eles – em particular a imensa fortuna que aquiescera pagar em troca do trono, dinheiro que os cruzados deviam aos venezianos. Aleixo IV, por sua vez, tornava-se cada vez mais impopular entre seus súditos bizantinos, incomodados com a presença desagradável e coercitiva dos cruzados. Eram frequentes os conflitos entre os truculentos cavaleiros ocidentais e os agressivos soldados bizantinos acantonados na cidade.

O descontentamento acabou transbordando em rebelião. Em janeiro de 1204, Aleixo IV foi derrubado e executado por um líder da resistência bizantina, um velho, porém enérgico aristocrata chamado Aleixo Ducas, também conhecido como Murtzuflus (o Sobrancelha Cerrada), que subiu ao trono como Aleixo V.

Os cruzados aumentaram ainda mais suas exigências, mas o obstinado novo imperador se recusou a satisfazê-las. Além disso, mesmo que quisesse não poderia, uma vez que (como descobrira seu antecessor) o tesouro imperial estava vazio. No entanto, os cruzados precisavam pagar os implacáveis venezianos, que ameaçavam ir embora. A óbvia solução para os cruzados, como previra o astuto Dandolo, era tomar a cidade para si e saqueá-la.

A ofensiva aconteceu no começo de abril. Embora os desesperados e desmoralizados bizantinos tenham conseguido repelir o primeiro ata-

---

[9] Os bizantinos haviam recém-desmobilizado sua marinha, que se abrigara no Corno de Ouro durante cercos anteriores, impedindo que os invasores empregassem a tática divisada pelos cruzados.

que, psicologicamente a vitória dos *frangoi* já estava assegurada. As defesas bizantinas desmoronaram poucos dias depois, em 13 de abril, quando os cruzados romperam as muralhas costeiras em seu ponto mais fraco, perto da extremidade interna do Corno de Ouro. A cidade foi incendiada. Aleixo V renunciou e fugiu, assim como a maior parte da aristocracia bizantina. Os cruzados entraram em tropel.

A devastação que se seguiu não tem paralelo na história. Durante três dias e três noites, os cruzados assassinaram, estupraram, saquearam e destruíram tudo e todos que encontraram pela frente, deixando muitos milhares de mortos e um número ainda maior de pessoas torturadas, mutiladas e desalojadas. O historiador bizantino Nicetas Choniates testemunhou tudo antes de fugir da cidade dois dias depois do fim da pilhagem. As ruas reverberavam os gritos e gemidos dos feridos e moribundos – escreveu mais tarde: os homens massacrados, as mulheres e meninas violentadas, os velhos espancados e os ricos roubados. "Foi assim nas praças, nos templos e nos esconderijos; não havia lugar onde a multidão em pânico pudesse se esconder ou se refugiar."

Contudo, por maior que tenha sido o custo humano, a singularidade do saque de Constantinopla reside na ancestral inviolabilidade da cidade como capital da cristandade desde sua fundação como a Nova Roma no começo do século IV, isto é, durante quase nove séculos. Uma inigualável coleção de obras de arte, relíquias religiosas e manuscritos insubstituíveis se abrigava em suas igrejas, monastérios, bibliotecas e casas senhoriais: mosaicos, ícones, afrescos, antigas estátuas de mármore e bronze, objetos de metal, peças incrustadas, painéis de seda, obras de literatura grega antiga e medieval minuciosamente copiadas – a escala do que o mundo perdeu naqueles três dias só pode ser imaginada, jamais conhecida.

Além de impiedosamente aquisitivos, os venezianos eram especialistas em pilhagem. Os artefatos mais famosos de seu butim são os quatro cavalos de bronze que hoje adornam a Basílica de São Marcos, mas eles levaram também um número incontável de outros tesouros artísticos para enfeitar as igrejas, palácios e praças da Sereníssima. Os franceses, menos sofisticados, se dedicaram a destruir indiscriminadamente, apesar de todo o ouro, prata e joias à sua disposição. Nicetas Choniates nos conta que os saqueadores da Igreja de Santa Sofia, depois de rasgarem os painéis de seda e destroçar ícones e móveis de ouro e prata, fizeram entrar mulas para carregar os despojos. Os animais que escorregavam no piso de mármore untado de sangue e não conseguiam mais se levantar eram retalhados à faca, misturando-se os fluidos que lhes saíam das feridas ao sangue do chão. Uma prostituta bêbada sentou-se no trono do patriarca, pôs-se a cantar canções obscenas e a se retorcer numa dança burlesca.

Nem os infiéis muçulmanos, prossegue Choniates, tratavam tão mal os cristãos aprisionados. As atrocidades contra a humanidade e contra Deus haviam deixado à vista de todos a natureza depravada e demoníaca dos ocidentais. A cidade de Constantinopla, lamenta Choniates, fora para sempre despojada de sua majestade: "Ó Cidade, que reinavas do alto de tuas virtudes, que caminhavas a passos largos, pródiga de graça e beleza e ainda mais de estatura; teus faustosos trajos e elegantes véus reais agora estão rotos e dilacerados; teus olhos flamejantes se anuviaram."

Os cruzados não chegaram ao Egito: fundaram um "Império Latino de Constantinopla" governado por um "imperador ocidental". Os bizantinos foram, porém, resistentes o suficiente para se reagrupar, primeiro em vários governos rivais no exílio, depois em um único Estado bizantino feito com o que havia sobrado. Liderados pelo imperador Miguel VIII Paleólogo, que se fez "O Novo Constantino", eles retomaram Constantinopla em 1261.

O abismo emocional entre Oriente e Ocidente estava agora ampla e profundamente estabelecido. Bizâncio nunca perdoou nem esqueceu a infâmia da Quarta Cruzada; ao contrário, passou a nutrir um ódio do Ocidente que levaria para o túmulo. Embora tenha durado mais dois séculos, o império não recuperaria a sua força e importância política.

Contudo, foi nessa fase final que a civilização bizantina brilhou mais intensamente. Nicetas Choniates não poderia imaginar que os olhos flamejantes de Bizâncio, longe de se anuviar, iluminariam o mundo como jamais haviam feito.

Capítulo 2

Entre Atenas e Jerusalém

"O que tem Atenas a ver com Jerusalém?", perguntava Tertuliano, escritor cristão do século II. Hostil ao saber secular dos antigos, Tertuliano queria provocar a resposta: "Nada." Outros, porém, perguntaram-no com sincera curiosidade. Boécio, por exemplo, fez em sua busca de unir fé com razão. Depois dele, o Ocidente deixou de perguntá-lo seriamente.

Em Bizâncio era diferente. A pergunta de Tertuliano nunca foi totalmente deixada de lado e serve como um prisma através do qual podemos vislumbrar os contornos da civilização bizantina. Durante séculos, Bizâncio manteve a literatura da Grécia antiga sob rígido controle, ao mesmo tempo que a conservava ao alcance da mão. Embora eivada de farpas de razão secular e outros perigos que impediam os bizantinos cristãos de abraçá-la com ardor, essa ancestral literatura pagã era, por outro lado, demasiado grandiosa e bela para que eles a rejeitassem por completo. Atenas faiscava em um dos lados da consciência bizantina, Jerusalém brilhava suavemente do outro.

Eternos adeptos da compartimentalização, os bizantinos traçaram uma linha clara e bastante reveladora entre a literatura da Grécia antiga, que chamavam de Saber Exterior, e a literatura cristã, o Saber Interior.

Essa distinção foi codificada no século IV por um dos fundadores da Igreja do Oriente, São Basílio de Cesareia, em seu famoso ensaio *Sobre como os jovens podem tirar proveito da literatura pagã*, um dos livros mais amplamente difundidos em Bizâncio. Este opúsculo teria um importante papel na manutenção da paz entre Atenas e Jerusalém no milênio seguinte.

Enquanto Basílio o escrevia, a pergunta de Tertuliano espalhava a controvérsia em todo o mundo greco-romano. Tentando serenar os ânimos, Basílio indicou aos cristãos a utilidade moral do "saber trazido do exterior", ao menos enquanto seus preceitos se coadunassem com os do cristianismo. Dado que os poetas, historiadores e, sobretudo, filósofos da Antiguidade louvavam a virtude, suas obras mereciam um justo lugar na educação dos cristãos. O mesmo não se podia dizer, porém, de seus parricídios, fratricídios, incestos, luxúria, crueldade, glutonaria e outras depravações, para não falar dos múltiplos deuses do panteão pagão e suas intermináveis desavenças. Os leitores deveriam, por conseguinte, separar o joio do trigo com o devido zelo, entesourando as lições morais, à medida que elas fossem surgindo da mesma forma como as abelhas, fazem o mel em diligentes visitas às flores perfumadas e coloridas – e inúteis, quanto ao mais.

Com o tempo, a proposta de Basílio veio a se tornar canônica no Oriente bizantino, assim permanecendo durante mais de um milênio. Mil anos mais tarde, Teodoro Metochites o diria explicitamente em uma carta aos monges de Chora. Contudo, mesmo na época de Basílio, havia quem defendesse uma linha mais dura em relação à herança pagã racionalista e secular dos gregos, a começar por seu amigo, o teólogo apenas um pouco menos venerado São Gregório de Nazianzus. A hostilidade e a desconfiança desses cristãos linhas-duras – monges, quase todos – para com os clássicos nunca desapareceria, ora cozinhando silenciosamente em fogo brando, ora borbulhando em férvida polêmica.

Apesar da hostilidade dos monges, esta cristianíssima sociedade sempre manteve um sistema educacional secular baseado no Saber Exterior herdado de seu passado pré-cristão – algo que distingue claramente o Oriente bizantino do Ocidente latino. Com o triunfo do cristianismo em todo o império entre o IV e o VI séculos, forças diversas – disputas doutrinais, invasões bárbaras e, no século VII, a ascensão do islã – despedaçaram a antiga unidade do mundo greco-romano. Oriente e Ocidente adentraram o Alto Medievo. Mais do que em qualquer outra época, os clássicos estiveram perto de desaparecer. No Ocidente latino, o futuro mundo católico, a ruptura com o passado foi severa. No Oriente bizantino, o futuro mundo ortodoxo, prevaleceu a continuidade – até certo ponto. Roma e o Ocidente caíram para os bárbaros adventícios; Constantinopla e o Oriente resistiram, mas não sem grandes atribulações.

O Alto Medievo Bizantino

No século VII, o auge dessas atribulações, o grego substituiu o latim como língua oficial, refletindo o ambiente da nova capital. Nessa mesma época, a longa luta entre o cristianismo e o paganismo vinha chegando ao fim. Um momento crítico foi o ano de 529, quando o imperador Justiniano fechou a venerável Academia Platônica de Atenas, último grande reduto da filosofia pagã, onde escritores e professores neoplatônicos haviam lutado para deter a maré cristã por meio do desenvolvimento e codificação da doutrina platônica.[1]

O Alto Medievo bizantino começou um século depois do fechamento da Academia. Nos 150 anos seguintes, Bizâncio experimentou um acentuado declínio em sua secular tradição de educação básica de alto nível e formação superior em clássicos pagãos. Fecharam-se as academias remanescentes e os historiadores bizantinos, por exemplo, trei-

---

[1] O termo "platonismo" designa as ideias de Platão; "neoplatonismo", as interpretações e ampliações das ideias de Platão por filósofos posteriores. As teorias platônica e neoplatônica, às vezes descritas como "emanacionistas", sustentam que o significado emana de uma única fonte divina, que o mundo material é irreal e que a verdadeira realidade reside nas "formas" ou "ideias" imateriais. Platão ensinou, também, que a alma é imortal. Ele e seus intérpretes exerceram profunda influência no desenvolvimento da teologia cristã.

nados no ofício de Heródoto e Tucídides, deixaram de praticar o estudo racional das atividades humanas. Pressionados a leste pelas conquistas árabes subsequentes à ascensão do islã e ao norte pelas incursões eslavas nos Bálcãs e até o sul da Grécia, os bizantinos já não tinham recursos, tempo e, acima de tudo, vontade de se dedicar a tais misteres.

Mas há trevas e trevas. Enquanto a cultura clássica se obliterava no Ocidente, em Bizâncio ela apenas adoecia, ignorada e enjeitada por uma sociedade desesperadamente carente da unidade e do simples conforto oferecidos pelo cristianismo. Ao contrário do sucedido no Ocidente, um forte Estado central sobreviveu no Alto Medievo bizantino, que também começou mais tarde e acabou mais cedo. Homero, Ésquilo, Sófocles, Heródoto, Tucídides, Platão, Aristóteles e demais autores da Antiguidade clássica continuaram a ser lidos nas escolas e, provavelmente, ensinados também em caráter privado, em níveis mais elevados, por indivíduos ilustrados cujos nomes não chegaram até nós. Enquanto isso, o grego falado, tal como o italiano, havia muito vinha assumindo formas mais simples: ler e, notadamente, escrever em grego antigo requeria penosos estudos mesmo para os grecófonos bizantinos. Os humanistas bizantinos sempre foram uma pequena minoria. Mesmo nos áureos tempos, o tempo disponível para buscar o Saber Exterior era privilégio das elites abastadas. Se houve humanistas no Alto Medievo, foram tão poucos que não deixaram marcas.[2]

Apesar do colapso da educação superior, Homero foi sempre "o poeta" dos estudantes de Bizâncio e suas obras, os primórdios da literatura ocidental, chegaram até nós porque faziam parte do currículo educacional bizantino. O mesmo vale para outros autores da Antiguidade grega. Tal como os ossos dos dinossauros, a literatura da Grécia antiga sobreviveu fossilizando-se.

---

[2] A continuidade da literatura clássica no Alto Medievo é até hoje uma questão controversa nos estudos bizantinos. Sabe-se pouco e especula-se muito. Alguns estudiosos importantes têm sustentado que a ruptura foi severa. Ainda assim, é difícil acreditar que o domínio do grego antigo demonstrado pelos humanistas bizantinos do século IX tenha surgido do nada.

O fim do Alto Medievo e o ressurgimento do interesse pela cultura da Grécia antiga aconteceram num período de expansão e renovada prosperidade que, por conveniência (e em homenagem a Sir Steven Runciman), chamamos de Primeira Renascença bizantina.[3] Os bizantinistas a conhecem como Renascença macedônia, nome da dinastia imperial que a dirigiu.

A Primeira Renascença Bizantina

Esta foi a época em que visitantes como Liudprand de Cremona se assombravam à vista do trono dos imperadores bizantinos. O prestígio bizantino forneceu ao Ocidente o modelo do poder imperial cristão, por mais que soberanos ocidentais como Oto, o Grande, tenham tentado superá-lo. Bizâncio era também uma escola de arte, repositório de antigas e novas técnicas, perdidas ou jamais conhecidas, que o Ocidente agora começava a descobrir. Da Hungria e Áustria à Espanha e Portugal, da Sicília e Nápoles à Grã-Bretanha e França, os artistas (e obras de arte) bizantinos visitavam as cortes europeias trazendo consigo preciosos conhecimentos de mosaico, pintura, escultura, iluminura e outras técnicas. O esmalte cloasonado de Limoges veio de Bizâncio.

Nessa sociedade bizantina agora confiante e extrovertida, a cultura secular e a piedade cristã experimentaram seu período de mais íntima e fecunda parceria. O domínio aristocrático do estilo literário da Grécia clássica se reafirmou como critério para servir à burocracia imperial (os ilustrados servidores civis de Bizâncio costumam ser comparados aos mandarins confucianos da China imperial) e os historiadores bizantinos voltaram a empunhar a pena, dando o seu melhor para imitar o estilo denso e racionalista de Tucídides. Foram os escribas e eruditos dessa época que preservaram tudo o que nos chegou da literatura da Grécia antiga; os mais antigos manuscritos conhecidos foram copiados nesses

---

[3] Sir Steven Runciman, que até sua morte, em 2000, era o decano dos bizantinistas ingleses. Seu livro *The Last Byzantine Renaissance* foi mencionado no prólogo.

anos. Essa colaboração resultou também na vitória mais profunda e abrangente da ortodoxia – a conversão dos eslavos do leste e do sul.

No século XI, dificuldades internas e externas voltaram a perturbar o império. Enfraquecida pelas divisões sociais que os fortes imperadores da era macedônica haviam mantido sob controle, Bizâncio se viu subitamente acossada por inimigos ferozes em todas as suas fronteiras. Os pechenegues atacaram desde o norte, os normandos (ainda *frangoi* para os bizantinos) penetraram desde o sul da Itália e levas sucessivas de turcos seljúcidas, em vias de substituir os árabes na liderança do mundo islâmico, começaram a se derramar sobre a Ásia Menor vindos do Oriente.[4]

Seguiram-se medidas desesperadas, impostas sob a inspirada liderança do brilhante imperador Aleixo I Comneno, fundador de uma nova dinastia imperial no fim do século XI. A sobrevivência do império se deveu, em boa parte, à coragem e à determinação de Aleixo, como explica sua filha Anna Comnena, talentosa cronista e historiadora, em seu péan *Alexíada*. Com um exército reunido às pressas junto ao populacho e a ajuda fornecida por seus ex-súditos venezianos à custa de valiosos privilégios comerciais em Constantinopla, Aleixo suportou uma série de duros golpes desferidos pelos normandos. Na época, o acordo com os venezianos deve ter parecido uma proposta vencedora, e certamente foi, apesar de Veneza ter lacerado a carne do debilitado Império bizantino num passado ainda não muito distante.

A sobrevivência do império cobrou um preço adicional quando a parceria entre a cultura secular e a piedade cristã, ou entre a razão e a fé, começou a esboroar sob o peso da desintegração social e militar. Tirando partido da incerteza reinante e da tradicional desconfiança dos monges para com os intelectuais humanistas, Aleixo coagiu a relutante administração da Igreja a condenar um crítico seu, o filósofo João Ítalo, por crenças neoplatônicas heréticas. Seguir-se-iam outros julgamentos, atribuídos pelos historiadores a uma onda de misticismo na comunidade

---

[4] Os seljúcidas, uma fluida confederação de tribos turcas que haviam migrado para o oeste vindas da Ásia Central, dominaram a partir de Bagdá.

monástica bizantina. Sucessivas gerações de humanistas bizantinos foram severamente oprimidas pelo exemplo de João Ítalo, cujo destino fechou as portas da profissão independentemente das ideias filosóficas gregas no seio da sociedade bizantina.

A postura anti-indagativa dos poderosos monges bizantinos foi em pouco tempo reforçada por uma sucessão de circunstâncias históricas que tensionaram ainda mais o tecido social já esgarçado do império. A pior delas foi a Quarta Cruzada e a consequente ocupação latina de Constantinopla durante mais de meio século. Os bizantinos só recuperaram sua capital, e com ela parte de seu moral, em 1261, sob a dinastia paleóloga. Por algumas décadas Atenas e Jerusalém se viram uma vez mais em harmonia.

Com o declínio seljúcida na virada do século XIV, um novo e agressivo poder turco surgiu na Ásia Menor ocidental, ao largo da fronteira bizantina. Batizado com o nome de seu fundador, Osmã, o crescente Estado osmanli, ou otomano, em pouco tempo empurrou os bizantinos à defensiva pela última vez.

A Última Renascença Bizantina

As devastadoras guerras civis do século XIV arruinaram o já alquebrado Império bizantino. Era comum haver vários postulantes ao trono, com venezianos e genoveses patrocinando seus próprios candidatos da dinastia paleóloga, e os turcos atuando como fazedores de reis. Em termos estratégicos, a última parte da história bizantina é um conto de horror, uma furiosa disputa entre genoveses, venezianos e turcos pelos despojos do império.

Paradoxalmente, a cultura de Bizâncio parecia florescer com mais ímpeto a cada redução de seu poderio militar. Esta intrigante antese cultural foi a Renascença Paleóloga, ou Última Renascença bizantina, em que Teodoro Metochites teve papel tão importante. E assim completamos um círculo, retornando à plataforma da qual os humanistas de Bizâncio lançaram os clássicos da Grécia antiga rumo ao Ocidente.

No quase meio século que antecedeu a queda de Constantinopla, Teodoro Metochites e seus sucessores promoveram uma espécie de retorno a Bizâncio. Desta vez, porém, não haveria a parceria fecunda com os monges. Enquanto os humanistas tomavam impulso, em meados do século XIV, os monges faziam sua própria renovação, que excluía deliberadamente o humanismo literário dos herdeiros intelectuais de Metochites. O renascimento espiritual advogado pelos monges veio a revigorar o conjunto da Igreja bizantina, cuja autoridade e poder pareciam crescer ao mesmo tempo que diminuíam os do governo imperial. Esse grande despertar é conhecido como hesicasmo, ele próprio um componente vital da Última Renascença bizantina.

A palavra hesicasmo deriva do substantivo grego *hesychia*, originalmente "quietude", mais tarde "quietude sagrada", "paz" e "solidão" reunidas num só conceito. Os monges hesicastas acreditavam que a meditação, o controle da respiração e a repetição das orações conduziam à *theosis*, "divinificação", a união mística com Deus Pai que envolvia seus praticantes na mesma luz divina que banhara Cristo na transfiguração no monte Tabor. Os hesicastas acabariam conquistando o domínio da Igreja ortodoxa. Para os atuais estudiosos da religião, esse movimento teria sido a última grande fase no desenvolvimento da teologia ortodoxa.

Acossados uma vez mais pelos monges, agora em sua nova encarnação hesicasta, os humanistas de Bizâncio os enfrentaram audaciosamente num encarniçado debate público que os historiadores chamam de controvérsia hesicasta.

Mais cônscios de sua história comum, os humanistas acabaram se tornando mais abertos ao Ocidente, que lhes retribuiu com um lisonjeiro interesse pela sua dileta literatura antiga. Muitos acabariam se convertendo ao catolicismo. Para estes, a solidariedade cristã era a maneira mais óbvia e razoável – na verdade a única – de escapar da extinção política em mãos turcas, um objetivo somente alcançável se a Igreja ortodoxa se dispusesse a entrar em acordo com os católicos.

Os humanistas estavam, porém, em descompasso com o pensamento bizantino predominante e seus paladinos, os monges. Um povo devoto colocado contra a parede pode ser empurrado a reforçar mais e mais profundamente o nativismo religioso, chegando a preferir o suicídio nacional a um compromisso religioso. Foi o que aconteceu com os bizantinos. Nesse sentido, Bizâncio escolheu o próprio destino: a conquista militar pelos turcos foi um mal menor do que a submissão espiritual aos odiados católicos. Sem estrita adesão à ortodoxia, não poderia haver esperança de salvação espiritual, e esta era mais importante do que a sobrevivência política.

Com o império à beira da extinção, hesicastas e humanistas chegaram a ser inimigos intelectuais implacáveis, um espetacular choque de valores e crenças que transbordava muitas vezes para a política. A situação não era simples: não havia, muitas vezes, linhas de separação claramente demarcadas entre as facções e boa parte do terreno era comum, dado que ambas eram formadas por patriotas empenhados em salvar Bizâncio e sua herança. A questão era: qual herança, a clássica ou a cristã? E a que preço? Trágica e inexoravelmente, os antagonistas agiam como se o preço da sobrevivência de uma tradição fosse necessariamente a morte da outra.

É nesse contexto que podemos compreender a absoluta importância de Teodoro Metochites. Sua vida (1270-1332) abarcou os anos de moral elevada, o último brado de vitória produzido pela recuperação de Constantinopla. Metochites viveu durante o último período histórico de convivência pacífica entre Atenas e Jerusalém no seio da civilização bizantina.

Nas décadas que se seguiram à morte de Metochites, o que era originalmente uma disputa doutrinal degenerou em guerra cultural aberta e mortal. Monges e humanistas, ainda que às vezes parecessem pôr de lado suas diferenças, em geral ignoravam o terreno comum e se tratavam com implacável desprezo. Pressionada pelo assomo da conquista turca, a grande lacuna entre as tradições gregas pagã e cristã – uma falha geológica que durante séculos rugiu ameaçadoramente sob o solo de Bizâncio – saltou à superfície como uma vingança. A controvérsia hesicasta contribuiu para as guerras civis de meados do século XIV, uma época em que a unidade era, para Bizâncio, a condição *sine qua non* da resistência aos turcos.

Contudo, essa mesma tensão foi o motor das engrenagens que disseminaram a influência de Bizâncio no estrangeiro, mesmo em face do pesado assédio turco. Por isso, a controvérsia hesicasta revelou-se tão fértil para nós quanto destrutiva para os bizantinos. Esse processo estranho e complexo habita o cerne da história que se segue, a dos patronos bizantinos de Atenas e Jerusalém em busca de novos horizontes para além de seu Império agonizante.

Capítulo 3

Petrarca e Boccaccio são reprovados em grego

O humanista bizantino que deflagrou a controvérsia hesicasta foi um grego oriundo do sul da Itália, brilhante e ferino, chamado Barlaam. Monge ortodoxo (mais tarde convertido ao catolicismo) versado em clássicos, Barlaam era também astrônomo e matemático, além de filósofo e teólogo. Infelizmente para ele, sua formidável erudição era casada com um jeito arrogante e sarcástico, às vezes tão cáustico que desconcertava até seus próprios amigos e aliados.

Nascido por volta de 1290 na Calábria, sul da Itália, Barlaam foi para Constantinopla na década de 1320.[1] Sua erudição granjeou-lhe imediatamente uma ampla reputação e o cargo de abade de um importante monastério. Em 1334, dois bispos missionários católicos que viajavam de Gênova à Crimeia desafiaram o patriarca para uma discussão pública. Esses debates eram comuns e muito apreciados pelos bizantinos. Não propenso a enfrentar os bispos ele próprio, o patriarca pediu ajuda a Barlaam.

---

[1] Ainda se falam dialetos do grego em bolsões isolados do sul da Itália, que retiveram sua cultura bizantina até muito tempo depois de terem sido perdidos pelo império.

A missão de Barlaam era defender a posição ortodoxa de que o Espírito Santo procedia unicamente do Pai, e não do Filho, para o que ele optou por uma abordagem agressivamente racionalista. Invocando a lógica aristotélica, ele argumentou que as questões que envolviam Deus não podiam ser demonstradas, apenas racionalmente inferidas. Mesmo nessa época, o racionalismo de Barlaam gerava antagonismos na plateia; mais tarde ele escreveu vários panfletos na mesma linha.

Os argumentos de Barlaam chamaram a atenção de um rígido monge hesicasta chamado Gregório Palamas. Particularmente incomodado com o uso da filosofia pagã – a qual considerava peçonhenta –, Palamas atacou Barlaam numa brochura de sua própria autoria. O problema da postura racionalista de Barlaam era que ela, mesmo quando empregada para refutar os católicos, se contrapunha igualmente às crenças ortodoxas. Nas mãos de Barlaam, o racionalismo aristotélico era uma faca de dois gumes.

Sentindo-se provocado, Barlaam dirigiu seus consideráveis poderes de invectivador não apenas contra Palamas, com quem poderia ter lidado sem maiores problemas, mas contra o próprio hesicasmo e – o cúmulo da afronta – contra os respeitados monges de Monte Athos, a comunidade monástica do norte da Grécia onde era mais forte o hesicasmo.[2] As práticas meditativas dos hesicastas incluíam fitar o próprio umbigo como forma de se concentrar em seus poderes contemplativos. Barlaam escolheu essa prática para alvo de seu sarcasmo e chamou esses monges de *omphalopsychoi*, termo que pode ser livremente traduzido como "cabeças de umbigo". Mas atacou-os também no campo doutrinário. Palamas saiu em defesa do hesicasmo, contribuindo com seus argumentos para a radicalização da doutrina.

Em resposta a Barlaam, Palamas traçou uma importante distinção entre a "essência" de Deus e a Sua "energia". Implícita na teologia ortodoxa preexistente, mas nunca plenamente resolvida, essa distinção era necessária à defesa do enfoque místico hesicasta porque seria herético sugerir a mera possibilidade de participação humana na essência de

---
[2] O leitor encontrará uma descrição e uma breve história do Monte Athos no Capítulo 12.

Deus. Não era a razão a chave para o esclarecimento, rezava o argumento de Palamas, mas a possibilidade de participar diretamente da energia divina por meio da meditação, do controle da respiração e da repetição das orações. Deus podia ser demonstrado, dizia Palamas, mas não racionalmente conhecido; podia ser experimentado, mas não expresso – mais ou menos o oposto da posição do racionalista Barlaam e de seus seguidores. Postulando a espiritualidade mística contra a razão humana, esta equilibrada antítese da crença era o fulcro da questão.

BARLAAM, BOCCACCIO E PETRARCA

A essa altura, talvez em parte para neutralizar uma situação delicada, o imperador Andrônico III incumbiu Barlaam de sua primeira missão diplomática no Ocidente. O objetivo do imperador era obter ajuda militar contra os turcos, não uma nova cruzada (os bizantinos já estavam fartos de cruzadas), mas uma expedição de soldados profissionais ocidentais. A primeira parada de Barlaam foi Nápoles, onde ele se saiu bem na corte humanista do rei napolitano Roberto, o Sábio, um curioso e inteligente patrono da cultura de cuja *entourage* fazia parte o escritor florentino expatriado Boccaccio. Barlaam chegou por volta do fim da primavera e lá permaneceu por algumas semanas antes de visitar a corte francesa em Paris e, finalmente, se dirigir à Cúria em Avignon, onde o papa mantinha seu poder vacilante com apoio francês.[3]

O preço que os gregos não queriam se ver obrigados a pagar era a submissão ao papado. União, talvez; submissão total, em nenhuma hipótese. Mas como obter uma sem a outra?

Barlaam trouxe um plano próprio para resolver o dilema. Numa longa carta ao papa escrita em latim, resumiu muito apropriadamente a complicada situação. A posição ortodoxa era (ainda é, aliás) que o papa pode ser o primeiro em prestígio entre os bispos cristãos, mas não a auto-

---

[3] Expulso de Roma pela violência sectária, o papado esteve sediado em Avignon de 1309 a 1377.

ridade máxima; em outras palavras, eles lhe concederiam a primazia, e não a supremacia. Os ortodoxos sempre defenderam que as questões importantes devem ser decididas por concílios de bispos como os que ocorreram nos primeiros séculos da era cristã. No século XIV, porém, essa época havia muito estava finda e os papas acostumados a governar a Igreja ocidental sem contestação.

A proposta de Barlaam era convocar um concílio unificado da Igreja no Oriente, em território grego, com representações dos patriarcas ortodoxos e dos enviados do papa. Não havia outra forma, dizia Barlaam, de o povo grego aceitar um decreto unificador. E, antes de mais nada, o papa deveria apoiar uma expedição para expulsar os turcos da Ásia Menor. O papa, no entanto, premido por sua posição política pouco segura, nunca poderia fazer a primeira concessão – como Barlaam devia saber. De uma forma ou de outra, pelo resto da vida de Bizâncio esse problema circular transformaria a questão da ajuda ocidental numa farsa permanente: nenhuma das partes daria o que a outra pedia sem antes ter a promessa de receber o que a outra não podia dar em hipótese alguma.

Não surpreende, pois, que nada de concreto tenha surgido das negociações de Barlaam e que, em termos diplomáticos, a viagem tenha sido um fracasso. E, como se não bastasse, Palamas se beneficiou da ausência de Barlaam para reforçar sua própria posição. Ao retornar, o sempre arrojado Barlaam acusou Palamas de heresia. Mas, no concílio resultante, em 10 de junho de 1341, tendo atrás de si o patriarca, os monges pesos-pesados de Monte Athos e o ruidoso populacho antiocidental, Palamas não teve dificuldade de se defender. Barlaam não era o único anti-hesicasta por ali, como provaram os acontecimentos subsequentes, mas como grego do sul da Itália era naturalmente suspeito, pois a cidade estava impregnada de sentimentos antiocidentais. O concílio acabou condenando o próprio Barlaam.

Cinco dias depois, Andrônico III morreu deixando um filho de nove anos, João V, além de vários parentes próximos e outros rivais prontos para reclamar o poderoso papel de regente até a maioridade do novo imperador.

Barlaam protestou sucintamente contra a decisão do concílio, mas, percebendo que já não tinha perspectivas em Bizâncio, se voltou para o Ocidente, onde, dois anos antes, sua missão diplomática lhe rendera alguns verdadeiros amigos. No fim do verão ele retornou, pois, à Itália, parando na Calábria e depois em Nápoles, onde mais uma vez foi bem-recebido pelo rei Roberto e pelo círculo humanista de sua corte. O reino de Nápoles, que incluía a Sicília, era uma fascinante mescla de influências bizantinas, árabes, italianas e normandas. Seus reis normandos gostavam de manter o caldeirão fervendo; Roberto, o Sábio, foi apenas um de uma longa série de soberanos esclarecidos.

Boccaccio retornara à sua Florença natal, convocado pela família depois da morte do pai, mas Barlaam reatou sua amizade com Paulo de Perúgia, bibliotecário da corte de Roberto, a quem ajudou nas partes gregas de seu livro sobre mitologia clássica, *As compilações*. Os dois eram mais ou menos contemporâneos. Boccaccio escreveu: "Paulo desfrutou de uma amizade peculiar com Barlaam, a qual, não podendo basear-se em interesses comuns pela cultura latina, foi para ele um meio de mergulhar profundamente na cultura grega." Barlaam ficou em Nápoles do fim do verão de 1341 ao começo de 1342, acabando por converter-se em algum momento de sua estada. Foi como católico romano que viajou a Avignon na primavera de 1342.

Em Avignon o esperava Petrarca, que trabalhava em estreita associação com o papado e morava em sua *villa* tão querida de Vaucluse, situada nas proximidades. Não está claro se eles se conheceram na primeira visita de Barlaam; o fato é que se tornaram amigos. Petrarca conseguira obter de um diplomata bizantino em Avignon um manuscrito grego de Homero — um objeto apreciadíssimo, como deixa claro em suas cartas — e estava ansioso para poder lê-lo.

Paulo de Perúgia, Boccaccio, Petrarca — estes humanistas pioneiros acabavam de redescobrir o glorioso passado de Roma com os autores latinos que o haviam memorizado. Mas era impossível seguir adiante sem se dar conta de que ler literatura clássica latina com alguma sensibilidade requeria familiaridade com a literatura grega antiga.

Não se tratava de mera influência ou inspiração: os autores clássicos latinos forjaram timidamente uma literatura nacional baseando a quase totalidade de suas obras em modelos gregos. Virgílio é o exemplo mais comumente citado, de óbvia relevância para Petrarca e Boccaccio. A *Eneida* (que imita a *Ilíada*, de Homero) foi apenas a última de suas obras. As duas anteriores, *Éclogas* e *Geórgicas*, imitavam os autores gregos Teócrito e Hesíodo, respectivamente. Cícero, também, idolatrado por Petrarca e vários de seus sucessores, refere-se o tempo todo em suas cartas e discursos aos modelos e fontes gregas (entre as mais importantes, o orador ateniense Demóstenes).

Dado que esses textos gregos só existiam em Bizâncio, os italianos se viram apartados das obras que, mais do que inspirar, praticamente *ditaram* a literatura latina que acabavam de descobrir. E o único caminho para chegar a elas eram os bizantinos ilustrados como Barlaam. "Não com pouca frequência eu cito Barlaam", escreveu Boccaccio, mais tarde, em *A genealogia dos deuses*. "Apesar de sua compleição frágil, em ilustração ele tinha mais estatura do que muitos outros. Por que razão não confiar nele, particularmente no que dizia respeito aos gregos?"

Barlaam ficou em Avignon de meados de maio a meados de novembro de 1342. Em agosto, entrou para a folha de pagamentos da Cúria, recebendo 53 florins e 20 centavos por 81 dias "de aulas de grego", referentes, com toda certeza, às famosas lições ministradas a Petrarca. Mas o tempo seria curto, pois a pedido do próprio Petrarca Barlaam recebeu um bispado em Gerace, na Calábria, bem mais ao sul.

O tempo não foi, porém, o único fator. Seminários sobre línguas orientais não eram novidade na Cúria, mas o grego antigo era muito difícil. Sem os recursos didáticos que viriam a se tornar comuns, como livros de gramática e exercícios, listas de vocabulário e, acima de tudo, textos bilíngues em grego e latim (a que mais tarde os humanistas dariam especial preferência), Petrarca não tinha a menor chance. "Era pouco provável que eu aprendesse o grego", escreveu. "Lancei-me de corpo e alma na tarefa, mas a novidade de uma língua estranha e a partida prematura do meu professor frustraram as minhas pretensões."

Depois de vários anos infelizes em Gerace e de uma visita curta e ainda mais desafortunada a Constantinopla em nome do papa, Barlaam retornou a Avignon em 1347, pela terceira vez. Petrarca pôde ter novas lições de grego antigo, mas essa estada, de seis meses de duração, foi também curta demais. Incentivado por Petrarca, Boccaccio teria uma sorte um pouco melhor na década de 1350, sob a tutela de um aluno de Barlaam, Leôncio Pilato, que também dera aulas a Petrarca durante um breve período. Pilato, assim como Barlaam um grego calabrês que residira temporariamente em Constantinopla e Tessalônica, não era o professor ideal – nas palavras de Boccaccio, "um homem de aspecto estranho, com uma barba longa e os cabelos negros, sempre perdido em pensamentos e rude de maneiras e comportamento".

Durante quase três anos, conta-nos um notavelmente arrojado Boccaccio, os dois se viram de braços dados com Homero em idioma grego. Boccaccio chegou a conseguir para Pilato um lugar de professor de grego em Florença no começo da década de 1360, mas que não deu em nada. Era simplesmente muito cedo para que o interesse de notáveis como Petrarca e Boccaccio, fundadores do humanismo renascentista, se transmitisse aos seus seguidores. Os humanistas italianos precisavam da pressão dos grandes números – além de um verdadeiro professor de grego e da profunda inspiração que ele traz consigo. Estavam ambos a caminho, mas ainda tardariam um pouco mais.

CYDONES TRADUZ TOMÁS DE AQUINO

Apesar de sua abrasividade, Barlaam foi uma perda para os intelectuais mais jovens de Bizâncio. Em 1347, ano de sua segunda tentativa com Petrarca, ele manteve uma breve correspondência sobre questões teológicas com um talentoso jovem bizantino chamado Demétrio Cydones, que conhecera em sua última visita a Constantinopla.

Cydones acabara de chegar a Constantinopla para tentar a sorte quando conheceu Barlaam. Tinha pouco mais de 20 anos e era filho de uma família nobre recém-empobrecida de Tessalônica, a segunda cidade do império. Seu pai, um aliado de Andrônico III, cumprira várias missões diplomáticas delicadas para o imperador, que veio a falecer poucos dias depois da suspensão do concílio que condenou Barlaam. Seguiram-se seis anos de uma sangrenta e debilitante guerra civil que opôs João Cantacuzeno, primeiro-ministro e melhor amigo de Andrônico, a uma aliança do patriarca de Constantinopla com a viúva do imperador, Ana de Savoia, uma impopular princesa ocidental que conseguiu conservar o poder durante boa parte do tempo que durou a guerra. Cantacuzeno saiu vencedor, mas a luta interna supurou por várias décadas. A família de Cydones apoiou Cantacuzeno, mas perdeu tudo nos violentos distúrbios contra o partido de Cantacuzeno em Tessalônica.

Mestre da floreada retórica clássica tão ao gosto da aristocracia bizantina ilustrada, Cydones lamenta, numa carta a Barlaam posterior à sua partida, o vazio por ele deixado nos círculos intelectuais de Constantinopla. Seguem-se páginas e páginas de uma detalhada discussão teológica. Cydones claramente anseia pela resposta de Barlaam, que a escreveu pouco antes de morrer, na primavera de 1348, defendendo apaixonadamente a união das duas igrejas. Nessa época, Cydones passara a servir a Cantacuzeno, coroado João VI pouco depois de vencer a guerra civil.

O novo imperador era um homem complexo e sutil cuja trajetória envolveu uma penca de contradições. Político inflexivelmente realista, estadista brilhante, general capaz, aristocrata rico, hesicasta devoto e homem de letras assumido, Cantacuzeno era imune ao obscurantismo frequentemente associado às crenças hesicastas, como demonstra o fato de ter apadrinhado Barlaam. Amante dos livros, Cantacuzeno se abriu à especulação e até mesmo à pesquisa teológica. Destronado menos de uma década depois, tornou-se monge. Adepto da literatura à moda clássica, escreveu uma história de sua época ao estilo de Tucídides. Apesar das suspeitas hesicastas, imitar autores clássicos gregos sempre fora a máxima aspiração literária dos bizantinos ilustrados, entre os quais Cydones, que se tornaria famoso pelo domínio desse mister.

Cydones começou na vida pública como primeiro-secretário do imperador, encarregado de sua agenda, tornando-se, em pouco tempo, indispensável como secretário e como amigo. Brilhante e prolífico (cerca de 450 cartas suas, compiladas em três volumes em idioma grego, são uma das principais fontes sobre a Bizâncio de fins do século XIV), Cydones seguiria os passos anti-hesicastas de Barlaam. Em contraste, porém, com as botifarras de Barlaam, as sapatilhas humanistas de Cydones farfalhavam suavemente nos corredores do poder, até mesmo no palácio do hesicasta assumido Cantacuzeno. Em seus mais de cinquenta anos de carreira, Demétrio Cydones pisou macio e esquivou-se com agilidade de vários golpes contra ele desfechados desde as sombras.

Contudo, nem todos foram igualmente afortunados. No campo humanista, muitos tiveram o mesmo destino de Barlaam. Os hesicastas fizeram excomungar um erudito amigo de Barlaam chamado Simão Atumano, que se transferiu para o Ocidente e se converteu ao catolicismo a tempo de suceder o amigo como bispo de Gerace; como Barlaam, durante um curto período ele foi professor de grego antigo de alguns italianos, sem sucesso. O teólogo Gregório Akindynos, amigo comum de Barlaam e Palamas, tentou servir de mediador entre eles, mas acabou convencido a apoiar Barlaam sobre bases puramente teológicas.

Akindynos era mais representativo do anti-hesicasmo original do que Barlaam e Atumano, no sentido de que sua cultura clássica não lhe instilou nenhuma afinidade com os latinos. Condenado junto com Barlaam em 1341 e excomungado por um novo concílio da Igreja em 1347, Akindynos exilou-se no Oriente e morreu pouco depois. A liderança do grupo anti-hesicasta coube então ao polímata e historiador Nicéforo Gregoras, também hostil aos latinos, mas condenado por um concílio da Igreja em 1351 e colocado sob prisão domiciliar em Constantinopla.

É somente neste momento – a guerra civil concluída, Cantacuzeno ainda no poder e a ortodoxia de Palamas confirmada por vários concílios eclesiásticos – que Palamas pode ser considerado vencedor da controvérsia. De agora em diante, os hesicastas passariam a dominar a estrutura oficial da Igreja ortodoxa bizantina. Ao morrer, em 1358, Palamas foi amplamente pranteado e rapidamente canonizado; quando Gregoras morreu, por volta de 1360, seu cadáver foi arrastado pelas ruas da cidade para escárnio do populacho devoto.

Bizâncio fizera sua escolha. Depois de séculos, rejeitara o Saber Exterior. A vitória de Palamas fez com que Barlaam saísse de Bizâncio e se aproximasse do Ocidente, onde seu humanismo era bem-vindo e não condenado. Esse movimento se repetiria nas décadas seguintes, à medida que os humanistas se sentiam mais e mais incomodados com o rumo que Bizâncio havia escolhido.

Somente depois de assegurados a vitória do hesicasmo e seu controle sobre a Igreja foi que a oposição humanista se tornou mais firmemente associada à simpatia para com o Ocidente. Demétrio Cydones o ilustra bem, pois seu anti-hesicasmo – já nítido em suas cartas a Barlaam da década de 1340 – precedeu seu interesse pelo Ocidente, que só surgiu depois que o concílio eclesiástico endossou o hesicasmo em 1351.

A "Defesa da Própria Fé", escrita mais tarde, depois de sua conversão ao catolicismo, conta a história. Na condução dos assuntos do imperador, Cydones se relacionava cotidianamente com ocidentais. A presença do Ocidente na corte imperial crescera regularmente nas pessoas de mercadores, sobretudo, mas também de diplomatas, emissários do papa, mercenários e eventuais nobres em trânsito. Imerso em petições por tal ou qual favor imperial que tinham de ser traduzidas do latim, Cydones foi se frustrando com os malsucedidos esforços dos tradutores da corte e percebendo que não tinha outra escolha senão aprender latim ele próprio. Entre os ocidentais residentes em Constantinopla, havia frades franciscanos e dominicanos, um dos quais, seu conhecido do bairro genovês de Pera, do outro lado do Corno de Ouro, ele escolheu como professor.

Apesar de sua pesada carga de trabalho, nos conta Cydones, ele progrediu rapidamente (tal como Barlaam, ele não sofria de falsa modéstia), e em pouco tempo tornou-se fluente "como se tivesse aprendido em casa desde menino". Para lhe dar algo para ruminar, seu entusiasmado professor presenteou-o com um "livrinho", a *Summa Contra Gentiles*, de Santo Tomás de Aquino, uma das duas obras em que Aquino esboça seu projeto de conciliar a fé dos teólogos com a razão dos filósofos.[4] Ler o Doutor Angélico do Ocidente era como voltar para casa, conta-nos Cydones, e isso o colocou no caminho da conversão. "Depois de provar do lótus",* diz ele, já não havia como voltar; Aquino se lhe foi revelando, pouco a pouco, à medida que o lia e traduzia. Ao comparar os latinos aos gregos que tentavam refutá-los, estes últimos lhe pareciam sair perdendo, ao repetir cegamente, como papagaios, velhos argumentos que não estavam à altura do raciocínio preciso e sofisticado de Santo Tomás de Aquino.

Em 1353, quando já ocupava o posto de primeiro-ministro, Cydones decidiu traduzir o livro inteiro. Foi uma grande comoção, pois ele não fazia nenhum segredo de seu novo objeto de admiração. Até o imperador Cantacuzeno ficou interessado e apoiou seus esforços como benéficos para a cultura bizantina – e também, é claro, para sua ávida curiosidade intelectual.

A última parte do manuscrito da tradução, escrita por seu secretário com notas do próprio Cydones, sobrevive na Biblioteca do Vaticano. No final, Cydones deixou nada menos que uma nota celebratória em latim cuja pessoalidade (para não falar da emoção, familiar a qualquer estudioso dos clássicos) atravessa os séculos: "O livro está concluído, para louvor e glória de Cristo. Demétrio de Tessalônica, servidor de Cristo, traduziu este livro do latim para o grego. O trabalho levou um ano e foi concluído às 15 horas do dia 24 de dezembro de 1354."

Um mês antes, Cantacuzeno abdicara em favor de seu genro, João V, então com pouco mais de 20 anos, marido de sua filha Helena. Agora com tempo disponível, diz Cydones, Cantacuzeno copiou ele próprio o manuscrito, o que certamente deve ter lhe custado algum esforço. Passou-o também a outros, criando uma onda de tomismo altamente inesperada nos círculos mais elevados do poder bizantino.

---

[4] Esse título pode ser traduzido como *Suma contra os gentios*. A outra obra era a *Summa Theologiae, Suma teológica*.

* Na mitologia grega, fruto que dava às pessoas que o comiam uma agradável sensação de torpor. (N. T.)

Em parceria com seu irmão mais jovem, Prócoro, a quem ele próprio provavelmente ensinou o latim (embora não o diga), Cydones traduziu para o grego as obras de Tomás de Aquino e de outros teólogos latinos. Os dois traduziram Santo Agostinho, e Prócoro traduziu alguns dos escritos teológicos de Boécio. Apesar de ter sido monge em Monte Athos, Prócoro Cydones era mais radicalmente anti-hesicasta que Demétrio, mas nunca chegou a se converter ao catolicismo. Não obstante o poder de Demétrio, os hesicastas conseguiram que ele fosse anatematizado em 1368. Exilado, morreu pouco depois. O próprio Demétrio seria também anatematizado, mas só depois de sua morte.

O entusiasmo dos irmãos Cydones por Tomás de Aquino revela uma disposição espiritual compartilhada por humanistas bizantinos e católicos, cuja Igreja se movia em direção ao racionalismo enquanto a ortodoxa rumava para o misticismo. Tal como Boécio muitos anos antes, Aquino empenhara todos os seus esforços para encontrar um lugar para o racionalismo aristotélico na fé cristã. E como bem sabiam os hesicastas, seu pensamento vinha de ser oficialmente endossado pelo papa. Assim como o hesicasmo completava a ordotoxia, o tomismo completava o catolicismo; Palamas e Aquino eram espelhos um do outro.

O trabalho de tradução deu a Demétrio Cydones não apenas um crescente entusiasmo por Aquino e a teologia católica mas também uma nova receptividade junto aos ocidentais com os quais se punha em contato com frequência cada vez maior. Sua casa se tornou um lugar de encontro de ocidentais que tinham textos ainda por traduzir. De sua parte, os *frangoi* se compraziam em ser vistos sob uma nova luz, ostentando realizações que até então nenhum bizantino se dispusera a creditar-lhes. "Pois a raça inteira", diz Cydones, "foi julgada exclusivamente pelos que estavam de passagem e em idioma latino só se ouviam menções a velas, remos e outras coisas necessárias às viagens por mar". Os bizantinos, prossegue, haviam herdado o velho hábito grego de "dividir a humanidade em helenos e bárbaros, sendo estes supostamente estúpidos e grosseiros".

Agora parecia que os bárbaros haviam saltado à frente, e não menos em teologia, a rainha das ciências. Extasiado com o vigor da nova teologia latina, Cydones engajou-se numa persistente cruzada para derrubar o velho preconceito de seus compatriotas – e, tal como Barlaam antes dele, realizar a indispensável reconciliação das duas igrejas. Tendo logrado manter seu lugar no governo, apesar da queda de Cantacuzeno, em pouco tempo ele se tornou igualmente indispensável ao novo imperador, João V Paleólogo, que, acossado por lutas periódicas com os próprios filhos, reinou de maneira intermitente durante as décadas seguintes. Cydones permaneceu em seu posto a maior parte desse tempo, acabando por se tornar o mais respeitado dos estadistas veteranos de Bizâncio. Uma viagem a Veneza em 1353 foi sua primeira incursão no estrangeiro; outras mais se seguiriam, à medida que se aprofundavam seus contatos em Veneza, Roma e, finalmente, Florença.

Absorvido pela política, pela diplomacia e por seus estudos tomísticos, Cydones levaria outros quinze anos para retornar à Itália; nesse ínterim, converteu-se ao catolicismo. Em 1369, viajou a Roma com João V, que por instância sua acabara de tomar a drástica medida de adotar ele próprio a fé católica, na esperança de obter o apoio do papa contra os turcos.

O fato de sua conversão ter sido totalmente ignorada pela hierarquia ortodoxa em Constantinopla – e, de fato, por quase todo o mundo – reflete a lábia de João. Cydones, de sua parte, gostava do disse me disse da Cúria papal, mas suas cartas desse período oscilam entre a esperança e o desespero no que se refere ao objetivo eternamente fugidio da ajuda ocidental. As promessas ocidentais haviam se tornado tão vazias, escreve ele a certa altura, que "até os turcos perguntam às gargalhadas se alguém tem alguma notícia da expedição".

De todo modo, é improvável que o Ocidente pudesse fazer grande coisa. Em uma análise retrospectiva, o ponto de não retorno foi provavelmente atingido em algum momento de meados do século, com a sangrenta guerra civil entre Cantacuzeno e Ana de Savoia; é impossível imaginar que depois dela uma mera força expedicionária pudesse ter contido o poder ascendente dos otomanos, que continuaram conquistando mais e mais terras na Ásia Menor e, depois de 1347, na Europa também.

Os trinta e poucos anos do reinado de João V Paleólogo testemunharam uma rápida e catastrófica perda territorial para o rolo compressor turco, que caiu pesadamente sobre os Bálcãs, esmagando os reinos culturalmente bizantinizados da Sérvia e da Bulgária. O domínio otomano nos Bálcãs duraria até a época moderna. Na década de 1380, não restava ao "império" bizantino mais do que umas poucas cidades e seus arredores: Constantinopla, Tessalônica e Trebizonda, além de partes do Peloponeso. O incrível é que os bizantinos tenham resistido tanto.

Depois de se ver à beira do desastre em 1391, quando o sultão otomano Murad cercou Constantinopla, sem sucesso, e novamente em 1395, pela mão de seu sucessor, Bayezid, Bizâncio teria a execução de sua sentença suspensa por mais meio século por obra do conquistador mongol Tamerlão, que destruiu o exército de Bayezid em Ancara, em 1402, antes de se retirar para o Oriente, onde morreu poucos anos depois. A contundente derrota otomana em Ancara foi um recuo temporário, mas – para a sobrevivência da literatura grega – crucial. O reagrupamento dos turcos acabou trazendo sua máquina de guerra de volta às muralhas da Rainha das Cidades.

EM VENEZA COM CRISOLORAS

Durante as duas décadas em que a maré turca varreu os Bálcãs, as preocupações políticas de Cydones frustraram seu desejo tantas vezes expresso de retornar ao Ocidente. Em todas as suas cartas – escritas, assinalam os estudiosos modernos, sempre com um olho na publicação –, ele menciona ou se congratula com amigos mais jovens que haviam acenado ao Ocidente e à sua cultura aprendendo o latim ou viajando à Itália e à França. Vários planos para seu retorno foram traçados e postergados, até que, finalmente, no fim da década de 1380, as condições para uma viagem começaram a se apresentar. A idade avançada (agora na casa dos 60 anos) e a aberta afeição por Manuel, filho ambicioso, porém leal, de João, combinaram-se para reduzir a atividade de Cydones na corte. Em fins de 1389, ele finalmente partiu para Veneza, uma vez mais para buscar ajuda contra os turcos.

A segunda viagem de Cydones a Veneza durou pouco menos de dezoito meses, durante os quais ele consolidou seus laços com essa que era a mais bizantinizada das cidades italianas. Em janeiro de 1391, a poucos meses do fim de sua estada, o doge Antonio Venerio o honrou com o título de cidadão honorário. O documento, ainda nos arquivos públicos de Veneza, confere ao "nobre e extraordinariamente sábio Demétrio Cydones, agora residente entre os venezianos... todos os direitos, benefícios, imunidades e honras de que hoje desfrutam os demais cidadãos venezianos".

Se pudessem ter adivinhado as consequências da estada de Demétrio, os venezianos talvez tivessem ido além. Seu companheiro de viagem era o aluno, amigo e compatriota Manuel Crisoloras, que Cydones pôs em contato, em algum momento do ano de 1390, com Roberto Rossi, um italiano que queria aprender grego. Se, no passado, Barlaam fracassara com Petrarca, nas décadas seguintes o notável Manuel Crisoloras faria muito mais do que redimi-lo.

As chances dos italianos interessados em aprender grego vinham melhorando em relação à época de Petrarca e Boccaccio, uma ou duas gerações antes. Por um lado, os interessados de agora eram homens como Rossi, não um gênio pioneiro, mas um personagem mais representativo de sua geração; brilhante e talentoso, decerto, mas apenas um entre tantos, e cada vez mais numerosos. O maior responsável por esse desenvolvimento foi o renomado professor humanista e chanceler florentino Coluccio Salutati.

Ele próprio ignorante do grego e destinado a permanecer assim, apesar de todos os seus esforços, Salutati, não obstante, inspirava um ardente entusiasmo pela literatura grega entre os jovens intelectuais do badalado círculo florentino que o tinha como mentor. Rossi fazia parte desse grupo (na verdade, ele não era tão jovem, mas contemporâneo de Crisoloras, com cerca de 40 anos de idade). Os historiadores acreditam que foi a conselho de Salutati que Rossi foi a Veneza, expressamente para se instruir com Cydones ou Crisoloras, ambos bastante conhecidos. Rossi provavelmente falou aos bizantinos sobre Salutati e, ao retornar a Florença, certamente falou a Salutati sobre os dois. Seja como for,

Cydones deu aulas a Rossi – o primeiro vínculo entre Crisoloras e Florença, uma associação que viria a se tornar lendária.

Cydones, Crisoloras e Rossi voltaram para suas casas em 1391, os dois bizantinos para Constantinopla e Rossi para Florença. Para o já idoso Cydones, os anos seguintes parecem ter sido compensadores. Manuel II Paleólogo – a quem Cydones chama de "rei filósofo" platônico numa carta de congratulações – subira ao trono pouco antes da partida de Cydones de Veneza. Envolvido uma vez mais nos assuntos de Estado, Cydones tomou parte das desesperadas tentativas de Manuel de se entender com os turcos.

Enquanto isso, em Florença, Rossi fazia entusiásticos relatos sobre Crisoloras a Salutati, seu professor, e aos colegas estudantes de seu círculo. Um deles, Jacopo Angeli da Scarperia, entusiasmou-se tanto que em 1395, tomou o caminho mais simples que podia para imitá-lo – simples, por certo, mas perigoso, porque os turcos já iniciavam o cerco à cidade. Angeli, cuja ousadia estava à altura do próprio entusiasmo, foi para Constantinopla encontrar-se com Crisoloras e aprender grego.

Capítulo 4

Crisoloras em Florença

Iacopo Angeli da Scarperia nasceu num vilarejo ao norte de Florença por volta do ano de 1360. Depois de perder o pai, foi ainda menino com a mãe para a cidade, onde ela se casou novamente. Não se sabe como ele chegou à atenção de Salutati, mas o fato é que desde cedo o homem manifestou especial apreço por Angeli. Mesmo não sendo um humanista de primeira linha, o afável Angeli era um dos alunos favoritos de Salutati, que lhe pediu para apadrinhar um de seus filhos.

Tendo já em mente a ideia de convidar Crisoloras para ensinar em Florença, Salutati aconselhou Angeli a viajar a Constantinopla. O plano de Salutati era solicitar à *Signoria*, o conselho de governo de Florença, que fizesse um convite oficial; Angeli cuidaria de convencer Crisoloras a aceitá-lo.

Para chegar à capital bizantina, Angeli deve ter seguido a rota tradicional, a mesma que os cavaleiros da Quarta Cruzada usaram cerca de dois séculos antes – vale dizer, por terra até Veneza, daí por via marítima ao longo da costa do Adriático e depois a leste pelo mar Egeu. Não se sabe exatamente quando ele deixou a Itália, mas muito provavelmente chegou a Constantinopla em algum momento do fim do outono, esquivando-se do bloqueio turco à cidade. É quase certo que levava cartas de apresentação de Salutati e Rossi, além de instruções de Salutati para ficar atento aos tentadores manuscritos de obras gregas antigas.

A descoberta de obras perdidas, geralmente em bibliotecas de monastérios, era uma importante ocupação humanista desde que Petrarca encontrara, entre outras, as preciosas *Cartas a Ático*, em que o romano Cícero glorifica a cultura grega. Ao lado do desejo de aprender grego antigo, o atrativo da descoberta de obras gregas essenciais foi um importante fator a levar outros italianos a Constantinopla no rastro de Angeli. E muitas mais seriam trazidas ao Ocidente por Crisoloras e pelos professores humanistas bizantinos que seguiram *seus* passos. Numa carta da primavera de 1396 a Angeli, quando este já se encontrava no Oriente havia vários meses, Salutati apresenta uma lista de títulos e autores que ele quer que Angeli busque e leve para Florença. Em Bizâncio, como no Ocidente, os livros eram muito caros e difíceis de achar. Cada exemplar era laboriosamente copiado à mão, pois a imprensa ainda tardaria meio século para chegar. Salutati diz a Angeli que conseguira um patrocinador interessado em comprá-los e que o dinheiro necessário estaria prontamente disponível.

Ao chegar a Constantinopla no outono de 1395, Angeli procurou imediatamente Cydones e Crisoloras, deixando em ambos uma ótima impressão e começando a estudar grego com o último. Crisoloras o apresentou a humanistas e intelectuais bizantinos, com os quais o gregário Angeli não tardou em fazer amizade. Sob a tutela de Crisoloras, ele fez grandes progressos no estudo do grego, embora ainda levasse tempo para conseguir ler os textos sem a ajuda de seu professor. Não é de admirar. Os atuais estudantes de grego antigo se valem de colas e traduções até o terceiro ou quarto ano, às vezes mais, se o texto é especialmente difícil, o que não é incomum. Essas traduções não estavam disponíveis a Angeli pela simples razão de que ele próprio e seus futuros alunos na Itália é que começariam a fazê-las.

Angeli não perdia nenhuma oportunidade com seu professor para salientar as belezas de Florença e as elevadas qualidades de Salutati. Contudo, Crisoloras não precisava ser convencido. Logo se veria que ele tinha sólidas razões próprias para aceitar a oferta. Numa carta de março de 1396, um exultante Salutati anunciou a Crisoloras que o convite oficial da *Signoria* fora devidamente enviado, junto com um respeitável estipêndio. Por volta do fim do verão ou começo do outono daquele ano, Crisoloras e Angeli deixaram Constantinopla rumo à Itália, levando consigo Demétrio Cydones, velho amigo de Crisoloras. A bem-sucedida visita de Angeli à capital bizantina durara pouco menos de um ano.

Florença, Salutati e o Humanismo Cívico

A cidade para a qual se dirigia Crisoloras não era ainda a Florença que os turistas modernos conhecem. Se pudéssemos nos transportar no tempo para ver a silhueta que se apresentou ao bizantino, daríamos imediatamente por falta da cúpula de Brunelleschi. A imensa catedral de Santa Maria del Fiore, em construção desde 1296, estava ainda inacabada, frustradas todas as tentativas de se lhe projetar uma cúpula. Mais de duas décadas se passariam até que Brunelleschi apresentasse suas ideias pioneiras para o primeiro grande domo construído na Itália desde antes da época de Boécio.

Chegando mais perto, haveríamos de notar também a profusão de torres existentes na cidade. Nas pinturas anteriores ao século XIV, quando muitas delas foram demolidas, a cidade parece uma aljava cheia de flechas. Quantidade suficiente sobreviveu, no entanto, para ser notada, entre o que sobrou das outras. À medida que penetrássemos na cidade propriamente dita, nós nos veríamos encerrados num labirinto de ruas estreitas e escuras, não mais do que de becos serpenteando entre cânions de sólida alvenaria de pedra que só ocasionalmente se abriam para minúsculas praças e pátios. Essa sensação claustrofóbica se dissiparia lentamente ao longo da Renascença, dando lugar a ruas mais largas e espaços públicos amplos. Embora os edis da cidade já tivessem planos em mente, os odores característicos da cidade medieval perdurariam ainda um pouco mais. Poucos meses depois da chegada de Crisoloras, três residentes foram multados por funcionários do governo em 10 liras cada um por lançar seus dejetos na rua em vez de construir as cloacas obrigatórias.

A vida na cidade, então como agora, era em geral bastante intensa. Subindo a rua a partir da ponte Vecchio, o mercado era um bulício permanente de compra e venda de carnes, peixes, frutas, vegetais, iguarias exóticas e têxteis; de burros de carga e carros de entrega disputando espaço com fregueses; de homens ricos pastoreando suas ataviadas esposas entre ladrões, jogadores, bêbados e prostitutas. Gracejos enchiam o ar, intercalados pelo clangor de ferro contra ferro. Florença era um lugar inseguro, mas transbordante de energia, expressa em constantes lutas sectárias e experimentos políticos. À noite, vigorava o toque de recolher – ser apanhado na rua era motivo de multa ou castigo ainda pior.

No inverno, quando Crisoloras chegou, o ritmo da vida já declinava sob efeito do frio úmido e penetrante da Toscana. Mas nem por isso Florença deixava de ser o lugar mais excitante do mundo. O aspecto anárquico da cidade provinha de ser governada por seu povo; as torres haviam protegido da ira popular a nobreza florentina despojada do poder político até que o próprio povo as demoliu. Desde a Atenas clássica não existira um lugar assim.

No momento da chegada de Crisoloras, Florença vivia um flerte longo, inebriante e, em última instância, bastante perigoso com a história. Nem a Peste Negra, que a assolou repetidamente a partir de 1348, ceifando metade de sua população, foi capaz de lhe abater o ânimo. Na virada dos séculos XIV e XV, Florença estava pronta para se tornar, ainda que por poucas décadas, a indiscutível capital literária e artística do Ocidente. Crisoloras logo se veria num pomar exuberante, cuja rica colheita seria obra sua. Os mais preciosos frutos desse pomar germinariam graças ao movimento conhecido como humanismo. Embora os frutos do humanismo estivessem sendo também produzidos em outros pomares da Itália (Nápoles e Pádua, por exemplo), foi em Florença que eles amadureceram primeiro.

Florença não era propriamente uma cidade universitária. Nesse ponto, ela diferia de outros centros de cultura escolástica mais ciosos da própria importância, como Paris, Oxford, Bolonha e Pádua, cujas grandes universidades – as "Escolas" – surgiram a partir do século XII. Fundado já na década de 1320, o *studio* (como os italianos a chamavam) de

Florença era pequeno e acanhado – isso quando funcionava, o que não aconteceu durante longos períodos do século XIV e em parte do século XV, para constrangimento de seus cidadãos mais abastados.

Ao mesmo tempo, a riqueza de Florença se baseava em atividades (como os serviços bancários internacionais, que os florentinos teriam inventado no século XIV, mas também a manufatura e o comércio) conducentes à prática da leitura, razão pela qual seus cidadãos eram provavelmente os mais instruídos da Europa. A universidade era pobre, mas a educação básica era excelente. Além disso, os florentinos habilitados a frequentar universidades podiam se dirigir a Bolonha ou a Pádua, que ficavam próximas. Dados os marcados perfis profissionalizantes dessas universidades, o direito e a medicina, respectivamente, ali a escolástica não auferira o monopólio de que desfrutava em escolas como Paris e Oxford. A escolástica era, de fato, uma invenção do norte da Europa, como tem sido observado, um produto importado de Paris e de Oxford que nunca se assentou confortavelmente na Itália e menos ainda em Florença.

Por tudo isso, a Itália, em geral, e Florença, em particular, eram lugares propícios à inovação literária e intelectual. E era natural que essa inovação se inspirasse no rico passado romano da região, que permanecia ao alcance da mão não apenas nas páginas de Virgílio e Cícero mas também, ainda mais conspicuamente, nas vetustas ruínas presentes em muitas de suas cidades e vilas. A fundação romana de Florença viria a ter um importante papel na apreciação humanística nada modesta que a cidade fazia de si mesma.

Boccaccio morreu em 1375, ano em que Coluccio Salutati foi nomeado chanceler de Florença. Petrarca, correspondente e mentor de Salutati, morrera no ano anterior. Petrarca foi o primeiro a recuperar o conceito romano de *humanitas*, segundo o qual uma educação atenta e de boa qualidade pode realçar a humanidade do indivíduo. Petrarca o mencionou algumas vezes em seus escritos, mas foi Salutati quem lhe deu um caráter verdadeiramente programático.

Nascido em 1331 na vila toscana de Stignano, Salutati estudou direito em Bolonha quando jovem, mas deu preferência ao treinamento como tabelião. Combinadas, certamente, ao amor pela literatura clássica, suas aptidões notariais lhe foram úteis para torná-lo chanceler de diversas vilas italianas antes de exercer o mesmo cargo em Florença. O chanceler (*cancelarius*, ou primeiro-secretário) era o chefe da burocracia governamental de uma cidade. Em Florença, esse cargo era singularmente importante e bem-remunerado, o que proporcionou a Salutati grande riqueza, prestígio e poder. Salutati nunca mais deixaria a cidade de sua adoção: serviu como chanceler até sua morte, em 1406, pranteada com um esplêndido funeral de Estado. A Constituição republicana de Florença dispunha que os cargos eletivos dos conselhos de governo só podiam ser ocupados por membros das guildas e associações comerciais, os únicos com direito a voto. Ao contrário dos comerciantes abastados, os "magnatas" (a antiga aristocracia) e os trabalhadores de baixo estrato eram tradicionalmente excluídos das instâncias de poder. Contudo, esses cargos só podiam ser exercidos por períodos muito curtos, poucos meses geralmente, o que converteu a burocracia florentina no único fator de continuidade da administração pública. Como chefe da burocracia, Salutati foi durante décadas o mais reconhecido personagem público e líder político da cidade.

Na década de 1390, Salutati havia reunido um séquito de jovens talentosos, muitos deles – não todos – aristocratas que compartilhavam seu interesse pela Antiguidade greco-romana. A maioria viria a estudar grego com Crisoloras, e os dois astros mais brilhantes, Leonardo Bruni e Poggio Bracciolini, sucederiam-no no cargo de chanceler. Salutati não foi o único humanista de sua geração nem o único humanista florentino veterano a ter um séquito de alunos mais jovens, mas foi, certamente, o mais preeminente.

O prestígio de Salutati e seu valor para Florença foram ainda maiores, porque seu mandato como chanceler coincidiu com uma série de crises republicanas, a mais grave ocorrida justamente no fim da década de 1390, quando a cidade se defrontou com o poderio militar de Milão, sua agressiva e perigosa rival. Para Salutati, não se tratava meramente de uma guerra movida por uma poderosa cidade-estado militarista contra uma vizinha menor e menos militarizada, mas de que o governo autocrático de Gian Galeazzo Visconti se opunha radicalmente aos tradicionais valores florentinos de liberdade e republicanismo, vigorosamente defendidos por ele em cartas públicas dirigidas ao "tirano" milanês.

Esse era um papel bem ao gosto de Salutati. O propósito de suas cartas abertas a Visconti pode ser comparado ao dos desafiadores pronunciamentos radiofônicos de Winston Churchill nos primeiros anos da Segunda Guerra Mundial. Tal como nos dias sombrios que se seguiram a Dunquerque, a retórica emocionada era a melhor – praticamente a única – arma de Salutati. A certa altura o próprio Visconti rendeu homenagem à eloquência de seu adversário com a famosa observação de que uma única carta de Salutati valia por mil cavaleiros. Mesmo assim, Florença só se livraria do perigo iminente pela súbita e inesperada morte de Visconti em 1402.

A pedra angular da campanha retórica de Salutati contra Milão – e de todo o seu mandato como chanceler – era a identificação da Florença republicana com as virtudes e os valores da Roma republicana, concentrados no conceito de *libertas*. Esse apurado esforço de propaganda, prestes a atingir seu clímax no momento da chegada de Crisoloras, deu origem a um movimento localizado que os historiadores chamam de humanismo cívico.[1]

O humanismo cívico florentino deu início à segunda etapa do humanismo italiano, subsequente à de Petrarca. Ele determinou os livros que Salutati e seus seguidores mais desejavam ler e comentar. Embora ainda inspirados, em última instância, por Petrarca, eles se interessavam menos por poesia, por exemplo, que por teoria política e, notadamente, por história, mudança que proveio do sentimento de crise cívica suscitado pela luta contra Milão. Portanto, se o humanismo em geral era o teatro, o nascente humanismo florentino era o cenário em que se desenrolaria o magistério de Crisoloras depois de concluída a longa viagem entre a assediada Constantinopla e a ameaçada Florença da aurora do *Quattrocento*.

---

[1] Segundo Hans Baron em *The Crisis of the Early Italian Renaissance*.

O Novo Magistério de Crisoloras

Depois de deixar a capital bizantina no fim de 1396, Cydones, Crisoloras e Angeli se dirigiram a Veneza, onde se detiveram por vários meses. O idoso Cydones lá ficou, feliz certamente, enquanto os outros dois saíam a cumprir a parte terrestre da viagem. Chegaram a Florença em 2 de fevereiro de 1397. Entusiasticamente saudado por Salutati e seu círculo de jovens humanistas, Crisoloras assumiu quase imediatamente as tarefas de professor no *studio* florentino.

Para quem desempenhou um papel tão crucial e celebrado na história da civilização ocidental, Manuel Crisoloras continua a ser um personagem estranhamente fugidio. Do pouco que escreveu, somente um punhado de cartas e alguns textos breves sobrevivem. Embora classificadas pelos historiadores modernos como excepcionalmente importantes, essas poucas obras quase nada nos dizem sobre o homem.

A maior parte do que sabemos sobre ele provém dos escritos de seus alunos, alguns dos quais o tratavam com verdadeira idolatria. Eles o descrevem como um homem de grande encanto e magnetismo, comunicador talentoso, professor brilhante e intelectual de rara erudição. Apesar da estatura mediana, sua compleição notavelmente vigorosa causava uma forte impressão física. Sobre a longa barba ruiva ao estilo bizantino, seus olhos denotavam um espírito ao mesmo tempo sério e despreocupado. Em qualquer moderna universidade norte-americana, Crisoloras estaria menos para o pesquisador erudito do que para o popular *performer* de sala de aula – cujos alunos de pós-graduação se notabilizariam, não obstante, pelo brilhantismo de suas realizações posteriores e pela profundidade da influência recebida de seu professor.

A lista dos alunos de Crisoloras é uma espécie de quem é quem dos primórdios do humanismo renascentista. E, através de sucessivas gerações de alunos, sua herança pedagógica se espalharia a ponto de dominar a paisagem do humanismo até muitas décadas depois de sua morte.

Os métodos de ensino de Crisoloras eram inovadores, revolucionários mesmo. O mais surpreendente, contudo, é terem estado em perfeita sintonia com as necessidades e valores do ambiente humanista que ele encontrou em Florença.

Para começar, Crisoloras deu forma clara e concisa aos soníferos livros de grego usados nas salas de aula bizantinas por meio de um compêndio elementar e amigável ao usuário chamado *Questões*. Apesar de seu título pouco original, como rezava a tradição bizantina para este gênero de obras, *Questões* de Crisoloras seria, durante mais de um século, o livro introdutório ao grego antigo para os estudantes ocidentais. Sua radical simplificação da gramática grega teve um imenso efeito prático: a versão de Crisoloras reduzia a apenas 10 os 56 tipos de substantivos que, segundo uma versão bizantina produzida anos antes, os estudantes tinham de memorizar. Uma medida da importância de *Questões* é o fato de ter sido um dos primeiros livros publicados depois do advento da imprensa em meados do século XV.

Foi uma inovação, de imensas consequências práticas para o dia a dia. A revolução ocorrida no âmbito mais profundo da nuança e da sensibilidade pode ser ilustrada pelo enfoque de Crisoloras ao problema complexo e enganoso da tradução. Os poucos escolásticos medievais que traduziam do grego para o latim faziam-no segundo o método chamado *verbum ad verbum* – literalmente *palavra por palavra* –, que é exatamente o que parece: a transferência mecânica, palavra por palavra, do texto de uma língua para outra. Na melhor das hipóteses, esse sistema gerava um latim canhestro e deselegante; na pior, como assinalou Crisoloras, alterava totalmente o significado do original. Abandonando o velho método, Crisoloras ensinou seus alunos a se aterem o mais estritamente possível ao sentido do texto, a fim de convertê-lo em um latim tão elegante, fluente e idiomático quanto o grego original.[2]

Os humanistas italianos – cuja maior aspiração era escrever um latim ciceroniano perfeito, ainda que estéril – adotaram com entusiasmo

---

[2] Alguns estudiosos têm defendido que as traduções dos escolásticos eram melhores do que diziam os humanistas (e até melhores do que as deles). Independentemente, porém, de quem fosse melhor, o fato é que os humanistas tinham objetivos e interesses muito diferentes. A diversidade de objetivos dos dois grupos é, provavelmente, mais reveladora do que a comparação subjetiva de sua perícia.

a nova técnica. Ela estava perfeitamente de acordo com seus valores literários e com o desenvolvimento lógico de seu programa. Salutati já trazia, provavelmente, ideias similares, uma vez que o próprio Cícero condenara a tradução palavra por palavra por sua rigidez. Os alunos de Crisoloras se puseram rapidamente a produzir traduções humanistas em grande escala, dando ensejo ao surgimento, no Ocidente, das primeiras versões latinas precisas e elegantes de importantes obras gregas.

O renomado Leonardo Bruni, o mais prolífico tradutor entre os alunos de Crisoloras, é um bom exemplo do novo enfoque. Comentando os critérios que utilizou para traduzir Platão, Bruni tratou o autor grego como um velho amigo ainda vivo: "Eu o traduzo de uma forma que, creio, o deixará muito satisfeito... Ele, que é o mais elegante dos autores gregos, não há de querer aparecer malposto em latim." Bruni foi, aliás, o primeiro a usar o termo *tradução* (*translatio* – literalmente *levar de um lugar para outro*) com a acepção de verter de uma língua para outra.

Como prenunciara Salutati, Crisoloras em Florença na virada do século XV foi, verdadeiramente, o homem certo no lugar certo e no tempo certo – em outras palavras, o professor perfeito para a hercúlea tarefa educativa que se apresentava. É por isso que os estudiosos da Renascença concordam que, apesar de suas muitas realizações, a maior contribuição de Salutati ao Humanismo foi ter levado Crisoloras a Florença.

Os Alunos de Crisoloras em Florença

Crisoloras ficou pouco mais de três anos em Florença, mais exatamente até março de 1400. Nessa curta temporada, assegurou que o estudo do grego antigo fincasse raízes definitivas no Ocidente. Seus alunos florentinos constituem a primeira autêntica geração de estudiosos do grego clássico na Europa Ocidental:

- *Leonardo Bruni (1370-1444).* Nascido na vila de Arezzo (e, por isso, conhecido também como Aretino), Bruni foi o mais famoso humanista florentino da primeira metade do século XV. Maior expoente do humanismo cívico, seus principais interesses eram a história e a teoria política.[3] Entre suas numerosas e refinadas traduções figuram a *Política* e a *Ética* de Aristóteles, diversas *Vidas* de gregos e romanos ilustres de autoria do venerando biógrafo Plutarco (favorito dos primeiros humanistas, Plutarco viria a ser uma rica fonte para Shakespeare) e obras retóricas dos oradores gregos Demóstenes e Esquino. Salutati comparara Florença à Roma republicana; Bruni estendeu essa comparação a Atenas. Em 1401, ele publicou seu famoso encômio *Em louvor à cidade de Florença*, baseado em modelos gregos, como o elogio de Atenas por Élio Aristides. Mais tarde escreveu *A história do povo florentino*, obra pioneira da historiografia renascentista em que revive os métodos críticos, secularizados, dos historiadores da Antiguidade. Como muitos dos seus amigos, Bruni passou uma temporada trabalhando no Vaticano, que também veio a ser um importante centro de cultura humanista. Seus talentos humanistas lhe deram riqueza e celebridade: tal como seu professor Salutati, Bruni foi chanceler de Florença (de 1427 até sua morte).

- *Poggio Bracciolini (1380-1459)*. Poggio, ainda adolescente quando Crisoloras chegou a Florença, talvez fosse jovem demais para ser oficialmente incluído entre seus alunos. Ele nunca dominou o grego e foi, provavelmente, muito mais um *habitué* do que um aluno pleno do magistério de Crisoloras. Por isso mesmo, talvez, idolatrava Crisoloras ainda mais que os demais florentinos, apesar de algumas manifestações ulteriores de indiferença pelo estudo do grego – uma possível reação de despeito por ter sido excluído do grupo por causa de sua juventude. De todo modo, por volta de 1400 Poggio era bem-aceito no círculo de Salutati, onde se distinguiu

---

[3] Há quem considere que o humanismo cívico, por intermédio dos escritos de Bruni, influenciou as revoluções Inglesa, Francesa e Americana, entre outros acontecimentos marcantes do mundo moderno.

como um brilhante latinista e (ao lado de Niccolò Niccoli, seu amigo mais velho) o mais ilustre descobridor de manuscritos latinos perdidos. Sua longa e profícua trajetória humanista estendeu-se até a época em que o absolutismo dos Médici liquidou o sistema republicano de Florença. Incomumente combativo até para um humanista, Poggio passou a maior parte de sua carreira em Roma, só retornando a Florença em 1453, aos 73 anos de idade, quando, seguindo os passos de Salutati e Bruni, aceitou o convite da cidade para assumir o cargo de chanceler.

- *Niccolò Niccoli (1364-1437).* Tal como o próprio Crisoloras, Niccoli não escreveu quase nada, razão pela qual é até hoje um personagem bastante enigmático. Todavia, os escritos de seus colegas humanistas deixam claro que Niccoli foi um personagem extremamente influente e de importância capital para o movimento. Classicista extremado e ainda mais combativo do que Poggio (talvez por isso eles não se dessem), o excêntrico Niccoli foi o mais vanguardista dos humanistas. Desconcertante ainda por cima, flertou ostentosamente com a ruína financeira para poder dedicar-se unicamente aos seus estudos. Ao contrário de Bruni, compartilhava com Crisoloras um profundo interesse pela arte antiga. Ávido colecionador de livros, foi também um pioneiro do estudo das moedas, inscrições e outros artefatos antigos. Depois de sua morte, sua magnífica coleção de livros se tornou o núcleo da biblioteca pública fundada por Cosimo de Médici em São Marcos de Florença.

- *Pier Paolo Vergerio (1370-1444).* Nascido em Capodistria e educado em Pádua, onde ensinou lógica de 1390 a 1406, Vergerio estava de visita a Florença, em 1398, quando soube de Crisoloras e se uniu ao seu grupo. Prestou serviços humanistas para o Vaticano, como Poggio e Bruni, mas é mais conhecido como professor e teórico da educação. Defendeu uma educação liberal e humanista que rompesse radicalmente com as tradições medievais e tentasse recriar a *encyclios paidea* dos gregos.[4] Seu livro *Sobre as atitudes cavalheirescas e os estudos liberais para jovens*, provavelmente escrito cerca de dois anos depois que Crisoloras deixou Florença, foi a primeira e mais influente obra renascentista sobre teoria educacional. Repleto de citações de fontes gregas, ele parece dever muito às ideias e ao exemplo de Crisoloras.

- *Roberto Rossi (c. 1355-1417)*. Embora não dotado do gênio de alguns de seus amigos, Rossi dominava o grego e adquiriu uma excelente coleção de manuscritos nesse idioma. É particularmente notável por sua viagem a Veneza em 1390-1391, quando conheceu Cydones e Crisoloras, e por ter sido, mais tarde, professor de latim e grego dos herdeiros de muitas famílias florentinas ilustres. O jovem Cosimo de Médici foi um de seus alunos.

Foram esses os principais alunos de grego de Crisoloras em Florença. O núcleo do grupo era o trio Bruni, Poggio e Niccoli, ainda que houvesse outros mais com respeitáveis credenciais humanistas. O riquíssimo aristocrata Palla Strozzi, um bem-relacionado patrono das artes e das letras que tomara a iniciativa de ajudar Salutati a conseguir o convite para Crisoloras, pagava pelos livros gregos que Crisoloras usava em suas aulas e mandava fazer cópias para os outros alunos. Antonio Corbinelli, outro rico aristocrata do grupo, veio a formar uma das melhores bibliotecas clássicas da Europa, com uma seção grega que incluía Homero, Plutarco, Heródoto, Tucídides, Políbio, Platão, Aristóteles, Euclides, Ésquilo, Eurípides, Sófocles, Aristófanes, Demóstenes, Esquino, Teócrito e Píndaro.

E houve, é claro, Jacopo Angeli da Scarperia, que não deixou seu grego se perder depois de acompanhar Crisoloras de volta a Florença e veio a produzir uma esmerada série de traduções próprias (que incluía várias das *Vidas* de Plutarco). Depois da partida de Crisoloras em 1400,

---

[4] A "educação total" dos antigos gregos, que buscava o desenvolvimento integral da personalidade, incluindo, entre outras atividades, o esporte e a música.

Angeli assumiu um cargo de secretário de médio escalão no Vaticano que lhe permitiu dar continuidade aos seus estudos humanistas. Nem excepcionalmente talentoso nem terrivelmente ambicioso, Angeli era trabalhador e pródigo, compartilhando com Salutati e os demais seus livros gregos, difíceis de encontrar. Teve, de fato, um choque atípico com Bruni em 1405, quando tentou afastá-lo, com métodos nada elegantes, da disputa por um prestigioso cargo que ficara disponível na Cúria papal, para o qual Bruni, mais jovem e mais brilhante, se candidatara. Angeli, que não demonstrara nenhum interesse pelo cargo até Bruni se manifestar, foi instigado por amigos que achavam vergonhoso para ele o jovem ex-colega de estudos ocupar um cargo mais elevado que o seu. Quando, porém, o papa pediu a cada um que escrevesse uma simples carta em latim, Bruni venceu com facilidade – a despeito de sua juventude.

Angeli tinha, porém, uma contribuição a dar à história depois da despedida de Crisoloras. Ao partir, Crisoloras legou a Angeli a tradução inconclusa de uma obra altamente procurada que trouxera consigo de Constantinopla: a *Geografia* de Ptolomeu, o mais importante texto geográfico do mundo antigo. Angeli concluiu a tradução iniciada por Crisoloras, tornando a obra disponível ao Ocidente. Em pouco tempo, começaram a surgir cópias do livro com mapas baseados nas informações contidas no texto. Na verdade, tais "informações" eram bastante imprecisas: a *Geografia* de Ptolomeu subestimava enormemente a distância entre a Europa e a Ásia. Quando, décadas mais tarde, essa vetusta obra amplamente difundida, apesar de redondamente equivocada, chegou às mãos do navegante genovês Cristóvão Colombo, formou-se em seu espírito a convicção – vendável – de que chegar às Índias navegando para o oeste seria uma empreitada fácil.

CRISOLORAS SEGUE SEU CAMINHO

Crisoloras fora contratado para ficar cinco anos em Florença, razão pela qual sua partida repentina dois anos antes do prazo é até hoje um tema controverso. Ainda mais surpreendente do que sua partida foi seu destino.

Considerando todos os lugares aonde poderia ir, ele escolheu justamente o último que se poderia esperar: Milão. Crisoloras saiu de Florença em março de 1400, direto para os braços do inimigo mortal da cidade, o tirano milanês Gian Galeazzo Visconti, na época empenhado em uma violenta campanha contra Florença. O mais estranho é não existir, por outro lado, o menor indício de que algum florentino tenha, por isso, lançado qualquer acusação, mesmo que branda, contra Crisoloras. Anos depois, eles ainda o louvavam como a um santo.

Para entender a atitude aparentemente desconcertante de Crisoloras, é necessário, creio, termos em mente o quadro maior. Crisoloras era um aristocrata, diplomata de alto nível e patriota bizantino. Era também contemporâneo, parente por casamento e amigo íntimo do imperador bizantino Manuel II Paleólogo.[5] A visita de Crisoloras a Veneza em 1390-1391 fora determinada pelo imperador seu amigo – não com o objetivo de ensinar grego a Roberto Rossi e seus confrades, mas com a missão expressa de conseguir ajuda contra os turcos.

É provável que Crisoloras e Manuel II tenham encarado o convite florentino como uma oportunidade para abrir novas perspectivas nesse esforço permanente. As motivações de Crisoloras deviam ser do conhecimento de seus amigos italianos – o que explicaria o fato de não ter deixado ressentimento com sua partida. Se o interesse primordial de Crisoloras fosse ensinar grego antigo aos jovens florentinos, ele teria ficado mais tempo do que o previsto no contrato. Sua prioridade eram os objetivos diplomáticos. Quando, passados três anos, ficou claro que os florentinos (como tantos ocidentais que vieram depois) estavam mais interessados nos gregos antigos do que nos contemporâneos, Crisoloras seguiu seu caminho em busca de pastos mais verdes, sem que houvesse ressentimento de nenhum lado, o que explica sua atração por Milão, uma importante potência militar sob Visconti, e também sua partida, de Milão, e da Itália, depois que a morte súbita e inesperada do tirano, em

---

[5] Manuel II, que reinou de 1391 a 1425, era filho de João V Paleólogo e da filha de João VI Cantacuzeno, Helena. Trata-se do imperador ilustrado, citado no final do último capítulo, que Demétrio Cydones qualificou de "rei filósofo" platônico.

1402, levou a um declínio rápido, embora temporário, do poderio da cidade.

Essa interpretação, que tem a seu favor uma boa quantidade de indícios, em retrospecto parece quase óbvia.[6] Explica os movimentos não apenas do próprio Crisoloras mas também de seu amigo Manuel II. Durante esse mesmo período – isto é, de 1400 a 1403 –, o imperador bizantino percorreu pessoalmente os principais centros de poder do Ocidente na esperança de reunir dinheiro e apoio contra os turcos.

Na verdade, Manuel II chegou a Veneza em abril de 1400, pouco depois da partida de Crisoloras de Florença. De lá foi a Pádua, Vicenza, Pavia e Milão, onde ele e Crisoloras celebraram o reencontro como convidados ilustres de Gian Galeazzo Visconti. Depois seguiu para Paris, onde permaneceu por mais de um ano como convidado do rei Carlos VI, e Londres. Manuel II fez sucesso na capital inglesa, onde o rei Henrique IV e seus súditos o saudaram com uma esplêndida recepção e se mostraram profundamente impressionados com sua régia presença. Muito significativamente, Manuel II não visitou Florença. É difícil não ver algum grau de coordenação no movimento dos dois bizantinos, especialmente se considerarmos que o restante da carreira de Crisoloras seria ocupado com viagens diplomáticas dedicadas à busca de meios de deter o avanço turco.

Ensinando aos Professores

Nos anos que se seguiram a Florença, as iniciativas diplomáticas de Crisoloras se entrelaçaram ao seu viçoso relacionamento com um novo aluno italiano, Guarino de Verona. Nascido nessa cidade do norte da Itália em 1374, Guarino, filho de um ferreiro que morreu quando ele tinha 12 anos, foi ali mesmo educado em menino. Na década de 1390, ainda um jovem e promissor humanista, foi para Pádua estudar com Pier

---

[6] Proposta originalmente por Ian Thomson em 1966, ela tem sido amplamente aceita por outros estudiosos.

Paolo Vergerio (professor apenas quatro anos mais velho), que assistia às aulas de Crisoloras em Florença. Impossibilitado de ir pessoalmente a Florença, Guarino travou contato com o magistério do bizantino por intermédio de Vergerio, que, no início da década de 1400, vinha formulando e escrevendo sua obra educacional pioneira *Sobre as atitudes cavalheirescas e os estudos liberais para jovens*.

Também apoiadas nos ensinamentos e no exemplo pessoal de Crisoloras, as ideias de Vergerio inspirariam as realizações futuras do próprio Guarino. Nas décadas seguintes, Guarino ascenderia à posição de mais proeminente educador humanista do *Quattrocento* e, por conseguinte, de mais importante discípulo de Crisoloras. Tudo isso ainda era futuro em 1403, quando o jovem Guarino se encontrava em Veneza, que fazia as vezes de centro universitário para sua vizinha menor, Pádua (e a absorveria oficialmente em 1405). Tendo deixado Milão no ano anterior, Crisoloras acabara de acompanhar o imperador Manuel II em seu retorno a Constantinopla. Como Angeli quase uma década antes, Guarino — que ainda não conhecera Crisoloras — decidiu viajar à capital bizantina para conhecer Crisoloras e estudar grego com ele. Guarino viajou acompanhado de um rico comerciante veneziano chamado Paolo Zane, que lhe proporcionou a viagem oferecendo-lhe um emprego, além de conselhos e generosos incentivos.

Acolhido no seio da família de Crisoloras, Guarino ficou em Constantinopla por mais de dois anos, adquirindo não só o domínio do grego como também um bom número de manuscritos. Depois passou algum tempo viajando pelo Egeu, possivelmente como secretário de Zane. Visitou Rodes e Chios e, possivelmente, também o continente grego. O principal professor de Guarino durante sua invejável estada em Constantinopla não foi Crisoloras, mas seu sobrinho João, um disputado tutor de jovens aristocratas bizantinos. Manuel continuou ocupado com missões diplomáticas que o levaram a fazer várias viagens a Constantinopla e à Itália, embora tenha passado a maior parte do ano de 1405 na capital bizantina, exercendo, nesse período, estreita vigilância sobre os estudos de Guarino.

Crisoloras estava em Constantinopla quando, seguindo os passos de seus antepassados intelectuais Barlaam e Cydones, decidiu se converter ao catolicismo. Saiu em missão à Itália pouco depois, retornando no fim de 1406. Antes, porém, do início do ano seguinte, Crisoloras deixou Constantinopla pela última vez para se estabelecer definitivamente no Ocidente. Passou os anos seguintes percorrendo a Europa em busca de apoio contra os turcos e trabalhando, como antes dele Barlaam e Cydones, em prol da reunificação das igrejas católica e ortodoxa.

Por essa época, os líderes católicos haviam obtido sucesso em seus esforços para que os concílios da Igreja superassem o cisma ocidental, que já durava décadas, entre os papas rivais de Avignon e Roma.[7] Crisoloras, agora um dos homens mais famosos e respeitados da Itália, tomou parte desse processo, de que faziam parte também seus esforços pela reunificação dos cristãos católicos e ortodoxos. Por ocasião de sua morte, em 1415, Crisoloras estava representando os ortodoxos nessas negociações, em Constança, na Suíça. Vergerio nos diz em seu necrológio que Crisoloras era tido como um dos mais fortes candidatos ao papado.

Guarino, enquanto isso, retornara à Itália, de onde se manteve em contato com Crisoloras até a morte do mestre. Ensinando em Florença, Bolonha, Veneza, Verona e, durante as três últimas décadas de sua vida, em Ferrara, para os Este, a família governante, Guarino foi, ao lado de Vergerio, um dos canais por meio dos quais os ensinamentos de Crisoloras mudaram a face da educação italiana e, mais tarde, europeia. Para ficar com um único exemplo, o seu mais bem-sucedido discípulo, Vittorino da Feltre, aplicou suas ideias à criação daquele que parece ter sido o primeiro internato da Europa, La Casa Giocosa – A Casa do Riso –, na corte humanista da dinastia Gonzaga em Mântua.

No cerne dessa revolução educacional está o renascimento da *encyclios paidea*, a "educação integral" dos antigos gregos. Combinando um amplo currículo acadêmico com a música, a educação física e a instrução moral

---

[7] O cisma entre os papas rivais começou em 1378 e foi resolvido pelo Concílio de Constança (1414-1418).

para produzir um indivíduo pleno, a *encyclios paidea* foi o modelo grego que inspirou o ideal romano de *humanitas*. Ressuscitá-lo foi o mais importante passo à frente na educação desde a invenção das universidades. Os valores introduzidos por Crisoloras no começo do século XV deixaram marcas tão profundas que até hoje influenciam o nosso modo de pensar sobre essas questões.

CRISOLORIANA E ALÉM

Entre todos os alunos de Crisoloras, Guarino era não apenas o que mais se aproximava afetivamente do mestre como também seu mais dedicado e entusiástico admirador entre os italianos. Foram os apaixonados preitos de Guarino e seu filho Batista, escritos várias décadas depois da morte de Crisoloras, que lhe renderiam a aura de personagem lendário. Todo um corpo de literatura dita "crisoloriana" se ergueria entre as futuras gerações de eruditos humanistas para celebrar Crisoloras e suas realizações na Itália.

Crisoloras exerceu também um fascínio aparentemente irresistível sobre historiadores de épocas mais recentes, que competiam entre si para creditar-lhe os mais glamorosos desenvolvimentos da Renascença italiana. Um livro erudito sugere que esse abrangente magistério deu origem à ideia do homem da Renascença; outro, que sua sofisticação estética estimulou a invenção da perspectiva linear e da composição na pintura; outro ainda, que seu classicismo inspirador deu ao Ocidente os primeiros vislumbres de uma perspectiva secular. São especulações atraentes que devem, é claro, ser levadas a sério – mas não em excesso. É suficiente que tantos tenham visto tanto no homem.

Capítulo 5

Os Emigrados Bizantinos no Quattrocento

A arrasadora derrota imposta aos otomanos por Tamerlão em Ancara, em 1402, e a consequente disputa entre os filhos do sultão vencido, Bayezid, pelo controle dos despojos do Estado deram um último fôlego ao sitiado Império bizantino. O vencedor dessa disputa, Mehmed I, deveu sua vitória à hábil assistência de Manuel II, que — na melhor tradição bizantina — soube tirar partido da confusão entre os otomanos para jogar sua cartada diplomática. Quando, em 1413, Mehmed enviou Musa, seu irmão, isso se deu com o apoio de tropas sérvias e bizantinas. Desse dia em diante, Mehmed, agradecido, jurou que seria filho e súdito obediente de seu pai, o imperador. E cumpriu. A gratidão de Mehmed e sua amizade aparentemente autêntica para com Manuel II duraram pelo resto de sua vida.

Consciente de que essa obrigação era pessoal e temporária, Manuel usou a oportunidade para se preparar da melhor maneira para uma provável retomada dos ataques otomanos depois da morte de Mehmed. Deixando de lado, por um momento, as defesas de Constantinopla, Manuel se concentrou na parte meridional do continente grego, que durante a Renascença paleóloga se tornara um importante posto avançado da cultura bizantina.

Essa grande península conectada ao resto do continente pelo estreito istmo de Corinto era chamada de Peloponeso nos tempos antigos, mas os bizantinos a conheciam como Moreia. O despotado da Moreia, com sede administrativa na cidade de Mistra, próxima à antiga Esparta, era governado por um parente próximo do imperador, geralmente um filho ou irmão mais moço. Para proteger a Moreia contra invasões terrestres provenientes do norte, Manuel II reconstruiu a antiga muralha que atravessava o istmo de Corinto, conhecida como Hexamilion, fortificando-a com 153 torres e um castelo em cada extremidade. Diz-se que a reconstrução do Hexamilion foi feita em menos de um mês.[1]

Pletho e seus Discípulos

A Moreia foi o lar de Georgios Gemistos Pletho, um dos mais excêntricos e originais pensadores da tradição humanista bizantina. Filósofo, teólogo leigo e conselheiro de Manuel II, assim como de seu filho e sucessor João VIII, Pletho nasceu Georgios Gemistos e, só mais tarde, em 1439, durante uma decisiva visita a Florença, adotou o sobrenome Pletho (sinônimo de Gemistos, que significa "abundante") porque soava parecido com o nome de seu filósofo preferido, Platão.

Nascido e educado em Constantinopla, Pletho ensinou nessa cidade durante muitos anos, mas acabou sendo acusado de promover crenças pagãs. Por volta de 1410, quando contava cerca de 50 anos de idade, Manuel II viu-se obrigado a exilá-lo em Mistra, onde ele imediatamente fundou uma academia filosófica, na prática uma comuna, para continuar a promover algumas das mesmas crenças heréticas.

Como Manuel certamente percebera, as ideias inusitadas, singulares mesmo, de Pletho se ajustavam melhor ao clima intelectual esotérico de Mistra do que ao ambiente religioso conservador de Constantinopla.

---

[1] A região vale uma visita porque, entre outras razões, os monastérios e igrejas de Mistra e da vizinha Monemvasia abrigam algumas das mais ricas obras de arte paleólogas ainda, que rivalizam com as de Chora.

Usando como trampolim a doutrina platônica, Pletho abandonou completamente o cristianismo e passou a instar seus compatriotas a restaurar Zeus e o panteão olímpico e a adotar um amplo programa de paganismo organizado que lembrava o do imperador Juliano mais de um milênio antes.[2] Ao contrário, porém, do de Juliano, o sistema pagão de Pletho incorporava um forte elemento de patriotismo grego, agora facilitado por ter sido o império despojado de todos os seus antigos territórios não gregos (como da maior parte dos gregos também).

Rememorando o Saber Exterior helênico e as gloriosas tradições marciais da antiga Esparta, Pletho propôs reformas sociais e militares que, ele esperava, fortaleceriam a sociedade e o exército bizantinos contra os turcos. Denunciou também a própria instituição do monasticismo, pintando os monges como parasitas inúteis que em nada contribuíam para a sociedade. Contudo, só tornaria públicas essas ideias perto do fim da vida, depois de sua visita ao Ocidente, publicando-as no *Livro das leis*.

Com sua manifesta opção pela Grécia antiga em detrimento da Bizâncio ortodoxa, Pletho representa um viés radical da tendência classicizante que contribuiu para afastar cada vez mais os humanistas do pensamento dominante na sociedade bizantina. A maioria dos bizantinos já havia apostado suas fichas e feito sua escolha, e essa não fora Pletho. Sua mais urgente prioridade era salvar suas armas imortais, não preservar o que era agora um Estado essencialmente grego. Impregnado com os tons sombrios e sobrenaturais do hesicasmo, o pensamento dominante na civilização bizantina já optara por uma vida melhor no outro mundo, resignando-se ao domínio turco neste aqui. Por sua posição autossuficiente em relação aos turcos, Pletho tem sido visto como o primeiro nacionalista grego – tão fervoroso que combateu a união das igrejas não por motivos religiosos, mas patrióticos, preferindo tirar forças de dentro mesmo de Bizâncio.

---
[2] Juliano foi o único pagão a governar o império (361-363) depois de seu tio Constantino. Conhecido como Juliano, o Apóstata, tentou restabelecer o paganismo, mas foi morto na campanha contra a Pérsia antes que seus esforços pudessem ganhar impulso.

Surpreendentemente, na relação dos discípulos de Pletho figuram não apenas humanistas, mas também líderes hesicastas que mais tarde teriam papéis proeminentes no curto futuro de Bizâncio. Enquanto, porém, aqueles que se tornaram hesicastas rejeitaram em última instância seus valores, Pletho, entre os humanistas, estimulou um renovado interesse pelas obras de Platão. Não que algum tenha abraçado suas fantasias mais febris, mas todos o respeitavam imensamente. Assim como as de Cantacuzeno um século antes, as relações de Pletho com ambos os lados refletem as complexidades do abismo cultural que dividia os bizantinos enquanto eles afundavam lentamente nas areias movediças da história.

O Concílio de Florença

O patriotismo helênico só poderia ter interesse limitado para os florentinos, por mais simpáticos que fossem à sua causa. Platão, porém, era outra história. Uma vez exposta ao entusiasmo de Pletho, Florença, como Bizâncio, reagiu com um entusiasmo característico. Nessa nova encarnação do humanismo florentino, Platão, um grego da Antiguidade, substituiu o romano Cícero, o herói maior dos humanistas florentinos.

O catalisador dessa mudança foi uma momentosa assembleia – levada a termo mais de duas décadas antes da morte de Crisoloras com a participação de alguns de seus mais brilhantes alunos florentinos – que trouxe Pletho e outros bizantinos ilustrados à Itália. Convocada em 1438 para negociar a unificação das igrejas oriental e ocidental, e iniciada na cidade de Ferrara, mas transferida no início do ano seguinte para Florença, essa assembleia entrou para a história como o Concílio de Florença.

No Oriente e no Ocidente, os acontecimentos haviam se desenrolado de modo favorável à antiga ideia da unificação. Na década de 1430, Bizâncio se encontrava claramente numa situação-limite. A década anterior testemunhara a morte de Mehmed I e a de Manuel II, sucedidos respectivamente por seus filhos, Murad II e João VIII Paleólogo. Sequioso por retomar o ataque, Murad tomou Tessalônica em 1430. Desesperado, João VIII voltou-se para Roma.

Os católicos tinham, por sua vez, novas razões. Durante décadas, a rivalidade entre o papado e o movimento conciliarista dividira a Igreja ocidental.³ Os conciliaristas acreditavam que a doutrina da Igreja devia ser decidida por concílios e não ditada pelo papa. Em 1431, o Concílio rebelde de Basileia repudiou o papa recém-eleito, Eugênio IV, que foi expulso de Roma por turbas hostis e obrigado a refugiar-se em Florença, onde permaneceu com sua corte durante quase uma década. O reconhecimento da supremacia do papa pelos ortodoxos acabaria dobrando os rebeldes conciliaristas.

Desde a época de Barlaam, os unionistas bizantinos viam os concílios como essenciais para que a reunificação conquistasse o autêntico apoio do público bizantino. O ideal é que ele fosse realizado no Oriente – Eugênio IV ofereceu-se para ir a Constantinopla –, mas, como a presença turca o tornava impossível, os bizantinos concordaram que era necessário ir ao Ocidente. De todo modo, Eugênio IV concordou em pagar a conta, incluindo viagens e acomodações para os bizantinos.

Corria o mês de novembro de 1437 quando a delegação bizantina de cerca de 700 dignitários eclesiásticos e leigos embarcou para a Itália em navios fornecidos por Eugênio IV. Liderada pelo próprio imperador João VIII e pelo vetusto patriarca de Constantinopla, José II, ela incluía vinte bispos metropolitas, entre outros, além de monges e sábios.⁴ A maioria dos prelados apascentava rebanhos que agora viviam fora do controle bizantino, o que lhes roubava parte de seu brilho. Nunca antes, porém, imperador e patriarca haviam viajado juntos ao Ocidente dessa maneira, muito menos com uma comitiva tão substantiva e ilustre.

---

³ O movimento conciliarista teve origem nos concílios da Igreja realizados para solucionar o cisma entre os papas rivais (1378-1418). Embora os conciliaristas tivessem muito em comum com o ponto de vista ortodoxo, os bizantinos decidiram, no fim das contas, que era melhor negociar com o papa.
⁴ Na hierarquia ortodoxa, metropolita é o bispo de uma cidade oficialmente designada como "metrópole", ou cidade-mãe.

Depois de uma longa e desconfortável viagem (João e José passaram a maior parte do tempo doentes), os bizantinos aportaram no Lido de Veneza na manhã de 8 de fevereiro de 1438. Esquivando-se cuidadosamente dos ardilosos escolhos do protocolo – comparado ao qual tudo que existe hoje empalidece de insignificância –, o imperador, o patriarca e o doge veneziano saudaram-se em meio à maior pompa e circunstância que os venezianos eram capazes de proporcionar. Não era pouca coisa, dado que os venezianos, cujo império comercial se aproximava do ápice de seu poder, haviam aprendido sua pompa e circunstância com os próprios bizantinos. O clímax se deu no fim da manhã seguinte, quando o magnífico batelão governamental *Bucentaur* se aproximou do navio do imperador para que o doge e seu filho fizessem suas apresentações.

De Veneza a delegação fez uma curta viagem até Ferrara, onde os esperavam Eugênio, a corte papal e um variado séquito de arcebispos, bispos, abades e eruditos, entre os quais Leonardo Bruni (nessa época chanceler de Florença), Poggio Bracciolini, Pier Paolo Vergerio e Guarino de Verona, então ensinando em Ferrara a serviço da família governante d'Este. O protocolo impunha alguns problemas de tremenda complexidade, como decidir se o patriarca se submeteria ao costumeiro beijo no pé do papa. (Ele não se submeteria, mas se curvaria ao papa e lhe beijaria a face – um ótimo arranjo que exprime à perfeição a atitude dos ortodoxos para com o papado.) Seguiu-se um atraso adicional de várias semanas porque o imperador insistiu em esperar – em vão, como se viu – pela presença de algum governante ocidental. Em 9 de abril, o concílio unificado foi finalmente aberto com uma cerimônia solene.

Nas negociações que se seguiram, os dois delegados que se podem seguramente identificar como ex-alunos de Pletho, João Bessarion e Marcos de Éfeso, logo se destacaram – em lados opostos – como principais porta-vozes dos bizantinos.

Nascido na cidade portuária de Trebizonda, no mar Negro – como Mistra, um posto avançado da civilização bizantina nominalmente independente –, João Bessarion viria a ser, depois de Crisoloras, o mais influente erudito bizantino emigrado, professor, amigo ou patrono de praticamente todos os grandes humanistas bizantinos e italianos de sua época. Estudou com Pletho na década de 1430 até ser designado metropolita de Niceia. De início, um eloquente defensor da posição ortodoxa, Bessarion interveio cada vez menos à medida que avançou o concílio. A verdade é que, no transcurso das discussões, ele foi sendo persuadido pelos teólogos latinos. Em Ferrara, e depois em Florença, Bessarion passou por um processo de conversão que, como o de Barlaam e o de Demétrio Cydones no século anterior, foi instigado por argumentos teológicos e elementos de possessão que abarcavam o intelecto e o espírito. A abertura de Bessarion para a teologia latina aparentemente começou com suas dúvidas a respeito da correção doutrinal do hesicasmo, expressas antes do concílio em correspondência com um arcebispo grego do rito latino. Quando o concílio foi oficialmente encerrado, Bessarion vestiu o chapéu de cardeal católico e, exceto por uma breve visita a seu país, passou o resto de sua vida extraordinariamente profícua na Itália.

Lá pela metade do concílio, Marcos Eugênico, metropolita de Éfeso, assumira como o principal orador do lado grego e mais importante defensor da linha-dura ortodoxa. Conhecedor dos clássicos pagãos e da literatura cristã, Marcos estudou com Pletho quando criança em Constantinopla e mais tarde escreveu importantes tratados teológicos defendendo a doutrina hesicasta. Embora como hesicasta dificilmente pudesse ser considerado discípulo de Pletho – ao contrário de outros monges linha-dura –, Marcos era um homem singularmente culto e que, no geral, mantinha relações amistosas, ou pelo menos polidas, com Pletho e os demais. Isso é tanto mais notável se considerarmos que Marcos de Éfeso foi o único prelado bizantino que se recusou a assinar a proclamação de unificação, resultado supremo do concílio. Único recalcitrante, ele foi mais tarde saudado como um grande herói pela fé ortodoxa e canonizado santo ortodoxo em 1456.

Apesar de sua posição divergente a respeito da unificação, Marcos se recusou a condenar João VIII, favor retribuído pelo imperador, que, mesmo no calor dos debates, jamais tentou coagi-lo, deixando-o livre para seguir os ditames de sua consciência. É sintomático da reputação e da capacidade de Marcos que ele tenha continuado a merecer crédito como principal orador dos gregos, mesmo quando ficou claro que estava isolado entre os demais prelados em suas opiniões.

Em virtude de um surto de peste em Ferrara, o concílio foi transferido para Florença em janeiro de 1439 por exortação do recém-entronizado Cosimo de Médici, que desde o começo fizera campanha para que ele fosse sediado em sua cidade. Em 6 de julho, um decreto de reunificação afirmando as posições latinas em todas as grandes questões foi assinado por todos os prelados gregos, à exceção de Marcos de Éfeso. Cobrando sua parte na negociação, Eugênio convocou os governantes ocidentais a organizar uma expedição contra os turcos.

Muitos anos mais tarde, o esforço resultante, chamado de Cruzada de Varna, partiu da Hungria com um exército de 25 mil homens para liberar a capital bizantina. Todavia, depois de alguns sucessos nos Bálcãs o exército cruzado foi destroçado por uma força otomana muito mais numerosa em Varna, na Bulgária, em novembro de 1444.

Em termos estratégicos, esta que era a última esperança de Bizâncio revelou-se vã. Em termos eclesiásticos, também, o concílio foi um completo fracasso, uma vez que a reunificação cuidadosamente negociada que ele proclamou já estava desde então em vias de ser rejeitada pelos iracundos bizantinos, cujos delegados foram execrados como traidores em seu retorno a Constantinopla. A maioria dos prelados que assinaram o decreto acabou se retratando.

A retratação mais espetacular foi a de Georgios Scholarios, um humanista que defendera a unificação em Florença, mas acabou herdando o papel de Marcos como líder da facção antiunionista depois de sua morte. Amigo de Pletho, que se fez líder hesicasta e seu feroz inimigo, Scholarios passou por uma "conversão" de sentido oposto à de Barlaam, Crisoloras, Cydones, Bessarion e outros. Na figura do monge Genádio, ele veio a ser escolhido primeiro patriarca de Constantinopla sob o sultão otomano.

As sessões oficiais do concílio estiveram ocupadas com intermináveis controvérsias em torno de questões como a supremacia papal, a processão do Espírito Santo e a fermentação do pão. Entre as sessões, porém, o concílio funcionou como um colóquio informal permanente sobre a civilização, a literatura e especialmente a filosofia da Grécia antiga, diálogo em que os incensados humanistas bizantinos eram os professores, e os ávidos italianos, os alunos. Seu mais exaltado orador – apesar de ter jogado um papel menor nas negociações oficiais – foi Georgios Gemistos Pletho, então com cerca de 80 anos, cujas falas sobre Platão eletrizaram os florentinos.

Como Pletho não devia saber latim, foi provavelmente Bruni quem serviu de intérprete durante essas tertúlias, bastante misteriosas até hoje por força de uma tantalizante ausência de informações. Embora muitos italianos tenham mais tarde se referido às palestras de Pletho com sensível arrebatamento, só temos certeza de dois nomes que delas participaram efetivamente. Um foi um desconhecido parente seu chamado Gregorio Tifernate. O outro, Cosimo de Médici.

Platão Redivivo

Assim como Crisoloras, Pletho foi a Florença na hora azada. A geração de Bruni e Poggio estava desaparecendo e levando consigo as preocupações do humanismo cívico. Surgia uma nova época, habitada por uma nova geração, impelida por um novo conjunto de interesses.

Bruni e seus contemporâneos olhavam de soslaio para a filosofia. Seu interesse em Aristóteles e Platão era lateral, atento somente ao que eles tinham a dizer sobre temas como o Estado e a ética. Aristóteles era antiquado, a autoridade típica da velha escola, e o tantas vezes místico e relativamente desconhecido Platão não parecia especialmente relevante para as preocupações do humanismo cívico.

O interesse dessa nova geração apolítica, mas comparativamente devota, fascinada mais que tudo pela filosofia esotérica, por Platão, era o que ele tinha a dizer sobre a alma. O ideal humanístico florentino transitava da *vita activa* para a *vita contemplativa*; Cícero, o combativo orador republicano, estava prestes a dar lugar a Platão, o teórico metafísico. Tampouco era coincidência a clara sintonia das ideias políticas antidemocráticas de Platão (que haviam melindrado Bruni) com o sistema autocrático que emergia em Florença. Boa parte do fascínio por Cosimo provinha, indubitavelmente, de suas aspirações a se tornar um rei filósofo platônico ou algum tipo de déspota esclarecido.

Jovem de amplos interesses humanistas, Cosimo aprendeu grego com Roberto Rossi, um dos principais responsáveis pela ida de Crisoloras a Florença. Durante o Concílio de Constança, na década de 1410, Cosimo percorreu os monastérios do norte da Europa com o ilustre Poggio em busca de manuscritos clássicos latinos. A imensa riqueza de sua família fora construída pelo pai de Cosimo, Giovanni, com base na atividade bancária. Depois da morte de Giovanni em 1429, foi Cosimo quem consolidou o poder político da família, abolindo na prática, senão nominalmente, a república florentina. Este divisor de águas na história de Florença se formou justamente entre os anos que precederam e os que sucederam o concílio. Exilado por oligarcas rivais em 1433, Cosimo de Médici retornou em triunfo no ano seguinte para estabelecer um governo dinástico de corte populista, que salvava as aparências republicanas, mas, em pouco tempo, concentrou todo o poder em suas mãos.

Na Florença renascentista, o status político exigia, é claro, o patrocínio das artes e da cultura e o enérgico, inquisitivo e impetuoso Cosimo se orgulhava de suas posições vanguardistas. Conhecia todo mundo. Durante o concílio, ofereceu pródigos banquetes onde se misturavam luminares de ambos os lados, tertúlias amistosas que deram a Pletho a oportunidade de perorar sobre seu tema favorito. Embora só tenhamos por certo dois nomes, é provável que o amplo círculo humanista de Cosimo também participasse.

Com menos oportunidades para que seus prosélitos exercessem influência política, o próprio humanismo florentino tornou-se mais acadêmico — em sentido literal e figurado. Mais de duas décadas depois do fato, o grande neoplatônico florentino Marsílio Ficino recordaria que as palestras de Pletho enchiam Cosimo de Médici de entusiasmo. "Na época do concílio entre gregos e latinos em Florença", relata Ficino, Cosimo "costumava ouvir o filósofo grego Gemistos Pletho polemizando sobre os mistérios platônicos. Seus apaixonados discursos o impressionaram tanto que ele decidiu criar uma Academia."

A natureza da famosa Academia Platônica de Cosimo despertou um grande interesse entre os estudiosos modernos. Pensava-se que Cosimo havia fundado uma instituição formal localizada na magnífica *villa* Médici de Careggi, perto de Florença, e conduzida pelos maiores expertos em grego que ele pôde encontrar. Historiadores mais recentes têm, no entanto, descrito a academia como um círculo informal de amigos ao redor de Marsílio Ficino. Ela começou a existir por volta de 1460, quando Cosimo deu a Ficino uma *villa* perto da sua em Careggi e o encarregou de traduzir a obra completa de Platão e muitos outros escritos neoplatônicos — tarefa que Ficino cumpriu com extrema competência.

Partindo do secularismo da geração de Bruni, mas movendo-se na direção oposta, a filosofia mística de Ficino fundiu ideias platônicas e neoplatônicas com o cristianismo. O resultado viria a ter um imenso impacto não somente sobre a filosofia mas também sobre as artes e a literatura europeias, de pinturas como o *Nascimento de Vênus* (representada conforme a iconografia neoplatônica), de Botticelli, ao inconfundível conceito de amor platônico.

Contudo, pelo que nos conta o próprio Ficino, quando Cosimo "teve a ideia de criar uma academia", ele, Ficino, era ainda um menino de seis ou sete anos de idade. Cerca de vinte anos separam a concepção da execução — um hiato temporal que só pode ser explicado considerando-se a última e mais controversa etapa da longa e polêmica carreira de Georgios Gemistos Pletho.

Imediatamente após o Concílio de Florença, Pletho retornou a Mistra, onde, para o bem dos italianos, escreveu um resumo de suas palestras intitulado *Sobre as diferenças entre Aristóteles e Platão*. Com essa útil explanação, Pletho reacendeu, porém, uma antiga controvérsia entre os filósofos bizantinos sobre quais dos dois era o maior filósofo. Seu resumo para os italianos foi visto pelos demais como um assopradela sorrateira nessa abrasada contenda de celebridades, mais antiga que a própria Bizâncio.

A quase totalidade da comunidade de eruditos bizantinos emigrados na Itália acabou se envolvendo no célebre e espetacular — às vezes espetacularmente absurdo — simulacro de batalha que se seguiu. De início, os italianos apenas observavam, pasmos de incompreensão. Ao final, porém, os melhores entre eles foram capazes de não apenas acompanhar essa controvérsia arcana e cheia de sutilezas como até intervir na discussão com argumentos competentes.

Ainda mais notáveis foram as contribuições do mais respeitado dos emigrados bizantinos, o ex-discípulo de Pletho, cardeal Bessarion. Em 1459, Bessarion respondeu ao vituperioso ataque de um aristotélico bizantino com um magistral ensaio, longo como um livro, chamado *Contra o caluniador de Platão*. Equilibrado, judicioso, autorizado e inspirado, o livro se destinava menos a demolir Aristóteles do que a fazer uma exposição clara e sistemática do pensamento platônico e neoplatônico e a mostrar como, na opinião de Bessarion, Platão tinha muito (embora certamente não tudo) em comum com o cristianismo. Escrita uma década depois do livro de Pletho, a obra de Bessarion foi um estímulo adicional para os estudos platônicos dos florentinos.

Apesar de muito influente, o ensaio de Bessarion não encerrou, contudo, a controvérsia, que se estendeu por cerca de 10 anos mais, até se extinguir no começo da década de 1470. A esta altura, ela servira, porém, ao útil propósito de trazer a atenção dos italianos para os textos gregos originais de ambos os filósofos, um primeiro passo essencial rumo ao entendimento de suas ideias. Só então eles foram, finalmente, trazidos para a corrente principal do pensamento humanista. Com a ajuda de um grupo cada vez maior de professores bizantinos, os italianos estavam agora devidamente informados, a maioria deles optando por se alinhar com Platão.

Se Aristóteles fora o filósofo por excelência dos escolásticos, Platão agora se tornava o filósofo por excelência dos humanistas. Mas Platão não desalojou completamente Aristóteles, (da mesma forma como o humanismo não desalojou totalmente a escolástica). Também Aristóteles foi redescoberto, no sentido de que, mesmo dividindo o palco com Platão, ainda conservava muito de seu velho prestígio e era lido mais completamente e em versões mais autênticas do que no período medieval.

Esses textos gregos autênticos – bem como a capacidade de lê-los, traduzi-los e comentá-los – foram também cortesia dos humanistas bizantinos. Ao reclamar os dois grandes filósofos da Antiguidade grega e adquirir a capacidade de lê-los no original, os italianos abriram para si um novo capítulo na filosofia ocidental.

Novas Direções

Uma nova geração de humanistas bizantinos chegava para dar continuidade ao magistério iniciado por Crisoloras e conduzi-lo aos novos rumos ditados pela curiosidade dos italianos. A leva de eruditos emigrados foi inflada pela queda de Constantinopla em 1453, um acontecimento de consequências tão capitais para o Humanismo que a certa altura foi tido como iniciador da própria Renascença. Estabelecendo-se não apenas em Florença, mas também em outros lugares, os emigrados bizantinos habilitaram outras cidades – primeiro Roma, depois Veneza, com sua universidade em Pádua – a desafiar Florença, com êxito, pela liderança do mundo humanista.

Um dos primeiros depois de Crisoloras foi Jorge de Trebizonda, que emigrou ainda jovem, em 1417, estudou latim com Guarino e Vittorino da Feltre e converteu-se ao catolicismo antes de se apresentar ao Concílio de Florença. Homem belicoso, fora ele o "caluniador de Platão" a quem Bessarion se dirigiu em seu livro.

Outro aristotélico bizantino, Teodoro Gaza, rival de Jorge, foi um erudito pelo menos tão ilustre quanto ele, só que mais sereno. Teodoro foi à Itália em meados da década de 1430, pouco antes do Concílio de Florença, e também estudou latim com Vittorino da Feltre, em Mântua, trocando com ele aulas de latim pelo ensino do grego. Teodoro acabaria se tornando um dos mais influentes professores bizantinos e, ao lado de Bessarion e Jorge de Trebizonda, um dos poucos a aprender o latim realmente bem. Teodoro esteve no Concílio de Florença, depois do que foi ensinar grego em Ferrara. Em 1447, recusou um convite de Cosimo para assumir a antiga cadeira de Crisoloras em Florença, mas dois anos mais tarde transferiu-se para Roma, juntando-se a um círculo de humanistas bizantinos e italianos formado ao redor de Bessarion na Cúria papal.

Uma cálida amizade pessoal e intelectual uniu Teodoro, o aristotélico moderado, e Bessarion, o platônico moderado.

João Argyropoulos, também conhecedor do latim, foi outro emigrado entre os amigos mais jovens de Pletho e Bessarion. Oriundo de Constantinopla e partícipe do Concílio de Florença com pouco mais de 20 anos, Argyropoulos estudou latim e medicina em Pádua no início da década de 1440, antes de retornar a Constantinopla, onde se converteu ao catolicismo. Estava lá quando a velha cidade caiu, perdendo tudo – inclusive, temporariamente, sua esposa e filhos, capturados pelos turcos. Só depois de vários anos de denodados esforços conseguiu resgatá-los. Retornou, então, a Florença, onde durante mais de uma década exerceu, a convite de Cosimo de Médici, o prestigioso posto que Teodoro Gaza havia recusado – a antiga cadeira de estudos gregos de Crisoloras no *studio* florentino.

Nascido no ano da morte de Crisoloras, Argyropoulos revelou-se um valoroso sucessor e jogou um papel comparável ao dele no contínuo desenvolvimento do humanismo florentino. Tal como Crisoloras, era na sala de aula um artista capaz de eletrizar seus alunos. Ensinava Aristóteles de dia e, atendendo à curiosidade dos italianos, dava aulas particulares de Platão à noite. Foi Argyropoulos, em última análise, quem satisfez a fome de conhecimento platônico que Pletho despertara durante o Concílio de Florença.

Não se sabe ao certo se Argyropoulos ensinou formalmente ao jovem Marsílio Ficino, embora apareça provável. Certo é que seu magistério e sua presença magnética tiveram grande influência sobre Ficino e seu círculo, grupo que viria a constituir a Academia Platônica. Ao contrário, porém, de muitos de seus colegas emigrados, Argyropoulos manteve-se à margem da controvérsia sobre Platão e Aristóteles, ensinando ambos e buscando reconciliar os dois lados da disputa. Entre seus alunos estavam o neto de Cosimo, Lourenço de Médici ("O Magnífico"), o jovem aristocrata Donato Acciaiuoli (que ajudara Cosimo a trazer Argyropoulos a Florença e cuja família governava o ducado florentino de Atenas) e o prodigioso Ângelo Poliziano, um talentoso linguista associado ao círculo de Ficino cujos interesses pendiam mais para a filologia e a poesia do que para o neoplatonismo.

Em meados do século XV, a liderança inconteste do mundo humanista já não pertencia a Florença. Foram duas as razões principais: o retorno a Roma de um papado influente e recém-independente e a diáspora humanista bizantina para outros lugares da Itália depois do Concílio de Florença e da queda de Constantinopla. Quase todas as cidades relevantes do norte da Itália tinham, em meados do século, escolas humanistas dirigidas por humanistas italianos de formação bizantina. Nós as vimos em Milão, Ferrara e Mântua.

A própria Florença continuou sendo, certamente, um vibrante centro de estudos gregos depois que Argyropoulos foi sucedido no *studio* por outros discípulos bizantinos de Bessarion. Duas outras cidades, no entanto, Roma primeiro, depois Veneza, desfrutariam períodos de primazia antes que a liderança do humanismo renascentista cruzasse as fronteiras da Itália para se estabelecer em novos centros do norte da Europa no início do século XV.

ROMA, BESSARION E O PAPA HUMANISTA

Em 1397, ano da chegada de Crisoloras a Florença, nascia Tommaso Parentucelli, filho de um médico pobre do vilarejo toscano de Sarzana, perto de Carrara. Compelido pela pobreza, Parentucelli abandonou ainda jovem seus estudos na Universidade de Bolonha e foi para Florença, onde encontrou trabalho como tutor dos filhos de dois aristocratas rivais de Cosimo de Médici. Um deles era Palla Strozzi, o aluno de Salutati e Crisoloras que ajudara a trazer Crisoloras a Florença, e o outro, Rinaldo degli Albizzi, chefe da família que arquitetaria o exílio de Cosimo em 1433. Foi por intermédio de seu trabalho como tutor dos filhos desses entusiásticos humanistas que Parentucelli logrou ingressar no mundo humanista florentino.

De retorno a Bolonha, Tommaso completou seus estudos e começou a trabalhar para o cardeal Albergati, a quem serviu lealmente durante duas décadas. Ele estava com Albergati quando este acompanhou a Cúria papal ao seu exílio florentino. Novamente em Florença, Tommaso retomou suas antigas conexões humanistas, juntando-se ao grupo de Bruni e Poggio, que se reunia de manhã e à noite para palestrar na parte externa do Palazzo della Signoria. Nessa época, construiu também uma duradoura amizade com Cosimo, mesmo tendo sido anteriormente ligado aos seus rivais. Depois de assumir um papel de liderança no Concílio de Florença, Tommaso foi feito bispo de Bolonha após a morte de Albergati e elevado ao cardinalato em 1446. Poucos meses depois, foi eleito papa com o nome de Nicolau V.

Baixinho, de ombros caídos, mas cordial e espirituoso, o erudito Nicolau V foi o primeiro de vários papas dotados de uma forte perspectiva humanista. Papas anteriores já haviam indicado humanistas para funções secretariais; Nicolau, porém, não apenas *foi* ele próprio um humanista como promoveu ativamente uma agenda humanista. Seu estilo suave e não beligerante ocultava uma firme determinação de transformar o Vaticano num centro progressista de cultura e saber humanista, que via como a melhor maneira de fortalecer o papel do papado na civilização europeia em expansão. Diplomata astuto, Nicolau aplacou os conciliaristas com concessões moderadas que acabaram de uma vez por todas com suas investidas contra o poder papal. Tendo Cosimo por banqueiro, adornou Roma com obras de arte e arquitetura espetaculares. Fez bom uso de suas amizades florentinas, muitas das quais haviam trabalhado para os papas que o antecederam, aos quais superou, no entanto, por colocar o grego antigo e não o latim no centro de seu programa. No Vaticano deste primeiro papa humanista, como na Florença depois de Crisoloras, o que se vê são os italianos usando as ferramentas que os bizantinos lhes transmitiram para criar um mundo intelectual novo e pulsante.

Sua grande paixão eram os livros. Grande colecionador, Nicolau V é quase sempre lembrado como fundador da Biblioteca do Vaticano, para cuja glória suprema decidiu encomendar traduções latinas de literatura grega, incluindo textos clássicos e cristãos. É bem possível que tenha pretendido traduzir toda a produção grega disponível. Nesse caso, morreu muito antes de poder concluir seu plano grandioso, embora tenha feito um bom começo. Como supervisor do projeto, escolheu o cardeal Bessarion, a quem deu um cheque em branco para atrair os maiores especialistas em grego, bizantinos e italianos.

Além de contratar seus colegas bizantinos Jorge de Trebizonda e Teodoro Gaza e de fazer, ele próprio, várias traduções, Bessarion repatriou um brilhante erudito de origem romana chamado Lorenzo Valla, havia mais de uma década trabalhando na corte humanista de Nápoles. Educado em Roma, onde viveu até os 20 e poucos anos de idade, Valla perdeu sua posição em virtude da invejosa hostilidade dos florentinos que dominavam a Cúria papal. Alguns estudiosos acreditam que Valla, um dos mais talentosos classicistas da Renascença e figura mais importante do círculo de Bessarion em Roma, estudou grego com Guarino de Verona.

O tratamento dispensado a Valla pelos florentinos o tornou cético em relação ao papado, atitude perfeitamente exemplificada pela sua mais célebre realização: ainda em Nápoles (cujo rei não se dava com o papa), Valla usou seu conhecimento de latim para demonstrar que a famosa Doação de Constantino, um documento crítico para a reivindicação do papado ao poder temporal desde os tempos medievais, era na verdade uma falsificação. O resoluto apoio de Nicolau V ao seu retorno a Roma é prova da largueza de visão do papa humanista, especialmente se considerarmos as acusações de heresia lançadas contra Valla durante toda a sua vida – e mesmo depois, visto que a Igreja acabou proibindo muitas de suas obras.

Foi Nicolau quem encomendou aquele que os estudiosos modernos consideram seu trabalho mais marcante, a primeira tradução completa para o latim do historiador grego Tucídides. Mais tarde, em 1453, Nicolau encarregou Valla de traduzir Heródoto, o outro grande historiador do período clássico grego. Graças, em parte, à dificuldade muito maior de Tucídides, essa tradução foi considerada mais importante pela posteridade.[5]

---

[5] Há uma ironia histórica no fato de Valla ter traduzido Heródoto em 1453. Heródoto registrou o ápice da Grécia clássica, sua improvável vitória sobre os persas – o equivalente dos otomanos daquela época.

Em ambas as traduções, na de Tucídides em especial, Valla fez valiosas revisões textuais, propondo correções de passagens em que os manuscritos pareciam corrompidos. Muitas das revisões de Valla ainda se sustentam, e os modernos críticos textuais dariam anos de vida para saber em que medida Bessarion o teria ajudado. Por sua (suposta) proficiência em tal trabalho, Valla, que morreu em Roma pouco depois, aos 50 anos de idade, é aclamado como figura de proa na história da crítica textual e fundador da disciplina da filologia.

A desinteligência inicial com o longevo Poggio se estenderia pelo resto da curta vida de Valla. Último remanescente da velha escola florentina, Poggio estava em Roma à época da chegada de Valla e lá permaneceu até 1453, quando retornou a Florença para assumir a chancelaria de sua cidade natal até a sua morte, aos 79 anos de idade. Enquanto esteve em Roma, Poggio também se indispôs várias vezes com Jorge de Trebizonda, um grande adepto de controvérsias. As querelas de Poggio com Lorenzo Valla e Jorge de Trebizonda, ambos os quais continuou a denunciar depois se seu retorno a Florença, expressam mais do que a típica rabugice humanística: assim como o seu afastamento de Roma, elas traem sua irritação com uma nova geração que valorizava acima de tudo a proficiência em grego. Poggio, outrora jovem demais para estudar com Crisoloras, agora era velho demais para adaptar-se a Bessarion.

Os tempos haviam mudado. Mais do que um acessório moderno sem o qual um latinista extraordinariamente brilhante como Poggio não tinha como sobreviver e prosperar, o conhecimento do grego era agora a própria base do currículo humanista. Essa mudança, que propiciara a ascensão de um grupo como a Academia Platônica de Marsílio Ficino, com suas interpretações sutilmente matizadas dos complexos textos filosóficos gregos, tem sua mais plena manifestação na Roma do papa Nicolau V, que a iniciou, e de seu humanista-chefe, cardeal Bessarion, que a realizou. O fato de ela ter se alojado no coração da Igreja latina é apenas um aspecto irônico de uma situação que despeja ironia em quase todas as direções.

"Uma Outra Bizâncio"

A despeito de suas sólidas ligações com Roma, foi Veneza que o cardeal Bessarion escolheu para legatária de sua inestimável biblioteca pessoal, com cerca de 600 manuscritos gregos, coleção essa só superada pela Biblioteca do Vaticano, que ele próprio ajudara o papa Nicolau V a criar. A maioria dos livros, transmitida em 1468, quatro anos antes da morte de Bessarion, formou o núcleo do que veio a se tornar a Biblioteca Marciana, na praça de São Marcos.

Tanto quanto Teodoro Metochites, que fizera uma doação similar a Chora cerca de 150 anos antes, Bessarion tinha perfeita noção do valor que a posteridade atribuiria aos seus livros. Para Crisoloras, ensinar grego antigo não era tão importante quanto salvar Bizâncio, o que ainda se lhe afigurava como uma possibilidade. Para Bessarion, o Saber Exterior era o melhor que se poderia realisticamente esperar depois do Concílio de Florença. Ele passara muitos anos construindo, às vezes quase desesperadamente, sua coleção, tendo sempre em vista o objetivo de salvar a maior quantidade possível de clássicos da catástrofe da conquista turca. Consciente e deliberada, sua generosidade foi, como tudo o mais em sua vida, parte de uma campanha destinada a preservar a literatura grega antiga, transplantando-a para o Ocidente, onde, ele esperava, a fusão do Oriente grego com o Ocidente latino poderia recriar o mundo cosmopolita da Antiguidade.

Ainda que essa visão sedutora se tenha revelado demasiado otimista, Bessarion tinha boas razões para escolher Veneza como beneficiária de sua generosidade. Não obstante a Quarta Cruzada, Constantinopla sempre desfrutara um relacionamento especial com Veneza, mesmo que, no transcurso dos séculos, a balança tivesse pesado a favor da Sereníssima República, que de vergôntea e província se transformara em credora e senhora de Bizâncio. E, de todas as cidades italianas, Veneza era a que mais tinha a perder com o avanço turco. Com um extenso império comercial formado por antigos territórios de Bizâncio no Egeu, a cidade ainda mantinha fortes laços econômicos e culturais, ainda que eivados de rancor, com o mundo bizantino.

Por menos que venezianos e gregos se gostassem, o fato é que Veneza, durante o quarto de século que se seguiu à queda de Constantinopla, atraiu mais refugiados bizantinos do que qualquer outra cidade ocidental. No último quarto do século XV, a comunidade de imigrantes gregos de Veneza contava mais de quatro mil almas. *Alterum Byzantium, uma outra Bizâncio*, foi como Bessarion se referiu a Veneza numa carta ao doge em que explicava sua decisão de confiar à cidade sua preciosa biblioteca.

Carente de um passado clássico com o de Roma e Florença e inteiramente absorvida pelos problemas práticos do comércio, de início a pragmática Veneza mostrou relativamente pouco interesse na herança grega de Bizâncio. Somente em 1463 a Universidade de Pádua criou uma cadeira de grego, cujo primeiro ocupante foi um dos pupilos bizantinos de Bessarion, Demetrius Chalcondyles. Lá ele ensinou durante uma década antes de sair para suceder João Argyropoulos em Florença. Na época em que Chalcondyles foi para Florença, o humanismo já se estabelecera em Veneza e Pádua com força suficiente para justificar a escolha de Bessarion.

Um dos alunos de Chalcondyles em Veneza, e também em Florença, foi um grego natural da cidade chamado Nicolau Leônico Tomeu, que acabou a ela retornando para ensinar grego. Seus afortunados alunos estiveram entre os primeiros beneficiários de uma vantagem imensamente importante que nenhuma geração anterior, de lugar algum, pudera desfrutar: textos impressos em grego. A imprensa, inventada na Alemanha por Johann Gutenberg por volta de 1450, chegara à Itália por volta de 1465. Na década de 1480, aportou em Veneza o humanista e impressor romano Aldus Manutius, que estudara grego e latim com Guarino de Verona, o mais íntimo discípulo de Crisoloras. Em 1495, sua editora, a Aldine, de Veneza, começou a publicar suas famosas primeiras edições em grego. Especializada em edições baratas e de alta qualidade dos clássicos gregos e latinos, a prodigiosa Aldine em pouco tempo transformou Veneza na capital editorial não apenas da Itália, mas de toda a Europa.

A máxima prioridade de Aldus era o grego. Para editar seus textos ele escolheu, pois, o cretense Marcus Musurus, também discípulo bizantino de Demetrius Chalcondyles. Tido como "o maior helenista da Renascença", Musurus saíra de Creta para Roma, depois Pádua, onde sucedera Chalcondyles na cadeira de grego, e agora assumia um papel de primeira ordem na "Nova Academia" de eruditos majoritariamente bizantinos formada por Aldus para atuar como conselho editorial informal na seleção das obras gregas a publicar, na comparação dos manuscritos e na meticulosa preparação dos textos.

Embora não fossem os primeiros livros gregos editados em Veneza (já se havia publicado uma edição popular de *Questões* de Crisoloras, por exemplo), as edições da Aldine traziam, pela primeira vez, a literatura grega em seu idioma original a um amplo público leitor ocidental. As edições gregas de Aldus incluíram Aristóteles, Platão, Homero, Heródoto, Tucídides, Aristófanes, Sófocles, Ésquilo, Pausânias e o sempre popular Plutarco. Aldus publicou também várias antologias pioneiras de poesia grega e outras obras, preciosos comentários e obras de referência de autores helênicos e bizantinos, além de vários textos religiosos de Pais da Igreja grega. A editora de Aldus publicou cerca de 30 edições em grego de um total de cerca de 130 livros até sua morte em 1515.

A essa altura, os esforços combinados de humanistas bizantinos e italianos haviam atingido o objetivo compartilhado por vários deles, ou seja, o de perpetuar a literatura da Grécia antiga. Se o avanço tecnológico da imprensa permitia que os textos gregos alcançassem novos públicos, igualmente importante era a estrutura educacional essencial para sua compreensão. Os humanistas bizantinos haviam não apenas preservado o passado como também mostrado aos seus alunos ocidentais como abordá-lo e compreendê-lo. Pouco menos de um século separa a fracassada instrução de Petrarca por Barlaam da queda de Constantinopla. A ânsia dos italianos de aprender veio na hora certa – assim como, em afortunada conjunção, a dos bizantinos de ensinar.

O norte da Europa também se interessara e seus eruditos haviam começado a viajar à Itália, onde muitos deles estudaram com os mesmos professores bizantinos dos italianos. O maior dos humanistas do norte, o erudito holandês Desidério Erasmo, aprendeu grego em Veneza com Marcus Musurus. Thomas Linacre, amigo inglês de Erasmo, médico e classicista fundador do Real Colégio de Médicos de Londres, passou mais de uma década na Itália estudando grego com Demétrio Chalcondyles e Politiano e formando-se em medicina na Universidade de Pádua. Linacre foi médico de Erasmo e Thomas More e amigo íntimo de outro humanista inglês, John Colet, que também estudara na Itália. O humanista alemão Johannes Reuchlin foi à Itália na década de 1480 e estudou grego com João Argyropoulos em Roma.

Outra figura importante foi João Láscaris, um bizantino que trabalhou como bibliotecário de Lourenço de Médici, viajou extensivamente por terras otomanas à procura de antigos textos gregos e acabou na França, que o nomeou embaixador em Veneza em 1503. Ali ele ajudou Aldus a preparar uma importante edição dos oradores gregos. Credita-se a João Láscaris ter levado a Renascença à França, onde fez amizade com os humanistas franceses pioneiros Guillaume Budé e Lefèvre d'Étaples, que também estudara com Argyropoulos em Roma na década de 1480. Mesmo depois de 1453, as ondas bizantinas foram quebrar nas novas praias da Europa Ocidental.

PARTE II

Bizâncio
e o
Mundo
Islâmico

Capítulo 6
Uma nova Bizâncio

No apagar das luzes do século VII, o califa Abd al-Malik decidiu construir um grande monumento às conquistas árabes dos cinquenta anos anteriores e à nova fé monoteísta islâmica que as impulsionara. Abd al-Malik foi o nono califa a governar depois do profeta Maomé e o quinto da dinastia omíada.[1] Num período conturbado em que vários comandantes árabes rebeldes haviam reunido exércitos contra os omíadas, al-Malik acabara de ascender ao califado decidido a restaurar o poder da dinastia, cuja base não era a Arábia, mas a cidade síria de Damasco, situada muito ao norte.

Moreno e atarracado, Abd al-Malik era conhecido por seus súditos como Orvalho da Pedra por sua lendária sovinice, característica que ficaria, paradoxalmente, em notável latência quando se tratou do projeto que tinha em mente agora, um imponente octógono de mármore encimado por uma cintilante cúpula dourada de cerca de 18 metros de diâmetro.

---

[1] O califa (*khalifa*, termo árabe para *sucessor*) era o sucessor do profeta Maomé e herdeiro da liderança política e religiosa dos muçulmanos.

Para local de seu memorial, Abd al-Malik escolheu não Meca ou Medina, as cidades mais sagradas do islã, mas a antiga cidade de Jerusalém, santa desde muito para judeus e cristãos, outrora a joia da coroa do Império Bizantino e um dos primeiros alvos das conquistas árabes. Conhecido em todo o mundo como o Domo da Rocha, o monumento de Abd al-Malik é o mais antigo edifício público do islã ainda de pé e, para muitos observadores, também o mais esplêndido. Do alto do monte Moriá, o monte do Templo tão transcendental na história do judaísmo, o Domo da Rocha ainda domina a paisagem da velha cidade com seu bojo cintilante assomando sobre os remanescentes comparativamente insulsos dos sítios judaicos e cristãos. Logo abaixo estão dois deles, o Muro Ocidental, ou das Lamentações, ruína simbólica do Segundo Templo, e um pouco mais para oeste a Igreja do Santo Sepulcro, construída por Constantino, o Grande, e destruída e reconstruída muitas vezes desde então. Ao lado desta está a Mesquita al-Aqsa, uma construção de menor porte de iniciativa do filho e sucessor de Abd al-Malik, al-Walid.

Tal como Santo Apolinário Novo de Ravena, concluída pelo rei godo Teodorico cerca de um século e meio antes, o Domo da Rocha proclama em alto e bom som a chegada de um novo poder a desafiar o antigo. E também como Santo Apolinário Novo, com a qual os seus exuberantes motivos decorativos interiores têm sido comparados, o Domo da Rocha anuncia essa chegada no idioma estético do antigo poder, que em ambos os casos era Bizâncio.

O Domo da Rocha simboliza à perfeição a influência de Bizâncio sobre a emergente civilização islâmica. Baseado nas tradições construtivas cristãs bizantinas – sua estrutura imitava a da Igreja de Anástasis, situada nas proximidades –, o primeiro monumento público do islã não foi imitado por construtores muçulmanos posteriores e não exerceu influência duradoura sobre a arquitetura islâmica, que tomou outras direções. De maneira análoga, a civilização islâmica teve a marca de Bizâncio em suas primeiras etapas, mas desde então parece ter se empenhado em apagar todos os seus vestígios.

"Não Diga 'Três'"

Enquanto Santo Apolinário Novo afirma manifestamente a causa gótica da assimilação, o Domo da Rocha pega a arte bizantina e a atira na cara do império. As decorações góticas parecem meramente ousadas; as árabes transmitem uma sensação de enérgica superioridade. Esmerados mosaicos de inspiração bizantina circundam o núcleo do edifício, sua colunata interior, com padrões em que repetidamente aparecem insígnias do poder bizantino (e em medida menor persa) imediatamente reconhecíveis a todos: coroas, braceletes, brincos, colares, peitorais. Por essa época a Pérsia fora completamente conquistada pelos árabes, enquanto os bizantinos ainda se sustentavam mesmo tendo perdido para eles boa parte de seu antigo território. A Terra Santa caíra e o norte da África fora arrancado do controle bizantino por Abd al-Malik ainda durante a construção do Domo, que escarnecia dos velhos inimigos do islã exibindo seus próprios símbolos imperiais. Um deles os árabes já haviam subjugado; o outro, acreditavam eles, estavam em vias de subjugar.

A mesma questão é colocada em termos religiosos, no Domo da Rocha, por uma série de inscrições corânicas claramente dirigidas aos cristãos e, em menor medida, aos judeus, antepassados monoteístas dos muçulmanos a que o Corão se refere respeitosamente como *ahl al-kitab*, o Povo do Livro.

Elas dizem que, ao adorar Jesus e introduzir a Trindade, os cristãos corromperam a mensagem monoteísta original da unidade de Deus.

> Digas: Ele é Deus, o Único, Deus, o Eterno; Ele não gerou nem foi gerado; não há nada que se Lhe compare... Crê, pois, em Deus e Seus apóstolos e não digas "Três". Será melhor para ti. Deus é um único Deus. Longe de Sua glória esteja gerar um filho.

Edifícios islâmicos posteriores usariam muitas dessas inscrições, nada, porém, que rivalize em quantidade com o Domo da Rocha.

O Domo da Rocha não é uma mesquita, mas uma *mashhad*, um santuário para peregrinos, como talvez sugira sua localização. De acordo com a tradição judaica, foi aqui, sobre a rocha encoberta pelo Domo, que Abraão deveria ter sacrificado Isaac por ordem de Deus. A propaganda omíada posterior desenvolveria esta associação ligando Jerusalém à famosa Jornada Noturna de Maomé e à sua miraculosa ascensão ao céu, também ocorrida no monte Moriá. Assim como a construção do Domo por Abd al-Malik, tudo isso tinha por finalidade reforçar a importância de Jerusalém para os muçulmanos. Para Abd al-Malik, no entanto, a ligação com Abraão era o que verdadeiramente importava; a conexão historicamente espúria com Maomé jaz no futuro. Reivindicando uma ascendência comum com os judeus desde Abraão (via Agar e Ismael), os árabes da época de Abd al-Malik viam a sua nova fé como culminação da tradição de Abraão.

O islã, dizia ao mundo Abd al-Malik, viera para ficar.

Até então o mundo tivera bons motivos para duvidar. Quase desde sua própria criação, o Império árabe se dividira por motivo de dissensões, faccioísmo e assassinatos. Uma das principais razões que levaram Abd al-Malik a reforçar o prestígio religioso de Jerusalém foi o fato de Meca e Medina estarem, naquela época, fora de seu controle. Jerusalém, ao contrário, ficava perto da capital omíada, Damasco.

Foi sob a dinastia omíada, de 661 a 750, que o centro do poder muçulmano se transferiu da Arábia para a Síria, território conquistado aos bizantinos. Essa transferência não se deu, porém, sem contestações. Foi também sob os omíadas, Abd al-Malik em particular, que o islã deu os primeiros passos para se tornar, mais que uma fé, uma civilização.

A civilização islâmica tem pai e mãe, as mesmas duas civilizações precedentes das quais Abd al-Malik tentou, com tanto zelo, distinguir a sua própria nas obras decorativas do Domo da Rocha: Bizâncio e Pérsia. Mas Bizâncio e Pérsia também influenciaram o islã *antes* de este se tornar uma civilização, a começar da ascensão da nova fé no transcurso das vidas díspares, porém estranhamente entrelaçadas, do fundador do islã, o profeta Maomé, e de seu quase exato contemporâneo, o imperador bizantino Heráclio.

Heráclio, Maomé e a Primeira Jihad

Bizâncio e a Pérsia se enfrentaram durante séculos. A fronteira que os separava oscilou para lá e para cá dentro da margem relativamente estreita que dividia em dois o Crescente Fértil. Nem um nem outro conseguiram manter a supremacia durante muito tempo, embora ambos tenham desfrutado breves períodos de domínio. No começo do século VII, porém, essa longa guerra mudou de configuração. Por essa época, Heráclio e Maomé, ambos com cerca de 40 anos de idade, estavam prestes a iniciar as empresas que marcariam o restante de suas vidas.

Do lado bizantino, a esponja religiosa que era a sua civilização chegava ao ponto de saturação, com o cristianismo mais impregnado do que nunca na sociedade. Este processo foi acelerado pelos traumas decorrentes do aventureirismo e do excesso de ambição de Justiniano: pestes, distúrbios, terremotos, impostos opressivos e inimigos ameaçadores. Os eslavos penetraram na Grécia pelo norte e, nos Bálcãs, se aliaram aos temíveis abares;[2] a maior parte da Itália foi perdida para os lombardos; a Pérsia se levantou contra os exércitos bizantinos no leste. O povo de Bizâncio precisava recuperar a confiança.

E a encontrou na forma de ícones, que assumiram uma nova importância no culto público e privado. Os constantinopolitanos, em especial, a encontraram na imagem da Virgem Maria, a nova benfeitora e padroeira da cidade. Em 566, o ano seguinte à morte de Justiniano, o poeta Coripo descreveu Constantinopla, pela primeira vez, como uma cidade protegida por Deus. Essa ideia, assim como a de que tal proteção dependia dos poderes de intercessão da Virgem Maria, duraria tanto quanto Bizâncio mesma. Os exércitos bizantinos começaram a marchar para a batalha atrás de grandes ícones. Em 610, época em que Heráclio subiu ao trono, os bizantinos costumavam comparar sua nação ameaçada aos antigos israelitas.

Os persas também tinham seu monoteísmo estatal, o zoroastrismo, que nos séculos precedentes assumira pouco a pouco um papel cada vez

---
[2] Grupo de nômades turcomanos que dominou os Bálcãs no século V e começo do VI.

mais importante. A dinastia sassânida, no poder desde o começo do século III, via a si própria como um retorno aos dias de glória do domínio aquemênida, esforço de que fez parte a adoção do zoroastrismo como religião de Estado.[3] Tal como em Bizâncio, na Pérsia sassânida a Igreja e o Estado cresceram estreitamente ligados, uma aliança marcada pelo aumento da centralização, da intolerância e da perseguição às heresias.

Atiçadas durante séculos, as fagulhas emitidas por esses dois monoteísmos cada vez mais empedernidos acabaram por detonar a guerra santa. O saque de Jerusalém pela Pérsia em 614 colocou em nítido relevo a nova faceta religiosa da guerra. Desde os tempos de Constantino, a cidade sagrada crescia em importância como destino de peregrinos cristãos. Depois de Justiniano, os judeus passaram a ser perseguidos e expulsos como parte de uma onda geral de antissemitismo apoiado pelo Estado. Agora os persas não apenas massacraram uma quantidade indizível de defensores de Jerusalém, como arrasaram igrejas e pilharam ou destruíram, com júbilo, preciosas relíquias cristãs. Não contentes, abriram também a cidade aos colonos judeus e deixaram-na ao seu encargo. No fim da década, Bizâncio havia perdido quase metade de seu território e de sua riqueza para a investida persa. Bizâncio estava quebrada, liquidada, e todo mundo sabia disso.

Menos Heráclio, que marchou com seu exército sobre a Pérsia apostando na resistência de Constantinopla. Foi por pouco, mas ele acertou. Em 626, os persas se aliaram aos abares e eslavos, a fim de cercar Constantinopla por terra e por mar, a única esperança que tinha um invasor de tomar a cidade. No momento de máximo perigo para Bizâncio, porém, a marinha bizantina rompeu o cerco, derrotando os abares e eslavos no mar e impedindo os persas de cruzar o Bósforo.

Do ponto de vista bizantino, o verdadeiro trabalho fora feito pela Virgem Maria e pelo fiel patriarca Sérgio, que Heráclio deixara no comando da cidade. Nos piores momentos Sérgio foi visto percorrendo

---

[3] Fundada por Ciro, o Grande, no século VI a.C., a dinastia aquemênida governou o Primeiro Império Persa até ser derrotada por Alexandre, o Grande, no século IV a.C.

os muros da cidade com o célebre ícone da Virgem abençoada. Ficou claro para todos que a vitória era devida à sua intercessão. Acaso ela não aparecera com a espada na mão sobre as águas do Corno de Ouro – perto de sua igreja em Blachernai – para encorajar seu povo a matar o inimigo? Não fora ela avistada pelo próprio Cã Avar caminhando, altiva, por entre as ameias?

Foi o melhor momento de Bizâncio e o ponto de inflexão da guerra. A partir daí, Heráclio venceu uma série de batalhas no Oriente. Em pouco tempo o rei persa foi derrubado e um títere bizantino, investido em seu lugar. Em 630, Heráclio mandou celebrar uma grandiosa cerimônia em que devolveu os fragmentos da Vera Cruz ao seu lugar na Igreja do Santo Sepulcro, em Jerusalém.

Pela intercessão da Virgem Maria e tendo Heráclio como instrumento, Deus salvara milagrosamente o Império Bizantino e seu povo eleito. Todos respiraram aliviados. Todavia, tal como nos filmes de terror em que o monstro sempre volta à vida, o espetáculo ainda não terminara.

Em 622, quando o moral bizantino se encontrava em seu ponto mais baixo, muito ao sul dali outro povo eleito se viu ameaçado de extinção. Foi a Hégira, período que Maomé e seu pequeno grupo de seguidores passaram nas cercanias de Medina depois de serem expulsos de Meca.

Àquela altura o islã tinha cerca de 10 anos de existência. A energia religiosa liberada pelo choque entre os dois grandes impérios monoteístas do norte reverberara entre os árabes, povo até então marcado por rixas e desorganização. Maomé soube canalizar brilhantemente tais impulsos caóticos. Sua mensagem básica foi a da unidade religiosa e política sob sua liderança pessoal, nos termos pretendidos, mas nunca alcançados, pelos persas e bizantinos. Mirando-se na fracassada unidade dos cristãos em especial, Maomé achou que poderia realizá-la reafirmando a unidade de Deus, espelho e reflexo da unicidade da comunidade muçulmana, a *ummah*.

Nos anos subsequentes, o movimento de Maomé pela unidade se reforçou consistentemente em Medina. Em 630, ano em que Heráclio devolveu os fragmentos da Vera Cruz a Jerusalém, Maomé liderou um exército de 10 mil homens contra Meca. A cidade se rendeu pacificamente, levando muitos de seus habitantes a abraçar o islã em "submissão" à vontade do Deus único. Uma torrente de novos guerreiros alentou o crescente exército de Maomé. Agora o líder mais forte da Arábia, Maomé impôs a conversão ao islã como precondição aos que buscavam sua proteção. Como muçulmano ("aquele que se submete"), não poderia atacar outro muçulmano, a conversão significava segurança. Ultrapassado certo patamar, significava também que os muçulmanos tinham de ir cada vez mais longe atrás de conquistas. "Fiéis, fazei guerra aos infiéis que vivem ao vosso redor", ordena o Corão aos muçulmanos. "Sede firmes com eles. Sabei que a Alá está com os justos."

Maomé morreu com pouco mais de 60 anos, depois de breve enfermidade, em 632, quando já controlava a quase totalidade da península Arábica e havia iniciado ataques exploratórios à Síria bizantina – a pretendida etapa seguinte de suas conquistas. Tendo dominado a nova arte da guerra santa, o aluno decidiu colocá-la em prática contra os professores. Caberia aos seus sucessores o cumprimento da missão.

A Estrada para Damasco

Primeira parada, Bizâncio. Mais precisamente, a Síria e a Palestina bizantinas, onde augúrios perturbadores seriam mais tarde lembrados: "Houve um terremoto na Palestina e uma aparição no céu, ao sul, prevendo a conquista árabe. Ela permaneceu por trinta dias, estendendo-se de norte a sul, e tinha a forma de uma espada."

Vitoriosa, Bizâncio estava exausta e despreparada. Os árabes enfrentaram e destruíram o principal exército bizantino da Síria num lugar de sua escolha, às margens do rio Yarmuk. Ponto de inflexão decisivo, a derrota em Yarmuk deixou a Palestina, a Síria e a Mesopotâmia bizantinas escancaradas e suas cidades totalmente expostas. As que tentaram se manter foram conquistadas e saqueadas. Para fugir do mesmo destino, a maioria capitulou voluntariamente. As grandes cidades bizantinas de Damasco, Antioquia e Jerusalém caíram todas ante o inimigo árabe apenas alguns anos depois que os bizantinos as reconquistaram tão jubilosamente aos persas. Damasco ficaria para sempre em mãos muçulmanas, ao passo que Antioquia e Jerusalém seriam temporariamente recapturadas por forças cristãs muito mais tarde, a primeira pelos revigorados bizantinos, no fim do século X, e as últimas pelos cruzados da Europa Ocidental, no começo do século XII. Em 640 o poder bizantino na Síria, Palestina e Mesopotâmia estava destroçado. Em meados dessa década o Egito bizantino também caiu, levando consigo a gloriosa cidade de Alexandria, um centro vital de cultura grega antiga. Em todos esses lugares havia importantes contingentes de cristãos monofisistas que os bizantinos perseguiam como hereges. Muitos deles saudaram os árabes como libertadores.

Os árabes haviam começado a olhar também para o Magreb, "o Ocidente", como chamavam o litoral norte da África. A essa altura, Heráclio, que vivera apenas o suficiente para ver seu milagroso triunfo sobre a Pérsia virar cinzas, estava morto. Enlouquecido, ao que se dizia, pela cruel virada do destino, ele era uma figura alquebrada e patética quando sucumbiu à hidropisia em 641.

Os assediados bizantinos mantiveram os árabes a distância na fronteira da Síria e da Ásia Menor, pouco ao norte de Antioquia, repelindo várias incursões ao interior montanhoso da península. Aí, esses guerreiros do deserto, não afeitos às terras altas, jamais conseguiram se firmar. Caberia aos turcos originários das montanhas da Ásia Central reclamar a Ásia Menor para o islã – um grande passo, certamente, mas ainda séculos no futuro. Por ora, Bizâncio sobreviveria, ainda que privada uma vez mais (e, para sempre, dessa vez) de suas províncias mais ricas e sujeita a real perigo.

Pouco depois de suas primeiras vitórias na Palestina e Síria, os árabes fizeram várias incursões simultâneas em território persa, a começar do sul do atual Iraque. Por volta da mesma época em que a vitória de Yarmuk lhes abriu o norte e o oeste bizantinos, eles assestaram um golpe igualmente decisivo contra os persas em Qadisiyah, no Iraque, escancarando o leste persa.

A capital persa, Ctesifonte, ficava localizava nas proximidades da atual Bagdá. A pequena distância da fronteira árabe, ela era um alvo fácil para seus ataques e caiu rapidamente. A queda de Ctesifonte levou ao desmoronamento do já abalado Estado sassânida, incapaz de organizar uma defesa eficaz a partir de seus centros provinciais – depois da guerra, seus vínculos com a capital ainda não haviam sido firmemente estabelecidos. A situação estratégica persa era o contrário da bizantina: Bizâncio estava exposta em suas províncias, talvez, mas relativamente segura em sua distante e bem fortificada capital.

Por volta de 650, os árabes haviam conquistado a maior parte do Crescente Fértil, bem como o Egito e quase toda a Pérsia, onde permaneciam algumas operações de rescaldo. Essa área, um imenso território que no começo do século XX os britânicos passariam a chamar de "Oriente Médio", se tornaria o coração do Império Árabe Islâmico. Uma torrente de colonos muçulmanos começou imediatamente a afluir desde a Arábia, estabelecendo-se inicialmente em cidadelas recém-criadas (como Basra e Kufah, no sul do Iraque), e somente mais tarde se mesclando com as populações locais.

Foi então que os belos sonhos de unidade de Maomé se desfizeram. Uthman, o quarto e último dos velhos companheiros de Maomé a assumir o poder como califa, membro do clã omíada, foi assassinado por soldados amotinados. Os seguidores de Ali, sobrinho do profeta, o entronizaram como califa à revelia de uma oposição aglutinada ao redor de Aisha, esposa favorita do profeta, da qual fazia parte Muawiya, governador da Síria e sobrinho omíada de Uthman.

Muawiya, que conquistara a Síria para o islã, se recusou a reconhecer Ali como califa. Quando este foi assassinado por um ex-seguidor ressentido, Muawiya foi confirmado califa. Esses acontecimentos lançaram as sementes das futuras dissensões. Eles estão na origem do movimento xiita e da mais amarga divisão do islã. Apartados do pensamento sunita dominante, os xiitas se aferrariam à memória do assassinato de Ali.

Muawiya transferiu a capital muçulmana de Medina para Damasco, uma opção lógica, uma vez que fora dali que ele governara a Síria. Nascia a dinastia omíada, que fez da antiga cidade bizantina de Damasco a primeira capital imperial árabe. Pelo menos por enquanto, uma aparente unidade fora restabelecida.

O "Império Neobizantino" dos Omíadas

"O primeiro muçulmano a usar um trono foi Muawiya", escreve o grande historiador muçulmano do século XIV Ibn Khaldun sobre este momento crítico da evolução do califado – da simplicidade beduína original para a majestade a que os ocidentais se acostumaram lendo as *Mil e uma noites*. Antes disso, explica Ibn Khaldun, os muçulmanos desprezavam "a pompa, que não tem nada a ver com a verdade. O califado se converteu em autoridade real e os muçulmanos aprenderam a apreciar o esplendor e o luxo deste mundo".

Além de propiciar a imposição da autoridade real, a transferência da capital para Damasco estabeleceu firmemente o seu centro num meio bizantino – de onde os árabes pinçaram os seus primeiros professores de pompa e circunstância. Dificilmente poderiam ter feito melhor opção, a menos que tivessem escolhido os persas – que viriam a ser seus segundos professores.

Este segundo estágio, o califado abássida de Bagdá, de inspiração persa, que costumamos associar às *Mil e uma noites*, estava quase um século no futuro quando Muawiya subiu ao trono de Damasco.[4] Seduzidos pelo esplendor dos rituais da corte de Bizâncio, os árabes começaram a imitá-los muito antes da fundação de Bagdá. Não que Muawiya não tenha sido criticado por assumir ares reais. Em sua própria defesa ele explicou, porém, "que Damasco estava cheia de gregos e ninguém acreditaria em seu poder se ele não se apresentasse, e se comportasse, como um imperador".

---

[4] Os abássidas foram a segunda dinastia imperial árabe, fundada em 750 e extinta pelos invasores mongóis em 1258.

A influência bizantina sobre a nascente civilização islâmica, uma maré montante que atingia agora o seu ponto mais alto, ultrapassava em muito, contudo, a assunção de ares reais por parte do califa. Ela abarcava quase todas as áreas da vida.

No plano governamental, desde as primeiras conquistas na década de 630 os conquistadores árabes sustentaram as instituições cívicas pre-existentes nos territórios bizantinos e persas. Iniciantes no desafio de governar tão vastos territórios, os árabes não tinham instituições próprias, sancionadas pelo tempo, para impor. Sabiamente, deixaram as coisas seguirem mais ou menos como antes, confiando que seus novos súditos as manteriam em seus trilhos. "Os muçulmanos eram árabes analfabetos que não sabiam escrever nem contabilizar", escreveu Ibn Khaldun sobre este primeiro período. "Para fazer a escrituração, eles empregavam judeus, cristãos e clientes não árabes versados na matéria."

Estrutura fiscal, moeda, administração pública – do Egito a Antioquia, os ritmos da vida oficial mantiveram o mesmo aspecto geral, exceto pela substituição dos antigos oficiais imperiais por comandantes árabes muçulmanos. A significativa quantidade de palavras árabes tomadas de empréstimo ao grego reflete a continuidade das velhas instituições sob os novos senhores. Palavras gregas que não tinham o equivalente em árabe foram simplesmente transliteradas. O imposto por cabeça bizantino *demosia* veio a ser o *al-haraj ad-dimusi*; as terras tributáveis, ou *pakton*, tornaram-se *baqt*; os funcionários que recolhiam os impostos, *grapheis* e *meizon*, tornaram-se respectivamente os *garafisis* e *mazun*; a moeda, o *denarius* bizantino, tornou-se o *dinar*. Fenômeno similar pode ser encontrado nas antigas terras persas, embora o fato do centro de poder omíada estar em antigo território bizantino pesasse, uma vez mais, a favor de Bizâncio nesses primeiros tempos.

Outro tipo de impacto se deu nos planos da cultura popular e da expressão artística, onde a supervisão deu lugar ao aprendizado. À medida que chegavam para guarnecer os novos postos avançados do império – conta-nos Ibn Khaldun –, os nômades árabes trocavam a vida de beduínos pelos costumes estabelecidos. Embora tenham inicialmente atuado como senhores dos bizantinos e persas, os árabes acabaram sendo instruídos por seus súditos civilizados nos ofícios indispensáveis à existência sedentária.

Assim como nas questões administrativas, tal processo deixou rastros em forma de empréstimos ao idioma grego, adotados pelo árabe em áreas como vida cotidiana (objetos domésticos, mobiliário, culinária, vestuário, higiene, joalheria), agricultura (animais, produtos agrícolas, vegetais em geral, recipientes), comércio (medidas, barcos, outros elementos náuticos), literatura (instrumentos e métodos de escrita), artes e ofícios e religião.

Os estudiosos descobriram influências bizantinas e persas também na música e pintura árabes, ambas as quais, segundo Ibn Khaldun, os árabes aprenderam com seus novos súditos.[5] O direito bizantino foi assumido pelos primeiros *qadis*, ou juízes islâmicos, assim contribuindo para a formação do corpo de jurisprudência que viria a se tornar a xariá ou lei islâmica. A continuidade bizantina e a imitação árabe foram tão generalizadas que os historiadores modernos deram ao califado omíada de Damasco o epíteto "Império Neobizantino".

CONSTANTINOPLA: O FRUSTRADO SONHO ÁRABE DE CONQUISTA

Contido por terra na Ásia Menor quando ainda era governador da Síria, Muawiya havia começado a construir a frota naval árabe em aberto desafio ao controle bizantino dos mares. Com o domínio naval bizantino relegado ao passado e uma frota agora à disposição, na década de 670 os árabes atacaram o litoral da Ásia Menor, onde estabeleceram guarnições, e assim foram chegando cada vez mais perto da capital bizantina. Por essa mesma época Muawiya atacou, também por mar, as forças bizantinas no norte da África e na Sicília. Em 674, a frota árabe entrou no Bósforo,

---

[5] Segundo Ibn Khaldun, antes da conquista os árabes não sabiam cantar. Os árabes pré-islâmicos só cultivavam a poesia oral, transportada para o período islâmico por meio da recitação do Corão.

bloqueou Constantinopla e chegou aos pés de suas muralhas. O bloqueio e os ataques duraram quatro anos, durante os quais a marinha bizantina se manteve entocada no Corno de Ouro para não ser destruída pela frota árabe mais poderosa.

Ao final, os bizantinos decidiram lutar, enviando navios equipados com sua arma secreta – uma substância parecida com o *napalm* chamada fogo grego, que chamuscou alguns navios árabes causando, provavelmente, mais susto do que dano. Momentaneamente desmoralizados, os árabes tomaram o rumo de casa. Na viagem de volta a frota árabe foi colhida por uma tempestade que aniquilou a maior parte dos barcos e dos homens, ao passo que, por terra, os bizantinos os derrotavam fragorosamente em várias batalhas. Forçado a negociar uma trégua infame – em que os árabes concordavam em pagar tributo aos bizantinos, presumivelmente causadora de uma dor atroz –, Muawiya morreu no ano seguinte, 680.

Antes de morrer, porém, Muawiya designou publicamente seu filho Yazid como sucessor. O princípio da sucessão dinástica rompia com a prática anterior, razão pela qual Yazid enfrentou, desde o início, grandes problemas. Na Síria, os bizantinos contra-atacavam apoiados por guerrilhas cristãs e, no norte da África, os berberes também se rebelavam contra o governador por Yazid nomeado. As antigas famílias muçulmanas de Medina deixaram claro que se opunham a Yazid, incentivando o filho de Ali, Hussein, a rebelar-se em Kufah. As forças de Yazid esmagaram facilmente Hussein e seu pequeno grupo de seguidores: cercaram-nos no deserto em Kerbala e, ante sua recusa em render-se, mataram-nos todos.[6]

Yazid morreu inesperadamente em 683, abrindo um período de caos que durou até a ascensão de outro ramo da família omíada sob a liderança de Marwan, primo de Muawiya, que reivindicou o califado, e de seu filho Abd al-Malik, que o sucedeu em 685. Novos banhos de sangue se seguiram até que, em 692 – um ano depois de ter completado a

---

[6] Ainda mais do que o assassinato de Ali, o martírio de Hussein é motivo de amargura e sentimento de culpa (por parte dos xiitas, que ainda se flagelam ritualmente por não terem ido em seu socorro).

construção do Domo da Rocha –, Abd al-Malik consumou sua vitória subjugando os xiitas e outros rebeldes, retomando a ofensiva contra os bizantinos e conquistando o reconhecimento geral como califa de direito. A glória da dinastia omíada estava restaurada. Se o Domo da Rocha dizia que o islã viera para ficar, o mesmo valia para os omíadas e o próprio Abd al-Malik, que lutara com tanto empenho para restabelecer seu poder.

Com Abd al-Malik começa o Alto Califado, período de cerca de dois séculos e meio de máximo esplendor do poder imperial árabe. Mas os omíadas só comandariam o primeiro meio século desse florescimento imperial e cultural, não obstante a assertividade do Domo da Rocha de Abd al-Malik. O apogeu da civilização islâmica ocorreria sob seus sucessores abássidas e teria como centro não a bizantinizada Damasco, mas a nova capital, Bagdá, construída pelos árabes muito mais a leste, em antigo território persa. A dissolução gradual da antiga estrutura bizantina e a correspondente ascensão das influências culturais persas durante o Alto Califado moldaram as linhas mais gerais da civilização islâmica, convertendo o Império Neobizantino em Império Neosassânida.

Contudo, foi ainda dentro do contexto bizantino que se ergueu o primeiro andaime. O Domo da Rocha não foi uma projeção isolada do orgulho islâmico e árabe, mas parte de um programa mais amplo e coerente por meio do qual Abd al-Malik pretendeu declarar a chegada do islã e dos árabes, diferenciando a civilização islâmica de suas fontes bizantinas, mesmo que ainda se apoiando nelas.

Outros aspectos do programa de Abd al-Malik foram a substituição do grego pelo árabe como idioma governamental e a cunhagem de moedas que, pela primeira vez, se afastavam dos modelos bizantinos em favor de signos e conceitos islâmicos. Até então, as moedas cunhadas pelos omíadas eram meras cópias das bizantinas até nas efígies de Cristo ou do imperador em um dos lados, sendo a única concessão ao islã a eliminação do braço da cruz de Cristo no lado oposto (ficando só a estaca). Abd al-Malik substituiu esses signos por inscrições corânicas, embora as confissões básicas continuassem as mesmas.

Um dos motivos pelos quais as primeiras moedas tinham de parecer bizantinas era que só assim elas seriam aceitas pelos bizantinos, quer em pagamento de tributos, quer em transações comerciais. À medida que ficava claro que as conquistas árabes eram irreversíveis, os bizantinos foram sendo obrigados a se adaptar, chegando a copiar-lhes as moedas, enquanto os árabes iam se dando conta de que agora eram eles que davam as cartas. Destituída de suas províncias mais ricas e colocada na defensiva não apenas pelos árabes, mas também por novos inimigos, Bizâncio ingressava em sua Idade das Trevas. Sua pobreza relativa fazia nítido contraste com a vigorosa prosperidade do florescente Império Árabe, que agora comandava uma quantidade muitas vezes maior de efetivos militares, recursos e territórios.

Em Bizâncio, o impacto desestabilizador dessa realidade se refletiu em uma série de golpes e contragolpes que, a partir o reinado de Abd al-Malik, sacudiram o império. Foi no auge dessa instabilidade, enquanto os bizantinos travavam uma devastadora guerra civil entre reclamantes rivais ao trono, que os omíadas buscaram uma vez mais alcançar o objetivo que tão miseravelmente se esquivara do grande Muawiya.

Afinal, o próprio Profeta havia previsto que os exércitos muçulmanos um dia ocupariam Rum (Roma), que é como os árabes chamavam tanto Constantinopla quanto o seu império. Embora alarmante, a tentativa precedente equivalera a pouco mais do que uma prolongada série de ataques, apoiados por um bloqueio naval, durante o qual foram empreendidos esforços simultâneos contra os bizantinos e outros inimigos em outros teatros de guerra. Desta vez seria diferente. Os árabes empregariam todas as suas forças em um esforço concentrado e sustentado de captura da capital bizantina e liquidação definitiva de seu império.

O segundo cerco omíada de Constantinopla foi planejado pelo filho e sucessor de Abd al-Malik, al-Walid, iniciado em 717 por seu irmão Suleiman e continuado por seu primo Omar II, que sucedeu Suleiman depois de sua morte no mesmo ano. A força invasora teria compreendido 120 mil homens e 1.800 navios.

Desde o começo, porém, as coisas deram errado para os árabes. Concluído o planejamento árabe, terminou também a guerra civil bizantina. Seu vencedor, o novo imperador Leão III, era um comandante talentoso, experimentado e resoluto que sobrepujara os árabes várias vezes no passado. Além disso, o inverno de 717-718 foi invulgarmente frio e rigoroso, pegando os árabes de surpresa e dizimando-os por exposição e doenças. Pesou também contra eles a circunstância de que muitos dos homens enviados para render as forças de assédio na primavera de 718 eram cristãos do Egito e do norte da África. Nem de longe tão simpáticos aos árabes quanto seus ancestrais da época das conquistas depois de quase um século de dominação, muitos se passaram para os bizantinos. Para culminar, estes tiveram o apoio dos búlgaros, seus inimigos ocasionais, que se precipitaram por terra sobre as forças árabes que infestavam a cidade matando-os aos milhares. Em agosto de 718, pouco mais de um ano depois do início do cerco, Omar ordenou a retirada. Uma vez mais, a frota árabe foi destroçada por uma tempestade na viagem de retorno.

A base de poder síria e sua proximidade de Bizâncio haviam jogado a favor dos primeiros califas omíadas, como Muawiya e Abd al-Malik. Muawiya ascendera ao califado em larga medida por ser o governador da província localizada na linha de frente da luta contra Bizâncio – ele próprio conquistara as terras que dirigia como governador. Este sucesso inicial tornou, no entanto, os omíadas reféns de uma lógica que apontava inexoravelmente para um único resultado: tinham de derrotar os bizantinos e substituí-los como senhores de Constantinopla, sua única verdadeira opção de capital imperial.

O fracasso do segundo cerco deixou claro que isso não aconteceria. Em consequência, o ímpeto dos omíadas se deteve. Eles foram deixados a enregelar-se lentamente na imensa sombra da grande capital que jamais seria sua.

A obstinada sobrevivência de Bizâncio teve uma série de outras implicações. No Ocidente, também, o avanço árabe representou uma greve ameaça. Tendo já ocupado o norte da África e a Espanha, os exércitos muçulmanos invasores só foram detidos na França central, em 732, e derrotados na batalha de Poitiers.[7] Se, quinze anos antes, Bizâncio

---

[7] Pelos francos comandados por Carlos, chamado Carlos Martel (Carlos, o Martelo) pela vitória obtida. Carlos, que não era rei, e sim um dignitário da agonizante dinastia merovíngia, usou o prestígio de sua vitória para fundar uma nova dinastia, a carolíngia. Seu neto Carlos Magno expandiu seus domínios até a rival Bizâncio como império "romano".

tivesse caído, os árabes teriam talvez conseguido organizar uma invasão simultânea desde o Oriente, tomando a Europa em um movimento de pinça – do que resultaria uma Europa muçulmana. As grandes muralhas de Constantinopla protegeram mais do que apenas uma cidade, mais até do que apenas um Império. Pode parecer exagero, mas Bizâncio foi um baluarte da Europa no Oriente.

Na década de 740, a proximidade omíada de Bizâncio se convertera de vantagem em risco, de prenúncio de vitória em uma frustrante lembrança de promessa não cumprida. O malogro da tomada de Constantinopla ajudou a empurrar o centro de gravidade do mundo islâmico para leste, adentro do território persa. Paradoxalmente, foi somente depois disso que os árabes puderam se abrir para uma influência bizantina totalmente nova: o legado da Grécia antiga.

Capítulo 7

A Casa do Conhecimento

Durante o Alto Califado, o islã reivindicou o título de civilização mais vigorosa e expansiva do mundo. Os colonos árabes das terras conquistadas já não viviam isolados em suas cidadelas como uma presença estranha que impunha um governo estranho, apartado da população local, professando o islã à margem de seus governados. Por toda a vasta e próspera área que se estendia do Afeganistão, Irã e Iraque à Síria, Egito, norte da África e Espanha, os árabes começavam a se mesclar com as populações locais – cristãos, zoroastristas, judeus, pagãos – que se convertiam ao islã em número cada vez maior.

Quanto mais a balança do mundo islâmico pendia para o Oriente, mais a liderança omíada era ameaçada pelos abássidas, um poderoso clã do antigo território persa do Iraque. Em fevereiro do ano de 750 as forças omíadas e abássidas mediram forças no rio Zab, um afluente do Tigre no norte do Iraque. Os abássidas obtiveram uma vitória decisiva. O califa omíada Marwan II fugiu, morrendo pouco depois, e o líder abássida al-Saffah – proclamado califa por seus seguidores no ano anterior – foi confirmado no poder.

Al-Saffah fundou o Estado abássida, mas faleceu depois de governar somente quatro anos. Foi sucedido por seu irmão mais novo, al-Mansur, que teve de enfrentar uma onda de rebeliões e desafios.

Ainda vigoroso quando se tornou califa aos 40 anos de idade, comandante experimentado, al-Mansur teve pouca dificuldade real para derrotar essas rebeliões à medida que foram surgindo, mas não foi capaz de impedir o surgimento de novas. Ele precisava de uma capital, um centro governamental onde ancorar as inquietas cidades do Iraque e do Irã compreendidas em sua base de poder. Para situá-la, escolheu um lugar às margens do rio Tigre onde ele mais se aproxima do Eufrates, não distante da antiga capital persa, Ctesifonte. Al-Mansur chamou sua nova capital de Madinat as-Salam, "Cidade da Paz". Em pouco tempo ela veio a ser conhecida por seu nome persa, Bagdá.

"A Cidade mais Próspera do Mundo"

Al-Mansur escolheu esse sítio aninhado entre dois grandes rios pelas mesmas duas razões que levaram Constantino a escolher Bizâncio: ficava na junção de ricas rotas comerciais e, no seu entender, era facilmente defensável. Ao contrário, porém, de Constantino, al-Mansur estava apenas parcialmente correto.

A localização da cidade era, de fato, soberba para o comércio. Navios oriundos da Arábia, África Oriental e Índia subiam o Tigre desde o golfo Pérsico. Outros desciam-no desde o Curdistão com mercadorias provenientes do Azerbaijão e da Armênia. Pelo Eufrates, vinham mercadorias e viajantes do Ocidente: Síria, Egito, norte da África e Bizâncio. Bagdá ficava também de flanco para a Rota da Seda, que se estendia a leste até Isfahan e Khorasan, no interior da Pérsia, e prosseguia até a China. Ao declarar sua intenção de construir "a cidade mais próspera do mundo", al-Mansur previu que sua nova capital reinaria por muito tempo, suprema, como um reluzente diamante a iluminar os novos e vastos domínios árabes.

Rios podem, no entanto, ser transpostos por barcos e pontes. Em virtude do juízo errôneo de al-Mansur a esse respeito, nem um traço sequer chegou até nós de seu singular plano original: a Cidade Redonda, um círculo perfeito de mais de 1,5 quilômetros de diâmetro formado por altas e grossas muralhas há muito desaparecidas, traçado ao redor de um imenso palácio cupulado preterido por seus sucessores muito antes de cair em ruínas no século XIII, quando a cidade foi saqueada pelos mongóis. O famoso domo verde era coroado pela estátua equestre de um lanceiro que se dizia olhar na direção da próxima ameaça ao domínio do califa. Uma lenda bastante reveladora: apesar de sua fabulosa riqueza e seu glorioso mecenato, os califas abássidas tiveram de enfrentar constantes desafios à sua legitimidade e poder. A Cidade Redonda, que deveria ser o coração de Bagdá, residência do califa, seus administradores, seus escravos e seus soldados, hoje não pode sequer ser localizada com segurança dentro da moderna capital iraquiana.

Fora dela, o restante da cidade se estendia nos dois sentidos do sinuoso Tigre, que podia ser transposto por uma série de pontões. De início o califa quis que se colocassem os mercados dentro da Cidade Redonda, mas foi demovido da ideia por um embaixador bizantino visitante que o advertiu de que seus inimigos usariam o comércio como pretexto para adentrar as muralhas e espionar seus segredos. Como ninguém conhecia melhor os meandros da espionagem que os embaixadores bizantinos, os mercados foram transferidos. O maior deles foi para Karkh, ao norte, um labirinto de quiosques e estandes na margem esquerda do Tigre, desconcertante, mas rigorosamente organizado, onde cada especialidade tinha sua área rigorosamente demarcada. (Al-Mansur ordenou que os mercados dos açougueiros ficassem o mais longe possível do palácio, tendo em mente que seus juízos eram cegos, mas suas facas, afiadas.) Entre Karkh e a Cidade Redonda ficava Sharkiya, um azafamado distrito de comércio rival de Karkh que se dizia ter abrigado uma centena de livrarias.

Na historiografia árabe sobre Bagdá não faltam narrativas de embaixadores bizantinos pasmos com o que viam na corte do califa. O arrolamento das maravilhas que os bizantinos encontravam ao entrar na cidade e a declamação de seu previsível assombro tornaram-se um modo corriqueiro de dramatizar o esplendor de Bagdá. Um embaixador do começo do século X teve de esperar meses para ser recebido até que o califa acabasse de redecorar o palácio. Por entre infindáveis fileiras de tropas e uma longa passagem subterrânea, ele foi finalmente conduzido ao recinto, onde desfilou em frente aos milhares de eunucos, camareiros e escravos africanos que o habitavam. No tesouro, viu o ouro e as joias do califa especialmente arranjados para exibição. E várias décadas antes que Liudprand de Cremona se assombrasse com a árvore dourada e os pássaros mecânicos do imperador em Constantinopla, este embaixador bizantino em Bagdá teve a mesma experiência na sala do trono do califa, sem faltar os pássaros chilreantes. Já se sugeriu que este embaixador anônimo trouxe a ideia consigo. Como, porém, esses aparatos (chamados autômatos) já eram conhecidos do mundo antigo, os historiadores modernos não estão seguros a respeito de quem tomou a ideia de quem.

A fundação de Bagdá coincide com o ponto mais baixo do moral bizantino durante o Alto Medievo. A cultura clássica quase desaparecera, a literatura religiosa praticamente deixara de fluir e o império vivia em permanente pé de guerra. Nem um milímetro menos devotos, mas incapazes de agir, os bizantinos chegaram a desistir de seus amados ícones. Leão III, o imperador que sustentou Constantinopla frente ao cerco árabe de 717-718, foi o primeiro a impor o iconoclasmo aos seus relutantes súditos, a retirar os ícones das igrejas e outros lugares públicos e a desestimular seu uso em cultos privados.

Iconoclasta ainda mais ardente, seu filho Constantino V erradicou totalmente as imagens religiosas. Em consequência, quase todos os ícones bizantinos sobreviventes são de períodos posteriores, quando eles foram restaurados e o próprio Constantino V ganhou o epíteto desrespeitoso de Coprônimo, "o Merda", supostamente oriundo de um inesperado incidente ocorrido em seu batismo. Embora tenha sido um dos maiores imperadores guerreiros de Bizâncio, Constantino V seria ultrajado por sucessivas gerações de ortodoxos veneradores de ícones.

A proibição judaica de se esculpirem ícones serviu o tempo todo de munição para os cristãos, que objetavam as imagens religiosas. No entanto, a verdadeira justificativa do iconoclasmo era a de que os ícones não haviam trazido a vitória contra os muçulmanos, conhecidos por proibir imagens humanas na arte religiosa. Parecia que Deus estava punindo o império por ter incorrido no erro da idolatria na época anterior aos árabes, quando os ícones haviam desfrutado de grande projeção pública. Agora, no lugar dos desacreditados ícones, os exércitos bizantinos marchavam atrás da cruz pura e simples, símbolo austero de uma época austera.

O iconoclasmo agonizava para o império, mas havia um problema: ele parecia funcionar. Ao longo de todo o período iconoclasta, os imperadores que o apoiaram (como Constantino V) venceram batalhas com misteriosa regularidade, ao passo que aqueles que restauraram os ícones temporariamente começaram a perdê-las.[1] A defesa mais apaixonada e eloquente dos ícones não proveio de dentro do império, mas da Síria omíada, onde João de Damasco, filho de um coletor de impostos grego, escreveu tratados justificando a sua veneração. Seu principal argumento teológico foi distinguir entre a veneração do ícone pelo que ele representava e a veneração da própria imagem. João de Damasco seria, mais tarde, ele próprio venerado como um dos grandes santos heróis da ortodoxia. Nessa época, porém, os ícones haviam adquirido um elemento suspeito de fraqueza, suavidade e feminilidade. Os dois governantes desse período que mais notoriamente defenderam os ícones foram, na verdade, imperatrizes, nenhuma das quais obteve relevantes sucessos militares contra os árabes.

Apesar do desequilíbrio de poder e riqueza, os bizantinos permaneciam obstinadamente entrincheirados como alvo principal da concorrência e da hostilidade árabes. Quase todo ano, na primavera e no verão, os árabes promoviam incursões desde a Síria ou Armênia contra a fronteira bizantina na Ásia Menor. Ainda assim, representações de alto nível viajavam constantemente entre Bagdá e Constantinopla e, por algum tempo, uma cooperação titubeante colocou árabes e bizantinos juntos em um governo comum na ilha de Chipre.

As constantes escaramuças fronteiriças geraram uma rija aristocracia guerreira nessas terras onde as culturas bizantina e árabe se mesclavam e os senhores da guerra adversários tinham mais em comum uns com os outros do que com seus governantes em Bagdá e Constantinopla.

---

[1] O iconoclasmo vigorou oficialmente em Bizâncio de 726 a 787 e de 815 a 843.

Um deles foi Diógenes, comandante local bizantino famoso por seu valor, morto no ano de 786 um pouco ao norte dos Portões Cilicianos em batalha contra o exército atacante do califa Harun al-Rashid, neto de al-Mansur.[2] Acredita-se que esse Diógenes tenha inspirado os poetas orais a celebrar suas façanhas e que os versos resultantes sejam a origem do *Digenes Akritas*, um longo poema em duas partes tido por muitos como o épico nacional bizantino.

Na primeira parte, um intrépido emir árabe rapta a formosa filha de um general bizantino, apaixona-se por ela e se converte ao cristianismo. Seu filho Basil, meio árabe, meio bizantino, é também conhecido como Digenes Akritas, nome que significa "guarda de fronteira de sangue mesclado". Suas façanhas são contadas na segunda parte:

> E quando o nobre Digenes, o justo,
> Atingiu sua plena juventude,
> E tornou-se um homem entre homens,
> Certo dia, então, de lança e clava em punho,
> Montou em seu cavalo,
> Reuniu os homens e levou-os consigo.

Mais tarde, Diógenes encontra o próprio imperador nas terras fronteiriças do Eufrates setentrional. O imperador elogia a bravura do jovem e lhe oferece o que ele quiser como recompensa. O piedoso herói responde, como fazem os de sua estirpe, que lhe basta o amor do imperador, que tem, ele bem sabe, um dispendioso exército para manter:

> Suplico, pois, a vossa gloriosa Majestade:
> Amai os obedientes, compadecei-vos dos pobres,
> Livrai os oprimidos dos malfeitores,
> Perdoai os que erram sem intenção,

---

[2] Os Portões Cilicianos, uma estreita passagem nos escarpados montes Taurus, eram a única rota fácil entre a Cilícia, controlada pelos árabes, e a Ásia Menor, controlada pelos bizantinos.

Não deis ouvidos aos caluniadores, nem aceitai injustiças,
Livrai-vos dos heréticos, confirmai os ortodoxos.

Quase ao mesmo tempo, do outro lado do Império Árabe as escaramuças entre árabes e francos geravam um poema similar, a *Canção de Rolando*, sobre um leal cavaleiro de Carlos Magno, que morre salvando o exército em luta com os árabes.

Essa fidalguia austera, mas virtuosa, contrasta nitidamente com a sensualidade perigosa e decadente da Bagdá de Harun tal como memoravelmente descrita em obras como *Mil e uma noites*, da qual se supõe ser um retrato bastante preciso. Por volta do ano 800, quando o célebre Harun estava perto do fim da vida, Bagdá se transformara numa próspera metrópole de cerca de um milhão de habitantes que, por todos os seus sinais, satisfaria as mais elevadas expectativas de al-Mansur.

Enquanto isso, na monocromática Constantinopla despojada de seus ícones, a única grande obra do último século fora a reforma dos edifícios e igrejas arruinados pelo violento terremoto de 740. No terreno da erudição clássica, pouco restava, exceto um ou dois nomes de pouca expressão – esqueletos ressecados que não se podem encarnar com um mínimo de segurança. Jerusalém empalidecera e Atenas, para todos os efeitos, abandonara inteiramente o seu fantasma.

O Sonho da Razão do Califa

Quer a tradição que o interesse dos árabes pela cultura da Antiguidade grega surgiu no início do século IX, quando o califa al-Mamun, filho de Harun al-Rashid, sonhou ter encontrado um homem belo, corado e de olhos azuis que se dizia chamar Aristóteles. Em seu sonho, diz a lenda, al-Mamun pediu ao filósofo para responder uma pergunta: "O que é o bem?"

"Tudo o que a razão disser que é bem", respondeu Aristóteles.

"E o que mais?", perguntou o califa.

"Tudo o que a lei religiosa disser que é bem" foi a resposta.

"E o que mais?"

"Nada mais", disse Aristóteles.

Ibn an-Nadim, escritor e editor da Bagdá do século X, descreve o sonho em seu *Fihrist*, ou *Índice*, uma compilação de toda a literatura árabe até então. An-Nadim diz que o sonho levou al-Mamun a pedir ajuda ao imperador bizantino, que acabara de derrotar na batalha. Por carta, o califa perguntava se podia "mandar enviados para escolher livros sobre as ciências antigas entre os que se conservavam nas bibliotecas do território bizantino". De início o imperador rejeitou o pedido, mas acabou consentindo. O califa enviou, então, imediatamente a Bizâncio um grupo de eruditos, que "escolheram algumas obras entre as que lá se encontravam e as trouxeram a al-Mamun. Este último lhes ordenou que as traduzissem, e assim foi feito".

Segundo an-Nadim, os eruditos pertenciam à Casa do Conhecimento, há muito tida pelos historiadores modernos como uma instituição de pesquisa especialmente criada por al-Mamun com a missão de traduzir textos gregos para o árabe. Uma pesquisa recente lança dúvidas sobre este quadro – a lendária "Casa do Conhecimento" pode ter sido evocada *a posteriori* por escritores como an-Nadim para explicar um movimento de tradução muito anterior a al-Mamun. Este tradicionalmente leva a maior parte do crédito, mas a pesquisa sugere ter sido al-Mansur o responsável pelos primeiros esforços sistemáticos de tornar disponível aos árabes a cultura da Grécia antiga. Os próprios tradutores eram parte de um movimento de tradução da literatura grega consolidado sob os persas sassânidas, muito antes, portanto, da chegada dos árabes.[3]

Os relatos de an-Nadim e outros similares nos dizem provavelmente mais sobre a visão que as gerações posteriores tinham das origens do movimento de tradução, que ocupou um lugar tão importante na nascente sociedade abássida, do que sobre essas mesmas origens. Algo que neles se destaca é a imagem de Bizâncio como repositório dos segredos

---

[3] Esta reinterpretação dos elementos históricos é apresentada pelo professor Dimitri Gutas em seu livro de 1998 *Greek Thought, Arabic Culture*.

arcanos da razão. E independentemente de sua exatidão histórica no que tange à Casa do Conhecimento, num sentido mais amplo eles idealizaram a própria Bizâncio como uma Casa do Conhecimento da civilização inquisitiva e curiosa que, em sua própria época, claramente surgira em terras islâmicas.

As Escolas Sírias e Hunain ibn Ishaq

Os tradutores que fizeram esse trabalho não eram bizantinos, mas provenientes de uma cultura cujas raízes remontam a Bizâncio. Eram sírios, seguidores de tradições cristãs que haviam sido excluídas ou reprimidas pelas crenças cada vez mais estreitas e intolerantes dos bizantinos. As escolas em que esses tradutores aprenderam o grego também deviam suas origens a Bizâncio, dado que a maioria delas se baseava na escola egípcia de Alexandria, capital da cultura secular no mundo romano e bizantino antes da conquista árabe. Boa parte do trabalho de tradução foi realizado em Bagdá, mas foi nessa rede de escolas que os tradutores receberam treinamento.

O maior deles foi Hunain ibn Ishaq, nascido perto de Bagdá em 808 e conhecido no Ocidente como Johannitius. Seu nome se tornaria ligado à Casa do Conhecimento por intermédio do *Fihrist* e de outras fontes posteriores. Baseada nessas fontes, a maior parte dos relatos modernos diz que Hunain fez ousadas viagens a Bizâncio, a serviço da Casa do Conhecimento, para adquirir manuscritos gregos.

Na verdade, o próprio Hunain jamais menciona pelo nome qualquer território bizantino a que teria viajado, embora fontes posteriores digam que em dado momento ele foi "à terra dos gregos" – o que poderia significar tanto Bizâncio quanto uma cidade como Alexandria, por exemplo. Ele escreve, sim, sobre longas viagens a terras que os árabes conquistaram aos bizantinos, entre elas uma destinada a encontrar um bom manuscrito de *Sobre a demonstração*, de Galeno: "Em sua busca eu fui ao norte da Mesopotâmia e viajei por toda a Síria, Palestina e Egito até alcançar Alexandria. Dele só encontrei metade, desordenada e incompleta, em Damasco".[4] Ele também jamais menciona a Casa do Conhecimento, algo que muito provavelmente teria feito se houvesse trabalhado lá.

Hunain pertencia a uma família de nestorianos, cristãos adeptos de um ponto de vista religioso manifestado na Bizâncio do século V por um bispo chamado Nestório. Na controvérsia sobre a natureza de Cristo que dominava a Igreja de sua época, Nestório adotou uma posição que, tal como a dos arianos, enfatizava a humanidade do filho de Deus, mas acabou rejeitada pelos ortodoxos como herética. Os monofisistas, em contraste, afirmavam a sua divindade. As crenças nestorianas e monofisistas eram populares nas regiões orientais do império, especialmente entre sírios e egípcios. As autoridades ortodoxas perseguiram nestorianos e monofisistas na Síria, no Egito e em outros lugares.

A maioria dos nestorianos sírios acabou trocando Bizâncio pela Pérsia. Satisfeitos por poder dispor de uma versão alternativa e rival do cristianismo para jogar na cara dos bizantinos, os sassânidas acolheram calorosamente esses refugiados da religião. Com o passar do tempo, os missionários nestorianos disseminaram a sua versão do cristianismo Ásia Central adentro e até na China, onde comunidades nestorianas existiram até o século XI. Os monofisistas sírios, em contraste, permaneceram majoritariamente em seus torrões bizantinos, que também acabaram tomados pelos árabes.

Os nestorianos eram, portanto, descendentes dos sírios bizantinos que se haviam estabelecido no Iraque persa antes de sua conquista pelos árabes. Os sírios foram um dos grupos étnicos dominantes de Bizâncio antes da conquista, e continuaram sendo depois dela, embora a maior parte da população vivesse agora nas áreas conquistadas. Na época de Hunain, a maioria falava o persa como primeira língua, mas, tal como ele, muitos eram familiarizados com o siríaco e o grego, ambos usados na liturgia, e com o árabe, a língua da classe governante com a qual mantinham estreitas ligações.

---

[4] Galeno, um grego do século II, foi a maior autoridade médica do mundo antigo. Em *Sobre a demonstração*, ele destaca a importância da lógica na "demonstração" das verdades médicas.

Os sírios instruídos dos tempos de Hunain – e eles eram muitos – se consideravam descendentes dos antigos babilônios ou, alternativamente, dos assírios, cujos impérios haviam disputado o Crescente Fértil antes da ascensão da Pérsia. Todavia, os sírios eram relacionados aos árabes, e sua língua nativa, o siríaco, uma língua semítica (como o árabe e o hebraico) que evoluíra do aramaico, a língua de Jesus. A semelhança do siríaco com o árabe jogaria um papel-chave nas traduções, dado que era necessário um esforço relativamente pequeno para traduzir para o árabe uma obra grega que já existisse em siríaco. Muito mais difícil era traduzir diretamente do original grego para o árabe. Foi assim que a maioria das obras gregas traduzidas para o árabe passou pelo estágio intermediário do siríaco.

A partir dos séculos V e VI, as controvérsias religiosas e, mais tarde, as missões ao Oriente estimularam entre os sírios a demanda por textos religiosos em seu próprio idioma. As primeiras traduções eram fundamentalmente escritos bíblicos e patrísticos. Muito antes das conquistas árabes, durante o próprio processo de formação de sua escola de tradução grego-siríaco, os sírios se voltaram também para a cultura secular criando uma literatura profundamente influenciada pelas formas literárias gregas.

Apesar de ter sido, provavelmente, o tradutor mais importante dessa tradição, Hunain com certeza não foi o único. Uma amostra representativa de seus ilustres predecessores teria de incluir o patriarca nestoriano do século VIII Timóteo I, um bibliófilo erudito que traduziu para os abássidas os *Tópicos* de Aristóteles e outras obras, revigorou o clero nestoriano e levou o esforço missionário ao seu ápice; Jacó de Edessa, um bispo nestoriano no século VII que (como muitos destes) estudou grego em Alexandria; e o professor de Jacó, Severo de Nisibis, o mais importante intelectual sírio do século VII, também bispo nestoriano, polímate, tradutor, astrônomo e lógico, fluente em grego e persa, mas orgulhoso, exageradamente até, de sua cultura síria.

Os sírios tinham um sentido inabalável de seu lugar no centro do Universo. Na Antiguidade tardia, o estereótipo do homem santo era um sírio, como Simeão, o Estilita, que viveu no século V em reclusão contemplativa do lado de fora da cidade síria de Antioquia – primeiro numa cisterna vazia, depois acorrentado a uma pedra numa pequena cela e, finalmente, sobre uma pequena plataforma instalada no alto de uma coluna – *stylos* – de 15 metros de altura. Este famoso asceta cristão atraiu peregrinos de lugares tão distantes quanto a Bretanha, Gália e Espanha, no Ocidente, e Armênia e Pérsia, no Oriente. Todos queriam tocá-lo, em parte o motivo pelo qual ele aumentou a altura da coluna, originalmente muito mais baixa porque servia apenas para afastá-lo do mundo do pecado, mas, mais tarde, de seus próprios adeptos também. Simeão lançou moda no ascetismo. Colunas com monges encarapitados começaram a brotar como cogumelos, que é o que verdadeiramente pareciam.

Este era o mundo dos sírios helenizados – brilhantes, poliglotas, devotos e presumidos. Para os abássidas, os sírios eram uma fonte preexistente e acessível de talento e conhecimento em cultura grega, núcleo indissolúvel do movimento de tradução.

Na época das conquistas árabes, os sírios helenizados usufruíram de uma extensa rede de monastérios e escolas nas áreas conquistadas. Essas escolas constituíram a mais importante estrutura institucional voltada à transmissão da cultura secular grega aos árabes. Em contraste com a alquebrada Bizâncio, o Crescente Fértil árabe era pontilhado de sólidas e prósperas escolas sírias que ofereciam estudos gregos. Antioquia, Edessa e Qinnasrin, no oeste; Nisibis e Mosul, no Iraque; a famosa Jundi-Shapur a leste, bem adentro do Irã – cada uma com sua especialidade e tradições – eram os principais centros mundiais de helenismo, herdeiras da própria Alexandria. Apesar de originárias, em última instância, do meio cultural bizantino, na época da conquista essas escolas eram muito mais sofisticadas do que qualquer coisa que Constantinopla pudesse oferecer.

Majoritariamente nestorianas, as escolas tiveram amplo apoio dos sassânidas. Nisibis, a maior delas, que no século V herdara a liderança de Edessa, era tida como o coração da cultura nestoriana. Embora a teologia ocupasse lugar de honra em todas elas, os nestorianos eram também interessados em ciência e medicina, áreas que atraíram o apoio dos sassânidas e mais tarde dos abássidas.

Sob essas duas dinastias, os nestorianos desfrutaram de um quase monopólio da medicina. Dizia-se que o pai de Hunain, Ishaq, estudara medicina quando jovem em Bagdá e Jundi-Shapur, onde um famoso hospital de clínicas complementava o curso. Tal como Hunain, cujo filho Ishaq ibn Hunain[5] também se tornou um famoso tradutor, muitos dos mais importantes tradutores pertenciam a famílias cujas atividades se transmitiam de geração em geração. A principal dinastia médica nestoriana foi a Buktishu, mas houve também a Masawayh, a al-Tayfuri e a Serapion, clãs entrelaçados associados sobretudo à escola de Jundi-Shapur.

Dado que todos os textos médicos importantes eram gregos, havia uma conexão lógica entre a medicina e a tradução. O mesmo valia para outras áreas. Além da medicina, os alunos das escolas nestorianas estudavam também filosofia, música, matemática, geografia, zoologia, botânica, meteorologia e astronomia, além de gramática básica e retórica.

O professor de Hunain em Bagdá foi ninguém menos que o médico pessoal de al-Mamun, um nestoriano severo e de língua afiada chamado Yuhanna ibn Masawayh, descendente de uma das mais importantes dinastias. Yuhanna, possuidor do que se poderia qualificar como um senso de humor singularmente macabro e irônico, fita-nos desde as fontes com o desvelo de um condor faminto. Ele não apenas protestou contra a decisão do califa de proibir a dissecação para propósitos médicos como indicou o próprio filho, cujos dotes intelectuais deviam estar abaixo de suas expectativas, como candidato à vivissecção:

> Não fosse pela intromissão do soberano num assunto que não lhe compete, eu teria dissecado vivo este meu filho da mesma forma como Galeno dissecava homens e macacos. Dissecando-o eu teria descoberto as razões de sua estupidez, livrado o mundo de seu gênero e criado conhecimento para os outros com o que descreveria num livro: a composição de seu corpo e o caminho de suas artérias, veias e nervos. Mas o soberano o proíbe.

---

[5] *Ibn* significa "filho de", de modo que Hunain ibn Ishaq é a versão árabe de "João, filho de Isaac", ao passo que Ishaq ibn Hunain significa "Isaac, filho de João". Era costume dar aos filhos o nome dos avós paternos.

Yuhanna não foi substancialmente mais tolerante com o jovem Hunain. Irritado com suas infindáveis perguntas, em pouco tempo o dispensou da escola de medicina.

Dizem as fontes que Hunain passou os anos seguintes viajando e estudando grego. Os lugares que teria visitado nessa temporada são incertos (é quando se diz que ele foi "às terras dos gregos"), mas, quando reapareceu em Bagdá, já adquirira considerável domínio do idioma pelo qual se faria famoso a ponto de se dizer que recitava de memória passagens de Homero.

Hunain se reconciliou com seu antigo professor Yuhanna, que demonstrou a sinceridade tanto de seu arrependimento como de sua curiosidade anatômica, pedindo-lhe que traduzisse *Sobre a anatomia das veias e artérias*, *Sobre a anatomia dos nervos* e mais sete outras obras de Galeno. De todo modo, Hunain preferiu não se arriscar (escapando de uma potencial vivissecção) e deixou registrado que, nessas traduções em especial, "se esforçou para expressar o significado da forma mais clara possível, pois este homem é muito direto em seu discurso e insiste nisso o tempo todo".

Depois de estudar árabe em Basra e terminar sua formação médica em Jundi-Shapur, Hunain retornou a Bagdá, onde al-Mutawakkil, um dos sucessores de al-Mamun, finalmente o indicou para o posto de médico da corte, anteriormente ocupado por Yuhanna. Em nenhum momento, porém, Hunain se afastou das traduções, cuja elevada demanda permitia que profissionais como ele cobrassem ótimos preços por seu trabalho. Os pedidos provinham da corte abássida e de seus cortesãos, de funcionários civis e de militares, mas também de médicos, cientistas, filósofos e eruditos. Como com os próprios tradutores, muitos dos clientes mais ricos eram membros de dinastias cujo mecenato abarcava gerações. Há registro de que um desses clãs, o famoso Banu Musa, ou "Filhos de Musa", pagava 500 dinares mensais – cerca de 24 mil dólares norte-americanos a preços de hoje, segundo um especialista – "por serviços de tradução em tempo integral". Com tais preços, o movimento de tradução podia e lograva atrair os melhores talentos. Os Banu Musa teriam patrocinado Hunain apresentando-o a al-Mamun e ajudando-o em sua carreira.

Hunain tem a seu crédito centenas de traduções em medicina, filosofia, astronomia, matemática, mágica e interpretação de sonhos, além de uma elogiadíssima versão do Velho Testamento. Escreveu também cerca de uma centena de livros, muitos deles resumindo suas traduções. Os filólogos modernos consideram suas técnicas incrivelmente avançadas – essencialmente as mesmas atualmente em uso, ainda que reinventadas 800 anos mais tarde, no Ocidente, por Lorenzo Valla e seus sucessores. Os críticos textuais têm usado muitas de suas traduções para restaurar textos gregos originais em casos em que não há manuscritos remanescentes.

O autor mais bem representado na obra de tradução de Hunain é Galeno. A *Risala*, registro que ele mesmo mantinha de suas traduções galênicas, contém 129 entradas e se acredita que esteja incompleto. Cerca de três quartos de suas traduções foram do grego para o siríaco. Em muitos casos, alunos como Ishaq e Hubaish executaram mais tarde a tarefa mais simples de traduzi-los do siríaco para o árabe. A *Risala* mostra que as versões siríacas foram feitas para clientes cristãos e as árabes para muçulmanos, o que nos dá uma noção de até que ponto os nestorianos dominavam a profissão médica. A maior parte das versões siríacas se perdeu.

A *Risala* é um recurso de valor incalculável para os estudiosos modernos, uma vez que as notas de Hunain em cada obra de Galeno contêm observações e informações sobre tópicos como a qualidade das traduções anteriores, a disponibilidade de manuscritos, as expectativas dos clientes e muitos outros. Em especial, muitas entradas ilustram seus métodos de trabalho com riqueza e precisão. Aqui ele registra seu trabalho com um texto de Galeno, *Sobre a dissecação*, que levou vários anos:

> Eu o traduzi [para o siríaco] quando jovem... a partir de um manuscrito grego bastante imperfeito. Quando eu contava cerca de 40 anos, meu discípulo Hubaish, que recolhera certo número de manuscritos [gregos], me pediu para corrigi-lo. Eu então os cotejei, a fim de produzir um manuscrito correto, comparei esse manuscrito com o texto em siríaco e o corrigi. Costumo proceder dessa maneira em todo o meu trabalho de tradução.

Alguns anos mais tarde, eu o traduzi para o árabe a pedido de Abu Jafar Mohamed ibn Musa.

O maior problema geralmente enfrentado pelos tradutores não era a dificuldade do grego em si, mas a escassez de manuscritos precisos e em bom estado. Isso talvez tenha contribuído para gerar, mais tarde, o mito das viagens de Hunain a Bizâncio em busca de textos.

Hunain e seu grupo produziram o mais importante corpo de trabalho do movimento de tradução. Além dos livros médicos de Galeno e outros, eles foram também responsáveis pela tradução de uma vasta quantidade de obras filosóficas importantes, como as de Platão (*Sofista, Timeu, Parmênides, Críton, Leis, Crátilo, República, Fédon* e *Eutidemo*) e Aristóteles (*Categorias, Hermenêutica, Primeiros analíticos, Analíticos posteriores, Sofística, Tópicos, Retórica, Física, Sobre os céus, Sobre a geração e a corrupção, Tratado dos meteoros, Livro dos animais, Sobre a alma, Sobre as plantas, Metafísica* e *Ética a Nicômaco*).

O espetacular sucesso de Hunain como tradutor pode ter sido parcialmente obscurecido por um grande retrocesso em sua carreira ocorrido durante o reinado de al-Mutawakkil e tradicionalmente debitado à inveja de seus colegas nestorianos. Parece que Hunain professava ideias simpáticas ao movimento iconoclasta, prestes a encerrar seu ciclo de mais de um século de domínio na Igreja ortodoxa bizantina. Assim, ele divergia da linha nestoriana oficial que defendia a veneração dos ícones. Diz-se que alguns colegas nestorianos de Hunain o teriam convencido a cuspir num ícone, atitude que, como eles teriam previsto, ofendeu o patriarca nestoriano a quem eles próprios cuidaram de fazer chegar a notícia. Com a aprovação do califa, o indignado patriarca mandou açoitar e prender Hunain por seis meses, com a punição adicional do confisco de sua fortuna e – pior – de sua preciosa biblioteca.

A perda dos livros prejudicou em certa medida o trabalho de Hunain depois da libertação, algo a que se refere repetidamente na *Risala*. Na entrada referente ao ano 856, ele explica ao cliente Ali ibn Yahya, o qual encomendou a *Risala* e uma lista das obras traduzidas de Galeno, por que não pôde atender ao pedido:

Continuei a recusar sua demanda (isto é, a fazer uma lista de todas as traduções dos livros de Galeno) e a postergá-la para mais adiante por ter perdido, de um só golpe, todos os livros que reuni pacientemente no transcurso de minha vida adulta por todas as terras pelas quais viajei, de modo que nem mesmo o... livro em que Galeno enumera suas obras me restou.

Hunain retornou às boas graças de al-Mutawakkil ao curar de uma enfermidade um de seus cortesãos. Ele conta que o agradecido califa lhe concedeu três casas "completamente mobiliadas e repletas de livros", embora não fique claro se se trata de uma referência à biblioteca confiscada. Tampouco se sabe se Hunain conseguiu reaver seus livros, embora pareça ter escapado de outros atritos desagradáveis com a autoridade e prosseguido com suas traduções da melhor maneira possível, com ou sem a biblioteca. Reconduzido à antiga posição de médico da corte depois de libertado, ele conservou o posto até sua morte em 873. Sua vida abarca o reinado de dez califas, nove dos quais ele serviu com raros devotamento e distinção.

Capítulo 8

O Iluminismo Árabe

Numa das traduções de Galeno, Hunain ibn Ishaq comete uma omissão que indica à perfeição o espírito com que os tradutores e seus clientes enfocavam o legado grego. O texto que ele está traduzindo é, muito a propósito, *Sobre os nomes médicos*, e a omissão uma breve citação, por Galeno, do dramaturgo cômico ateniense Aristófanes, cuja visão satírica da política e da vida social da Atenas clássica tanto contribuiu para preencher (e dar vida) a imagem que temos da Grécia antiga.

Em uma nota, Hunain dá duas razões para sua omissão:

Não domino a linguagem de Aristófanes, tampouco estou familiarizado com ela. Daí a minha dificuldade de entender a citação e a decisão de omiti-la. Eu tinha uma razão adicional para omiti-la. Ao lê-la, não encontrei nada mais do que Galeno já dissera anteriormente. Achei, então, que não devia mais me ocupar dela e tratar de coisas mais úteis.

Deixando de lado as inconsistências internas de sua explicação (se ele conseguiu traduzir a citação, por que a dificuldade seria em si mesma uma boa razão para omiti-la? Se, por outro lado, não conseguiu, como poderia ter certeza de que ela não continha nada de útil?), suas razões são reveladoras por si mesmas.

A primeira razão nos mostra que, a despeito de sua proficiência em grego médico e científico, o conhecimento de Hunain não abarcava mais do que uma pequena fatia do que era na realidade uma grande torta linguística. Isso não constitui surpresa para nenhum estudante de línguas, acostumado aos desafios da passagem de um autor a outro dentro de um mesmo gênero e, pior, da passagem de um a outro gênero. Pode-se passar por Heródoto com facilidade e se complicar com Tucídides; e se atrapalhar mais ainda ao passar de qualquer desses historiadores para, digamos, Ésquilo ou Eurípides. Para além dos desafios da novidade a que alude Hunain, o fato é que alguns autores são mais difíceis do que outros. Tucídides, por exemplo, é indubitavelmente mais difícil que Heródoto; Aristófanes também é mais difícil que Heródoto, mas não tão difícil quanto Ésquilo ou Eurípides.

Comparada com essas obras beletrísticas, a escrita científica tende a ser linguística e estilisticamente mais direta, o que torna ainda mais duvidosa a atitude de Hunain. Mesmo Platão, notório por sua prosa delicada e sutil, apresenta poucos obstáculos linguísticos para quem está mais preocupado com a essência do que com a nuança. Isto vale em dobro para textos científicos, que por serem primordialmente destinados à veiculação de informações práticas, têm como principal desafio o vocabulário técnico. O leitor que o domina navega em águas relativamente tranquilas. (Razão pela qual é bem a propósito que a obra cuja citação de Aristófanes Hunain omitiu tratasse da terminologia médica.) Tais considerações ajudam a explicar por que o grande Hunain se confundiu com uma citação que qualquer estudante britânico medianamente dotado do século XIX teria boas chances de entender.

A segunda razão de Hunain sublinha as aplicações práticas da escrita científica e mostra que os tradutores e seus clientes priorizavam tal finalidade em quase total detrimento de todas as outras. Que outro motivo o levaria a omitir uma citação que não contribui com nada de "útil" para a discussão?

A ideia, em outras palavras, não era fazer uma versão fiel do texto original tal como escrito pelo autor, que é como concebemos a tarefa da tradução. O objetivo maior de Hunain e seus pares era dar acesso à informação positiva contida no texto. Nada mais importava, muito menos a intrusão de uma voz cômica cujos trocadilhos sexuais e sátiras profanas seriam ofensivos e irrelevantes para os cristãos sírios, mesmo que a linguagem não fosse impenetrável.

Este enfoque exclui uma parte considerável daquilo que entendemos como literatura grega, incluindo (para pegar dois exemplos notórios) poesia e história, gêneros de escrita que abarcavam os interesses originais dos humanistas italianos. O movimento de tradução greco-árabe de Bagdá está tão distante quanto possível do classicismo obsessivo e exaustivo dos florentinos do *Quattrocento*, como Niccolò Niccoli.

O movimento durou pouco mais de dois séculos, sendo o ano 1000 uma data apropriada para o seu término. Por essa época, a maior parte dos textos "úteis" já havia sido traduzida.

O movimento de tradução colocou o islã ante a presença imponente da filosofia grega, parte integrante do corpo de conhecimento "útil" que os sírios disponibilizaram aos árabes. Judeus e cristãos também tiveram de enfrentar, é claro, este legado de livre inquirição, mas os filósofos árabes foram mais bem-sucedidos no desenvolvimento da tradição racionalista materializada na filosofia grega. Onde outros estagnaram, eles seguiram adiante.

Muitos estudiosos ocidentais supuseram que o movimento de tradução acabou porque os árabes perderam o interesse na matéria, mas este claramente não foi o caso, dado que a ciência e a filosofia árabes continuaram a abrir novos caminhos até muito tempo depois. Mais provavelmente, o movimento de tradução acabou precisamente *porque* os cientistas e filósofos árabes abriram novos caminhos, em que os gregos já não tinham o que lhes ensinar. Todas as obras relevantes havia muito estavam traduzidas e o material grego que deflagrara o Iluminismo árabe já não ocupava um papel de vanguarda.

A Falsafa

Tal movimento é conhecido em árabe como *falsafa* – a palavra grega *philosophia* transliterada para o árabe – e seu praticante como *faylasuf* – outra transliteração, agora do grego *philosophos*. O *faylasuf* se propunha a viver de acordo com a razão, tida como o princípio ordenador do Universo. Adeptos da razão e do entendimento racional do Cosmo, os *faylasufs* se punham à margem dos dois outros grupos influentes da cultura abássida, os ulemás, doutores da lei islâmica, e os *adibs*,[1] poetas diletantes hedonistas que rondavam a corte.

Ao contrário da filosofia moderna, a *falsafa* era considerada uma atividade eminentemente prática. Em geral os *faylasufs* se dedicavam às duas mais importantes "ciências aplicadas", a medicina e a astrologia, com a matemática e a astronomia integradas a esta última.

Num Cosmo racional – supunha-se –, as ações das estrelas e planetas deviam ter consequências mensuráveis sobre a vida terrena, cuja previsão e quantificação eram o objetivo da astrologia. Os *faylasufs* também se dedicavam ativamente à alquimia – outra área da literatura grega que nosso ponto de vista moderno não costuma associar à razão, embora Isaac Newton, um paradigma do racionalismo ocidental, tivesse um profundo interesse em ambas. Foi em parte devido a tais sortilégios, em parte devido a outras atividades, que reconheceríamos como racionalistas, que os *faylasufs* se tornaram alvos da oposição dos ulemás.

O primeiro *faylasuf* árabe foi o venerável al-Kindi, por muitos chamado o "filósofo dos árabes". Contemporâneo de Hunain, al-Kindi era membro da aristocracia árabe de Kufa, onde seu pai era governador, e foi educado em Basra e Bagdá, onde desfrutou da proteção de três califas. Grande admirador de Aristóteles, sua prodigiosa produção literária reflete uma gama de interesses verdadeiramente aristotélica: lógica,

---

[1] *Adibs* eram os adeptos da *adab*, um modo de vida sofisticado e assumidamente "estético" – o Círculo de Bloomsbury de Bagdá –, às vezes traduzido para o inglês como "humanismo". Todavia, a *adab* não tem nenhuma relação com o revivescimento clássico que definiu o humanismo ocidental.

metafísica, geometria, matemática, música, astronomia, astrologia, teologia, meteorologia, alquimia e a alma, entre outros temas. Seu enfoque era enciclopédico, buscando resumir toda a informação conhecida em cada um desses campos, o que incluía o saber das fontes gregas, mas também das indianas e caldeias. Em seus escritos teológicos, al-Kindi defendia a unidade de Deus e sustentava a validade da revelação corânica por meio da lógica silogística de Aristóteles, mas insistia que a revelação está acima da razão.

Dificilmente se poderia dizer o mesmo da segunda grande figura da filosofia árabe, o persa Abu Bakr al-Razi, conhecido no Ocidente como Razes, platônico e livre-pensador radical cujo racionalismo linha-dura rejeitava totalmente a revelação como caminho para a verdade. Nascido em Rayy, Pérsia (donde al-Razi, "o rayyense"), Razes estudou medicina em sua cidade natal e em Merv antes de ir para Bagdá, onde veio a ser um célebre médico e filósofo que se dizia o novo Hipócrates da medicina e o novo Sócrates da filosofia. Seu platonismo áspero lembra, mais que qualquer outro, o de Georgios Gemistos Pletho.

Na geração que se seguiu a Razes, a causa da razão foi assumida pela imponente figura de Mohamed al-Farabi, dito Alpharabius em latim. Supostamente um turco cujo pai servira na guarda pessoal do califa, al-Farabi estudou com importantes *faylasufs* em Bagdá antes de se mudar para Aleppo, na Síria, onde serviu na corte do príncipe-guerreiro-poeta Saif al-Dawla, protetor da filosofia grega e flagelo militar dos bizantinos. Também al-Farabi sustentava a supremacia da razão, com espaço, porém, para a revelação, que, no seu entender, constituía uma versão palatável, em forma simbólica, de verdades que eram tanto mais significativas quanto menos facilmente explicáveis por meios racionais. Al-Farabi tentou provar a existência de Deus esboçando a famosa prova ontológica mais tarde expressa no Ocidente por Santo Anselmo.[2] Se, por um lado, como Razes, al-Farabi punha a razão em primeiro lugar,

---

[2] Anselmo, um dos fundadores da escolástica no século XI, propunha que um Deus perfeito tinha de existir porque, se não existisse, não seria perfeito. É claro que a lógica passou a quilômetros daqui.

por outro, tinha menos confiança do que ele na capacidade das massas de empregá-la, razão pela qual considerava a revelação mais adequada ao consumo cotidiano.

A maior parte dos eruditos modernos caracterizou como sociais e políticos os interesses últimos de al-Farabi. Se al-Kindi resumiu um corpo eclético, mas majoritariamente aristotélico, de conhecimento científico, e Razes baseou seu pensamento individualista (e praticamente ateu) fundamentalmente nos escritos de Platão, al-Farabi aplicou toda a potência da síntese neoplatônica na questão do que constituiria uma sociedade islâmica ideal, que descreveu como "a cidade virtuosa". Al-Farabi basicamente tomou o famoso ideal do "rei filósofo" de Platão e o assimilou ao ideal monoteísta do profeta. O profeta (ou califa, ou imame), ao mesmo tempo depositário da revelação divina e possuidor da razão mais elevada, é também o governante ideal – uma conveniente mescla de utopia neoplatônica e teocracia islâmica.

O mais influente de todos os *faylasufs*, Abu Ali ibn Sina, conhecido no Ocidente como Avicena, baseou-se na abrangente construção neoplatônica de al-Farabi, mas não para usá-la como alicerce da sociedade islâmica ideal. O seu maior interesse era saber como o neoplatonismo de al-Farabi podia relacionar-se com as particularidades da sociedade islâmica tal como ela se desenvolvera e, em especial, com a xariá – a lei islâmica. Avicena viveu entre o fim do século X e o começo do XI e escreveu cerca de 300 obras, embora não seja sua produtividade o que o distinga dos demais – uma vez que todos esses *faylasufs* eram espantosamente prolíficos para os padrões modernos. O estilo claro e elegante de Avicena era o que dava aos seus escritos um apelo literário que transcendia o estreito mundo da *falsafa*. E foi este público mais amplo que garantiu não apenas a sobrevivência de boa parte de sua obra, mas também uma identificação sua com o neoplatonismo muito mais forte do que foi o caso de al-Farabi, ainda que ele próprio tenha reconhecido sua dívida para com o ilustre predecessor.

Ao contrário de al-Farabi, sobre cuja vida quase nada se sabe, Avicena deixou uma autobiografia que nos dá um quadro bastante completo do homem. Nascido na Ásia Central, nas proximidades de

Bukhara, Pérsia (atual Uzbequistão), Avicena foi, segundo ele próprio, desde cedo reconhecido como uma espécie de prodígio. Ainda jovem mudou-se com a família para Bukhara, onde estudou religião, poesia árabe, medicina, ciências e matemática com vários professores famosos. Aos 10 anos sabia de cor o Corão, e aos 16, ele nos conta, era procurado para aconselhar médicos mais velhos e desde muito estabelecidos.

Avicena atingiu a maioridade no crepúsculo da dinastia persa samânida, um dos muitos poderes regionais que se espalharam pelo mundo islâmico durante o declínio do poder abássida no século IX. Generosos protetores da cultura e das artes, os samânidas estabeleceram sua capital em Bukhara, de cujas fantásticas bibliotecas Avicena nos diz ter se beneficiado lendo tudo o que lhe caía nas mãos. Uma única página de seu intelecto permaneceu em branco apesar de todo o seu brilhantismo – a da filosofia metafísica. Ele nos conta ter lido quarenta vezes uma tradução da *Metafísica* de Aristóteles sem conseguir dar um passo adiante. Só quando descobriu o comentário de al-Farabi sobre o livro foi que seu significado subitamente se lhe revelou. Al-Farabi continuaria a ser o seu exemplo. Há até quem considere que a mais importante realização de Avicena foi aperfeiçoar e difundir as ideias de al-Farabi.

Avicena conquistou a proteção do governante samânida Nuh ibn Mansur ao curá-lo de uma doença. Todavia, ainda antes que ele completasse 20 anos, os samânidas sucumbiram ao poder ascendente dos gaznavidas, um grupo de soldados-escravos turcos que se ergueu para reclamar o poder. Depois de peregrinar por algum tempo, Avicena arranjou um lugar na corte de um príncipe buída em Hamadan, Pérsia ocidental. E lá ficou, produzindo uma imensa quantidade de obras ao longo de uma carreira mais parecida com uma montanha-russa de intrigas palacianas, com duas temporadas no cargo de vizir (primeiro-ministro), intercaladas por períodos de desfavor, e até de prisão. Acostumado a superar as pressões de sua existência precária à base de sexo e bebida, Avicena morreu aos 58 anos de idade, depois de tentar uma automedicação não convencional para problemas estomacais.

A obra magna de Avicena é o *Kitab al-Shifa*, ou *Livro da cura*, uma imensa compilação em 15 volumes da cultura grega e seu desenvolvimento árabe que se tornaria conhecida em latim como *Sufficientia* e que ele mesmo condensou, proveitosamente, sob o título *Kitab al-Najat*, ou *Livro da salvação*. Sua introdução ao *Livro da cura* descreve a obra como de natureza expositiva, um esforço para apresentar os aspectos mais importantes da tradição filosófica e científica até então existente.

AL-GHAZALI E AVERRÓIS

Comentadores ocidentais culparam muitas vezes um importante escritor da geração seguinte, Abu Hamid al-Ghazali, de exaltar o misticismo e desacreditar a razão no mundo islâmico, assim contribuindo para o fim da *falsafa* e do legado grego no islã. Esses mesmos comentadores incensaram o *faylasuf* do século XII Abu al-Walid ibn Rushd, Averróis para o Ocidente, por se opor a al-Ghazali e lutar na retaguarda em defesa da razão. Embora tenha fracassado no mundo islâmico, esse esforço teve momentosas consequências para a civilização ocidental. O pensamento de Averróis – com a visão aristotélica que carregava dentro de si – foi retomado mais tarde por escolásticos, como Santo Tomás de Aquino.

Al-Ghazali nasceu em Khorasan, perto da cidade de Tus, onde recebeu uma sólida educação em jurisprudência e teologia islâmicas (*kalam*). Com pouco mais de 30 anos, já havia conquistado o cobiçado posto de chefe de uma importante madrassa (escola religiosa) de Bagdá. Em sua autobiografia, *Resgatando do erro*, ele nos diz que depois de três anos estudando a *falsafa* e instruindo mais de 300 alunos, acabou entrando numa desesperada crise de fé que o tornou incapaz até de ensinar. A depressão o levou a deixar a madrassa e se unir a um grupo de sufistas, místicos muçulmanos cujas tradições de comunhão contemplativa com Deus fazem deles o equivalente islâmico dos hesicastas bizantinos. Al-Ghazali emergiu de seu retiro com os sufistas convertido ao caminho místico, pelo qual renunciou à teologia e à filosofia por considerá-las inadequadas e assumiu a experiência direta do divino como único caminho viável para se aproximar de Deus.

Tal como Gregório Palamas cerca de três séculos depois, al-Ghazali rejeitava a ideia de que a razão pudesse dizer qualquer coisa de significativo sobre Deus. Também como Palamas (e outros teólogos bizantinos), ele suspeitava que o mesmo fosse verdade para a teologia, que em ambas as religiões acabava influenciada – contaminada, pode-se dizer – pelo viés racionalista grego. Al-Ghazali acreditava que a aptidão mística era como qualquer outro talento, no sentido de que nem todos a possuíam, e que quem não a possuísse não poderia ter nenhum ou quase nenhum contato com o divino. Para essas pessoas, ele admitia, a teologia seria de pouca utilidade, nada mais que um pálido sucedâneo e somente se manejada com cautela.

O grande ataque de al-Ghazali contra a *falsafa*, em especial a *falsafa* tal como representada por al-Farabi e Avicena, intitula-se *A incoerência dos filósofos*. Apesar de devastadora na exata medida indicada pelo título, sua crítica não se propunha a erradicar a *falsafa*; ao contrário, admitia a *limitada* utilidade da razão nas áreas em que se podia chegar à certeza (como a lógica e a matemática) ou relativas ao entendimento do mundo material (como a ciência e a medicina). No final, porém, ele diz que o melhor é aceitar o mundo como criação de Deus sem procurar entendê-lo.

As pretensões metafísicas dos *faylasufs* eram motivo de particular irritação para al-Ghazali, que as via como esforços de especulação racionalista a invadir territórios exclusivos da religião. Ele lançou três acusações principais aos filósofos ditos emanacionistas, erros que, segundo ele, levavam à heresia: primeiro, eles sustentavam a eternidade do mundo, o que não deixava lugar para o Criador; segundo, afirmavam que Deus conhecia os universais, mas não os particulares, tornando-O menos que onisciente; terceiro, negavam a ressurreição do corpo, que segundo as autoridades religiosas viria para todos no Juízo Final. Tais erros tornavam a *falsafa* perigosa, especialmente para as massas fracas de espírito. Mesmo não tendo desferido um "golpe de morte" na *falsafa*, o livro de al-Ghazali veio a ser, é fato, um clássico amplamente difundido que diminuiu o prestígio dos *faylasufs* e aumentou o dos sufistas em todo o mundo islâmico.

Uma geração depois da morte de al-Ghazali e a cerca de 5 mil quilômetros de Tus, na distante fronteira oriental do mundo islâmico, o futuro erudito religioso e *faylasuf* conhecido no Ocidente como Averróis nascia em Córdoba, a espetacular capital de al-Andalus (Espanha mourisca). Seu avô fora um importante cádi – juiz islâmico – e sua família tinha um papel preeminente na liderança religiosa exercida por Córdoba. Seguindo a tradição familiar, ainda menino Averróis estudou exaustivamente teologia e jurisprudência islâmicas, além de medicina e literatura árabes. Aos 40 anos, foi nomeado cádi da cidade vizinha de Sevilha e dois anos mais tarde grande cádi de Córdoba.

Averróis viveu e trabalhou num ambiente cultural muito diferente daquele que havia no Oriente islâmico. Enquanto Bagdá e as ricas terras orientais experimentavam o movimento de tradução e a ascensão da *falsafa*, al-Andalus era um remanso intelectual governado por um ramo sobrevivente da dinastia omíada. No século X, porém, Córdoba se transformara na cidade mais pujante da Europa Ocidental, pontilhada de palácios e mesquitas (a grande mesquita de Córdoba foi concluída em 976) e famosa por seus luxuosos tecidos, couros e joias. Com a dissolução da dinastia omíada no século XII, a al-Andalus da época de Averróis foi governada por uma dinastia de muçulmanos puritanos, chamados almôades, que defendiam o retorno a práticas islâmicas severas, como a obrigatoriedade do véu para as mulheres e a abstenção de álcool.

A *falsafa* já se estabelecera em al-Andalus na época em que os almôades ascenderam ao poder. A segunda maior figura da *falsafa* de al-Andalus, Ibn Tufayl, médico da corte do califa almôade e professor e protetor de Averróis, lutou para conciliar al-Ghazali com Avicena, aceitando a supremacia da iluminação mística sobre a razão de al-Ghazali, mas defendendo o pensamento de Avicena de seus ataques. Ibn Tufayl apresentou Averróis à corte, na qual este viria a substituí-lo como médico após sua morte. A essa altura Averróis já iniciara seus estudos de Aristóteles e levava algum tempo como astrônomo amador observando os céus (diz-se até que descobriu uma nova estrela). Seu primeiro comentário aristotélico trata do livro de astronomia de Aristóteles *Sobre os céus*.

Foi provavelmente em 1159, ano em que Averróis escreveu essa obra, que Ibn Tufayl o levou para conhecer o futuro califa almôade Abu Yusuf, então governador de Sevilha. Um interessante relato dessa visita mostra o jovem e já erudito Averróis mudo de respeito na presença do futuro soberano, até que o príncipe almôade, ele próprio um adepto de temas astronômicos, quebra o gelo entrando em animada discussão com Ibn Tufayl, à qual Averróis acaba se juntando.

Diz-se que Ibn Tufayl convenceu Averróis a dar continuidade ao que viria a ser a obra de sua vida, instando-lhe que os textos de Aristóteles tinham absoluta necessidade de que alguém "explicasse seu significado de modo a torná-los acessíveis aos homens!". Os volumosos comentários sobre as obras de Aristóteles daí resultantes foram essencialmente conservadores, tendo por objetivo descartar os acréscimos recentes à tradição representados por *faylasufs* como Avicena e resgatar a "pureza" do verdadeiro pensamento do mestre. Este levou Averróis a rebater as acusações de al-Ghazali num livro cujo título, *A incoerência da incoerência,* fazia referências jocosas à obra de al-Ghazali antes mencionada. Se al-Ghazali afirmava a primazia da fé sobre a razão, Averróis dizia que a razão e a fé eram duas maneiras diferentes de se perceber a mesma verdade da criação de Deus e não poderiam, portanto, estar em conflito. Não eram incompatíveis.

Averróis sustentou, e até estendeu, o elitismo implícito na obra de *faylasufs* anteriores. Não só a *falsafa* era difícil de entender e, portanto, perigosa para as massas, a *kalam* (teologia) e o misticismo também. Em vez de buscar verdades profundas, a maioria das pessoas faria melhor em aceitar as questões de dogma que, segundo Averróis, garantiriam sua salvação. Formular esses dogmas era o papel do *faylasuf,* a única pessoa capacitada a fazê-lo com base na leitura rigorosa do Corão.

Em outras palavras, o caminho da salvação passava pelo dogma, um enfoque básico totalmente fora de compasso com o restante do pensamento islâmico, mas que ajudaria a tornar Averróis simpático aos pensadores ocidentais. Convenientemente acessíveis na vizinha Espanha, Averróis e seus comentários suscitariam, dentro de algumas décadas, a ascensão da escolástica; para Tomás de Aquino, cujo pensamento se baseou diretamente nos comentários aristotélicos de Averróis, este era simplesmente "o comentador". Assim ficou marcada a primeira redescoberta do legado grego pelo Ocidente, ainda antes do acesso mais amplo propiciado pelo Renascimento.

O Eclipse da Razão

O panorama expansivo e confiante que caracterizou inicialmente o Alto Califado acabou, porém, se anuviando. Ainda na época de al-Mamun, a endêmica instabilidade política dos abássidas começou a cobrar seu preço. O próprio al-Mamun só subiu ao trono depois de uma terrível guerra civil contra seu irmão na qual boa parte da Cidade Redonda foi destruída.

Depois de al-Mamun, Bagdá entrou em processo de gradativo declínio. Durante boa parte do século IX, os califas abássidas governaram – ou tentaram governar – desde Samarra, no norte do país, e ao retornar a Bagdá, deixaram a Cidade Redonda e passaram a construir seus palácios na margem oriental do rio Tigre. Forças externas – os buídas no século X e os turcos no século XI – encontraram grande facilidade para tomar a cidade e controlar os califas abássidas, agora meros testas de ferro. As trajetórias de *faylasufs* como Avicena revelam a crescente passagem do poder político para as mãos dos príncipes regionais. O erro de cálculo de al-Mansur alcançou a sua cidade e a sua dinastia.

Embora tenha demorado um pouco mais, alcançou também a *falsafa*. Tal como entre os cristãos, desde o começo havia entre os muçulmanos vozes contrárias ao racionalismo da herança grega. Os zelotes islâmicos haviam começado a atacá-la muito antes do fim do movimento de tradução, prenunciando as investidas posteriores contra os cientistas e filósofos árabes que deram continuidade ao movimento. Ainda no século IX, os eruditos religiosos condenaram as "ciências racionais" (*ulum aqliyya*) como uma ameaça mortal às suas "ciências religiosas" (*ulum naqliyya*).

Num esforço para conservar o poder e a legitimidade na instável Bagdá, al-Mamun tentou silenciar esses críticos à força, com desastrosas consequências para o destino da razão no mundo islâmico. Depois de cooptar o mutazilismo — vertente racionalista do islã baseada numa infusão de filosofia grega, reminiscente, sob certos aspectos, ao processo do cristianismo primitivo —, al-Mamun tentou impingi-lo a todos os muçulmanos por meio de uma inquisição racionalista, chamada Mihna, que mandava prender os doutores da religião e os obrigava a declarar a aceitação da doutrina mutazilista sob pena de tortura. Mesmo com o apoio de *faylasufs* como al-Kindi, Al-Mamun acabou fracassando. Depois de sua morte, seus sucessores foram obrigados a abandonar a Mihna.

A inquisição racionalista de al-Mamun facilitou à linha-dura islâmica a consumação de sua campanha contra a razão. A lembrança da famigerada Mihna foi por ela insistentemente invocada na luta que se seguiu e seu mais forte elemento unificador a longo prazo, o martírio do jurista Ahmad ibn Hanbal, maior adversário do mutazilismo e herói da luta contra sua imposição, preso e torturado por al-Mamun e seu sucessor, al-Mutasim, depois de se recusar a abjurar sua crença.

Ibn Hanbal morreu em 855, vários anos depois do abandono da Mihna. Antes de morrer, porém, ele fundou a escola de direito islâmico hanbali, a mais severa da xariá, hoje só observada na Arábia Saudita e que tem sido um importante manancial do movimento wahhabi, ramo saudita exaltado do islã. Este sistema religioso xenófobo e rancoroso tornou-se, por sua vez, o sustentáculo ideológico "islâmico" de Osama bin Laden e da al-Qaeda. Assim se disseminaram as ondas de choque da Mihna.[3]

Circunstâncias favoráveis à perspectiva da razão são relativamente raras na história. Com o declínio de Bagdá, os turcos chegaram para arre-

---

[3] O wahhabismo se apoia diretamente nos escritos de ibn Hanbal e de seu discípulo do século XIV, Taqi ibn Taymiyya, que viveu na época em que o declínio abássida deu ensejo ao surgimento de pequenos soberanos locais por todo o mundo islâmico. Ibn Taymiyya reagiu ao que via como lassidão religiosa desses soberanos, dizendo que somente a rigorosa adesão aos ensinamentos islâmicos lhes poderia dar legitimidade. Essa questão até hoje reverbera poderosamente no mundo árabe, assolado por ditadores e monarcas corruptos e jactanciosos.

batar das mãos dos árabes a liderança do mundo islâmico. No século XIII, os mongóis despedaçaram esse mundo, arrasando Bagdá e deixando para trás uma montanha de cadáveres. A Europa cristã finalmente se reuniu e passou à ofensiva, começando pelas Cruzadas e pela reconquista da Espanha. A prosperidade e a expansão penderam para o Ocidente, que, por meio desses contatos com o mundo islâmico, se deu conta pouco a pouco da imensa riqueza tecnológica e científica lá disponível.

A constrição, a adversidade e a perda da confiança cultural favorecem o apelo ao fanatismo religioso, à paranoia nativista e ao autoritarismo patriarcal. Sempre há alguém disposto a se promover com tais apelos. Depois de Averróis, os inimigos da *falsafa* passaram pouco a pouco a dominar a colcha de retalhos de pequenos mundos que constituía o mundo islâmico em geral, logrando estigmatizá-la como estrangeira e não islâmica. Embora tenha sobrevivido, a *falsafa* foi cada vez mais empurrada do núcleo para a fímbria da sociedade. Com a razão marginalizada, a ciência árabe estagnou. O mundo árabe ainda não produziu, até hoje, uma história abrangente de suas criativas contribuições à ciência, outrora a glória do Iluminismo árabe.

Os árabes ocuparam Jerusalém e a tomaram para si, mas circunstâncias adversas os levaram, metaforicamente, a abandonar Atenas. Foi a mesma escolha que os bizantinos haviam feito no Alto Medievo e voltariam a fazer na época do hesicasmo. Nesse interregno de decadência abássida, os bizantinos desfrutaram seu próprio período de expansão, de um alcance tal que, uma vez mais, foi suficiente para abarcar a ambos.

PARTE III

Bizâncio e o Mundo Eslavo

Capítulo 9

Uma ameaça vinda do norte

N uma tarde de verão do ano 860 – dia 18 de junho, para ser exato – teve início o mais penoso calvário que jamais experimentaria a maior parte dos habitantes de Constantinopla. A cidade estivera tranquila naquela manhã. O imperador Miguel III estava ausente, comandando o exército contra os árabes na Ásia Menor para tirar o máximo proveito do enfraquecimento abássida que se seguiu à morte de al-Mamun cerca de trinta anos antes. A frota também estava fora, enfrentando os árabes em algum lugar do Mediterrâneo. O império, que iniciara uma longa e demorada recuperação dos desastres dos séculos VII e VIII, buscava retomar a iniciativa contra seus inimigos. A própria capital não sofrera nenhum ataque direto em um quarto de século, período em que Bizâncio foi de sucesso em sucesso. Reinava uma atmosfera de considerável confiança.

A complacência dos bizantinos foi, no entanto, impiedosamente destroçada naquela tarde, quando 200 barcos surgiram na costa e, sem qualquer aviso, atacaram a capital. Num sermão aos assustados cidadãos reunidos sob o imenso domo de Santa Sofia, o douto Fócio, patriarca de Constantinopla, descreveu o imprevisto e misterioso assalto: "Aquilo não se parecia em nada com outros ataques de bárbaros; a surpresa, a rapidez inusitada, a desumanidade da tribo bárbara, a rudeza de suas maneiras e a selvageria de seu caráter proclamam ter sido este golpe desferido como um raio de Deus."

Fócio, cujos sermões são a única fonte contemporânea para esse acontecimento, descreve o terror com que os bizantinos reagiram:

> Vocês se lembram daquela hora insuportavelmente amarga em que os navios bárbaros caíram sobre vocês exalando o seu hálito cruel, selvagem e assassino? Em que o mar... esparramou sua superfície polida e serena propiciando-lhes uma navegação tranquila e agradável enquanto lançava contra nós as ondas bravias da guerra? Em que os barcos passaram na frente da cidade exibindo seus homens com as espadas erguidas? Em que toda esperança dos homens se esvaiu e a cidade teve de se ancorar no auxílio divino?

O choque do assalto foi ampliado pela inusitada direção de onde veio: os navios atacantes entraram despercebidos no Bósforo vindos do norte, de algum lugar do mar Negro. Durante séculos, a vigilância de Bizâncio estivera voltada para o leste e o sul, onde estavam seus inimigos mais ameaçadores, os árabes. Toda vigilância suplementar cuidava do oeste e do noroeste, por terra, de onde poderiam vir os eslavos, que ao longo dos últimos séculos haviam ocupado a Grécia e os Bálcãs. Os búlgaros, em especial, cercaram a cidade por terra diversas vezes no século IX, mas seus assaltos foram facilmente contidos pelas muralhas. Nunca antes Constantinopla fora atacada por uma frota vinda do norte.

"Por que razão este raio medonho caiu sobre nós vindo do norte distante?", perguntou Fócio, respondendo que Deus enviara essa desgraça sobre a capital como punição pelos pecados de seus habitantes.

Embora se tenham registrado missões diplomáticas anteriores vindas do norte, pouco se sabia sobre a sua origem. Um "povo obscuro", Fócio os chamou, "um povo insignificante, um povo de escravos... um povo que vive num lugar distante do nosso país, bárbaro, nômade, armado de arrogância, não vigiado, não desafiado, sem liderança", que, não obstante, "subitamente, num piscar de olhos... devorou os habitantes desta terra como um javali". Certamente alertados para o possível retorno do imperador, os saqueadores cessaram o ataque oportunista depois de duas semanas de pilhagem. Quando o imperador retornou com seu exército, fazia tempo que os atacantes se haviam evaporado nas vastidões setentrionais de onde saíram.

Naquele junho traumático, nem um único habitante da capital imaginaria que, num futuro ainda distante, aqueles "selvagens arrogantes" viriam a ser os melhores e mais fiéis aliados do Império contra inimigos de que ainda nem se ouvira falar. Muito menos poderia imaginar que séculos depois esse "povo insignificante" herdaria de Bizâncio a liderança da civilização cristã ortodoxa para se tornar sua grande esperança depois do aprisionamento dos gregos em seu longo cativeiro turco.

Por enquanto, supunha-se, os russos haviam ido embora. Mas eles voltariam.

A Chegada dos Eslavos

O ataque russo a Constantinopla em 860, o primeiro autêntico contato dos bizantinos com a nascente potência do norte, seria seguido de uma década de notáveis realizações bizantinas destinadas, em ampla medida, a lidar com a nova ameaça. Mas os bizantinos já conheciam, havia séculos, os populosos grupos de eslavos do sul estabelecidos nos Bálcãs, seus vizinhos imediatos.

Essa história começa no século V, quando as primitivas e populosas tribos eslavas iniciaram uma grande migração que transformaria a paisagem cultural da Europa Oriental. A terra de origem dos eslavos fica ao norte do mar Negro, na atual Ucrânia ocidental, mais ou menos entre os rios Bug, Pripet e Dnieper. Daí eles saíram em todas as direções, para oeste os ancestrais dos poloneses, tchecos e eslovacos, para o norte e o leste os que viriam a ser os russos, e para o sul os que se estabeleceriam na Grécia e nos Bálcãs. Praticando a agricultura e o pastoreio em pequena escala, esses pagãos analfabetos que cultuavam as forças da natureza se moviam a pé, lentamente, em pequenos grupos tribais, mas em poucos séculos já haviam ocupado uma ampla faixa de território que se estendia do Elba, a oeste, ao Volga, a leste.

Tudo isso provém de registros arqueológicos. Os eslavos só aparecem nos registros históricos a partir do começo do século VI, quando os grupos que vieram para o sul cruzaram a fronteira bizantina do Danúbio. Durante todo o meio século seguinte eles empreenderam ataques constantes contra os Bálcãs bizantinos, aterrorizando os habitantes romanizados e levando consigo colheitas e butins. Em meados daquele século as incursões começaram a se tornar mais longas, fazendo com que os atacantes, em pouco tempo, se convertessem em colonos. O imperador Justiniano, preocupado com sua ambiciosa reconquista da Europa e do norte da África, além da guerra contra a Pérsia, não deu a atenção necessária ao seu próprio quintal, a não ser quando já era tarde demais. Ciente do problema, ele mandara construir centenas de fortalezas nos Bálcãs, mas jamais empregou homens e dinheiro suficientes para torná-las fortes e permanentes. Nas décadas que se seguiram à sua morte, essas débeis defesas entraram em colapso.

No final do século VI, os eslavos desceram os Bálcãs até o Peloponeso, no extremo sul do continente grego. Num escrito de 585, o historiador sírio João de Éfeso relata que "um povo amaldiçoado, dito eslavônio", se assenhoreara de toda a península balcânica incluindo a Grécia, a Macedônia e a Trácia, chegando às muralhas da própria Constantinopla: "E até hoje ... vivem lá acampados ... enriqueceram com ouro e prata, rebanhos de cavalos e armas e aprenderam a lutar melhor do que os romanos, embora de início não passassem de brutos selvagens que não se aventuravam a sair de suas florestas."

Em seu afluxo para os Bálcãs, os eslavos aprenderam e aplicaram muitas vezes um interessante estratagema que consistia em colocar-se como aprendizes de um grupo menor, porém mais avançado de não eslavos, uma aliança na qual o grupo não eslavo atuava como aristocracia guerreira e eles, como força de trabalho. Em geral, o resultado era que os eslavos absorviam a cultura de seus senhores passando a dominar o Estado por eles construído.

O primeiro aprendizado eslavo foi com os abares, povo turco que lhes ensinou as técnicas de combate que tanto impressionaram João de Éfeso. Eles ajudaram os abares no cerco de Constantinopla de 626, um ataque coordenado também com os persas. Os eslavos tinham a missão crucial de transportar os persas através do Bósforo em seus pequenos barcos, mas foram sobrepujados pela frota bizantina, rompendo-se o cerco. Abrandados, os lendariamente ferozes abares recuaram para a planície húngara, enquanto os eslavos, seus súditos, permaneciam nos Bálcãs concluindo esse aprendizado antes que seus senhores fossem absorvidos.

A Ascensão da Bulgária

O segundo aprendizado eslavo surgiu das cinzas do primeiro quando um novo grupo de guerreiros turcos, os búlgaros, entrou no norte dos Bálcãs e, para todos os efeitos, substituiu os abares como senhores dos eslavos. Depois de cruzar o Danúbio no final do século VII, os búlgaros ocuparam a região litorânea do mar Negro, ao sul do delta do Danúbio, conhecida como Dobruja. Depois de uma tíbia tentativa de expulsá-los que terminou em derrota, em 681 os bizantinos se viram obrigados a assinar um tratado cedendo aos búlgaros esses antigos territórios imperiais.

Bizâncio e Bulgária eram agora vizinhos, e daí em diante seus destinos estariam intimamente entrelaçados. De um modo análogo ao que fizeram os italianos no Ocidente e os sírios no mundo islâmico, os búlgaros acabariam servindo de conduto para a herança bizantina, um veículo por meio do qual as influências culturais bizantinas se disseminariam para o restante do mundo eslavo.

Por enquanto, esse relacionamento se caracterizou, mais que tudo, pelas guerras cruéis que, ao longo de toda a Idade Média, eclodiram repetidamente entre os amiúde desesperados bizantinos e seus vigorosos novos vizinhos. Além de conquistar novos territórios, o temível cã búlgaro Krum infligiu aos bizantinos derrotas militares fragorosas que culminaram, em 811, na aniquilação de seu exército numa emboscada nas montanhas, em que pereceu o próprio imperador Nicéforo I – a primeira vez em quase cinco séculos que um governante bizantino morria em batalha. Diz-se que Krum arrancou a tampa do crânio do imperador, revestiu-a de prata e transformou-a numa taça. Quando, porém, poucos anos depois, aprontava suas forças para um grande cerco a Constantinopla, o cã búlgaro morreu subitamente.

No fim do século IX, os eslavos da parte setentrional dos Bálcãs, que mantiveram sua identidade eslava, haviam completado o processo de absorção de sua aristocracia dominante. O búlgaro moderno, uma língua eslava, não chega a ter uma dúzia de palavras de origem turca. Os eslavos que entraram na Grécia tiveram um destino muito diferente, até oposto sob certos aspectos.

Krum ainda celebrava suas vitórias quando Bizâncio começou a renascer. Por essa época, Bizâncio era menor e mais fraca do que os Estados franco e abássida e perigava ser expelida dos Bálcãs pela Bulgária. Em meados do século XI, tanto o Império Franco quanto o abássida haviam se fragmentado em principados menores; Bizâncio, em contraste, conquistara e absorvera a Bulgária. Ao longo desse período de notável expansão militar, Bizâncio quase dobrou de tamanho.

Esse novo despertar permitiu também que os bizantinos recolonizassem o continente grego, esforço cujo sucesso se revelaria crucial para a sobrevivência da cultura grega nos séculos vindouros, depois que todas as outras terras haviam caído. Após se espalhar pela quase totalidade do continente, das ilhas e das cidades, no século X os eslavos da Grécia se haviam convertido ao cristianismo ortodoxo e se helenizado por completo. Hoje o único indício da chegada dos eslavos na Grécia são os topônimos, cerca de 500 deles, sedutoramente espalhados pelo interior do país.

Fócio

A renovada confiança do século IX se derramou sobre a cultura bizantina, deflagrando sua Primeira Renascença. Ao mesmo tempo que a Igreja ortodoxa experimentava uma vigorosa expansão, os eruditos bizantinos redescobriam os antigos textos. Em ambas as arenas a figura dominante foi Fócio, patriarca de Constantinopla durante o ataque russo de 860. No plano da religião, Fócio, a principal autoridade do império durante boa parte desse período, deu início ao maior triunfo cultural de Bizâncio – a conversão dos eslavos ao cristianismo ortodoxo. Mas não foi só isso. Muito antes de se tornar patriarca, Fócio foi também o maior especialista em literatura grega antiga de sua época, tendo desempenhado um papel decisivo no renascimento intelectual de Bizâncio.

Esta foi a época em que os clássicos pagãos voltaram a ser copiados, processo estimulado pela importação de papel aos árabes. O movimento de tradução estava agora a pleno vapor em Bagdá – sugeriu-se recentemente que o interesse árabe ajudou a reacender a procura pelos clássicos em Bizâncio.[1] Outro fator de impulso foi o desenvolvimento da escrita cursiva, ou minúscula. Mais fácil de escrever e ler (entre outros motivos porque as palavras vinham agora separadas), as letras minúsculas rapidamente substituíram as maiúsculas e a escrita uncial empregadas pelos primeiros copistas. A quase totalidade da literatura grega antiga que chegou até nós foi copiada nesse período de intensa atividade, sem falar de tudo o que se perdeu desde então. Fócio reina sobranceiro sobre tudo isso.

Muito pouco se sabe sobre o começo da vida de Fócio. Nascido por volta de 810, ele era sobrinho do famoso patriarca Tarásio, que ajudou a imperatriz Irene a restaurar os ícones em 787, encerrando o primeiro período de iconoclasmo. Como, porém, as fontes para este período são muito escassas, só nos resta especular sobre como ele obteve seu fenomenal domínio da língua e da literatura da Grécia antiga.

Fócio pode ter sido aluno do homem conhecido como Leão, o Matemático, ou Leão, o Sábio. Ao lado de outros personagens obscuros em atividade no começo do século IX (temos nomes, como João, o

---

[1] Dimitri Gutas em *Greek Thought, Arabic Culture* (1998). O professor Gutas mostra que há uma correlação direta entre os primeiros manuscritos copiados durante a Primeira Renascença bizantina e os textos que eram estudados pelos árabes.

Gramático, e Inácio, o Diácono, mas pouquíssimas informações sobre eles), Leão costuma receber o crédito de pioneiro do renovado interesse pela cultura da Grécia antiga surgido com a recuperação. Todos ocupavam altos postos na hierarquia da Igreja. Autor de estudos matemáticos em especial, Leão mandou construir uma série de faróis entre a fronteira Síria e Constantinopla para enviar alertas de ataques árabes. Reza a lenda que até o califa al-Mamun tentou contratar Leão ao imperador, embora, como assinalam os estudiosos modernos, a essa altura os árabes estivessem tão à frente dos bizantinos em ciência que dificilmente se interessariam pelos serviços mesmo de um homem como Leão, razão pela qual a história é, provavelmente, falsa. Talvez por isso mesmo o imperador Teófilo o tenha escolhido para diretor de sua nova escola de estudos seculares no palácio de Magnaura. Leão era também famoso por possuir poderes mágicos.

Também Fócio teria ligações com o oculto. Diz uma história que ele, à maneira de Fausto, obteve seus conhecimentos por meio de um pacto com um mágico judeu. Como tantos outros humanistas bizantinos, Fócio não era nada modesto e seus inimigos podem ter se ofendido gravemente com a difusão de tais rumores. Mas as forças mágicas, como os campos elétricos, tudo permeavam. Demônios e outros espíritos malévolos estavam sempre presentes na vida cotidiana e eram acusados por pequenos infortúnios, de resfriados a más colheitas. Mesmo para os padrões bizantinos, esta era uma época supersticiosa em que todo e qualquer conhecimento era misterioso e potencialmente suspeito. Não somente o ignorante, também o erudito misturava a sabedoria arcana dos antigos com o oculto.

Apesar da amplitude de seu apetite literário, Fócio dava preferência à história, poesia, retórica e romances. Seus próprios escritos (pelo menos os seculares) são de natureza basicamente compilatória. Ele é mais conhecido por sua *Bibliotheca*, uma coleção aleatoriamente organizada de anotações sobre cerca de 300 obras seculares, desde o período clássico até a sua época, que somam cerca de 1.600 páginas na moderna edição impressa. Dado que cerca de metade dessas obras não existe mais, os estudiosos modernos têm a *Bibliotheca* como um valioso guia do que se dispunha na época e do que se perdeu desde então.

Fócio começou sua carreira como funcionário público e subiu rapidamente na hierarquia imperial. Sabe-se que tomou parte de uma embaixada aos árabes, talvez em meados da década de 850. Se isso implicou uma viagem a Bagdá, como parece provável, ele pode ter conhecido seu contemporâneo Hunain ibn Ishaq. É interessante imaginá-los, numa noite em Bagdá, trocando ideias placidamente sobre a literatura grega – Fócio com seus interesses enciclopédicos, Hunain com seu foco nas coisas úteis.

A Corrida pela Conversão dos Eslavos

Embora notório por sua cultura secular e religiosa, Fócio não exercia nenhum cargo oficial da Igreja e tampouco era monge. Intolerante com a estupidez, ele despertara a hostilidade do patriarca Inácio ao ridicularizá-lo como ignorante. Foi, portanto, não apenas inusitado como provocativo o fato de o imperador Miguel III exonerar Inácio e nomear Fócio em seu lugar no calor de uma disputa política e pessoal. Por ordem do imperador, Fócio ascendeu meteoricamente na hierarquia da Igreja em menos de uma semana.

Inácio tinha, no entanto, defensores, que acabaram conquistando o papa Nicolau I para sua causa. Recusando-se a reconhecer Fócio, Nicolau I decretou que a deposição de Inácio fora ilegal. Fócio, por sua vez, declarou deposto o próprio papa. O cisma fociano resultante foi breve, embora muito valorizado pelos estudiosos ocidentais do século XIX para os quais Fócio foi um supervilão interessado em arruinar o papado e dividir a Igreja.

Outros acontecimentos da época em que Fócio reagiu ao ataque do papa deixam claro que havia mais coisas em questão no cisma fociano do que a mera sorte de Inácio. A Bulgária do enérgico Bóris estava prestes a se converter ao cristianismo. Ele próprio já se havia convertido e deixado claro que pretendia trazer consigo o seu país. Um século e meio antes, reagindo contra a condenação do iconoclasmo, o imperador Leão III retirara da jurisdição papal a província romana da Ilíria. Como, na época, a

Ilíria era estrategicamente insignificante, o papado não fez grande objeção. Incluída, porém, no território da Ilíria, estava a maior parte das terras que em fins do século IX formariam a Bulgária, agora um poderoso Estado na fronteira de Bizâncio que ambos os lados tinham interesse em controlar.

O papa Nicolau fez, portanto, do retorno da Ilíria à sua jurisdição uma condição para o reconhecimento de Fócio, razão pela qual a luta entre o papa e o patriarca degenerou em uma disputa sobre quem exerceria o controle estrategicamente crítico da Igreja búlgara. Interessado, mais que tudo, em conservar a independência da Bulgária, Bóris revelou uma notável capacidade de se proteger de ambos, jogando um contra o outro.

Mas não só a Bulgária estava em questão. O ataque russo a Constantinopla em 860 enfatizara a necessidade bizantina de um para-choque eslavo nos Bálcãs, despertando-os para a conveniência de colocar um pé ortodoxo em seu umbral eslavo. Fócio percebeu que os esforços romanos nesse sentido já haviam começado.

A corrida resultante pela conversão dos eslavos teria lugar não na Bulgária, mas em outro país eslavo, a Morávia, cujo príncipe havia solicitado uma missão bizantina ao seu país. A Morávia viria a ser o primeiro campo de batalha entre as versões romana e bizantina do cristianismo. E, embora o país tenha sido amplamente esquecido pela história, o mesmo não se deu com os dois missionários que Fócio lhes enviou.

Capítulo 10

A Missão de Cirilo e Metódio

Para a missão à Morávia, Fótio escolheu dois irmãos oriundos de Tessalônica, a segunda cidade do império, ainda um centro grego, embora rodeado de colonos eslavos. O idioma eslavo era tão usado em Tessalônica quanto o grego bizantino. "Vocês são tessalonicenses e todos os tessalonicenses falam puro eslavo", teria dito o imperador para incentivá-los a aceitar a missão. Ainda estava distante a época em que os dialetos eslavos se converteriam em diferentes idiomas. Os eslavos se entendiam entre si onde quer que estivessem assentados, de maneira que os irmãos conseguiriam se comunicar eficazmente na Morávia.

O mais jovem dos dois, que se chamava Constantino, mas entrou para a história com seu nome monástico, Cirilo, nascera por volta de 825 e fora ainda jovem para Constantinopla, onde se tornou aluno e protegido de Fócio. Conhecido por seus contemporâneos como Constantino, o Filósofo, Cirilo era um produto acabado da Primeira Renascença bizantina e tornou-se rapidamente um de seus luminares.

O outro irmão, que talvez se chamasse Miguel, mas adotou o nome monástico de Metódio, era cerca de 10 anos mais velho. Devotado ajudante de Cirilo, Metódio foi o fiel executor dos planos do irmão depois de sua morte precoce. Começou como alto funcionário do império numa região eslava da Macedônia, mas abandonou a carreira em favor da vida monástica no importante monastério de monte Olimpo, na Ásia Menor.

Os dois irmãos – um erudito humanista e um monge – firmaram reputação de eficientes e talentosos missionários-diplomatas. O biógrafo de Cirilo afirma que ele participou de uma embaixada aos árabes. Miguel III e Fócio já haviam recorrido aos irmãos para uma missão aos khazares, um grupo de nômades turcos estabelecidos ao norte das montanhas do Cáucaso. Desde muito um dos mais fiéis aliados dos bizantinos, o povo khazar já adotara o judaísmo, que os ajudava a permanecer independentes quer dos bizantinos quer dos árabes. Sua importância estratégica para os bizantinos estava em bloquear as tentativas árabes de atacar pelo Cáucaso, contornando o mar Negro, o que lhes permitiria flanquear os bizantinos pelo norte. Apesar de os irmãos não terem conseguido converter os khazares, a missão foi considerada um sucesso diplomático. Com seu domínio da língua e da cultura eslavas e sua experiência de trabalho missionário, Cirilo e Metódio pareciam, pois, talhados para atender à solicitação morávia.

Eles aceitaram a missão, mas não partiram imediatamente. Cirilo passou o inverno dedicando-se a criar um alfabeto que pudesse ser usado para disseminar os Evangelhos em idioma eslavo. O novo alfabeto, dito glagolítico, tinha quarenta letras, muitas vagamente baseadas nos caracteres gregos e hebraicos, outras aparentemente criadas do nada. Ao deixar Bizâncio na primavera de 863, os irmãos já o haviam aplicado na tradução de uma seleção dos Evangelhos a ser utilizada na liturgia eslava. Essa nova linguagem escrita viria a ser chamada de antigo eslavo eclesiástico, ou eslavônico.

Tal como o alfabeto glagolítico em que foi originalmente escrito, o antigo eslavo eclesiástico é considerado, no essencial, obra de Cirilo. Dizer, porém, que ele "traduziu" os Evangelhos e outras obras cristãs gregas é talvez um pouco enganoso. Muito mais do que simplesmente passar algumas horas vertendo passagens do original grego para a língua eslava que estava ali, pronta, à sua espera, Cirilo teve de lidar com um problema similar àquele com que se defrontaram os tradutores de Bagdá décadas antes: o idioma para o qual esses textos deviam ser traduzidos ainda não possuía o vocabulário adequado. Os tradutores sírios tiveram, porém, uma vantagem: o árabe já era uma linguagem escrita, com uma tradição literária consolidada ainda que não totalmente "clássica". A língua eslava nunca fora escrita. Carecia, pois, não apenas do vocabulário, mas também da sofisticação sintática que só se desenvolve quando se registram os pensamentos por escrito.

Para apreciar a realização de Cirilo é necessário entender que as línguas orais têm estruturas frasais mais simples do que as que são orais e escritas, o que vai além da percepção relativamente imediata de que mesmo nessas últimas ninguém fala do modo como escreve. As complexidades de um idioma regularmente escrito se infiltram na linguagem falada, tornando suas possibilidades consideravelmente mais sofisticadas. Este "reservatório" de complexidade não está disponível ao idioma puramente oral, que permanece relativamente limitado ao *menu* de opções sintáticas e não sintáticas existente. Com a sensibilidade de um surdo, Cirilo expandiu o idioma eslavo com palavras, fraseologia e *calques* (traduções) tomadas de empréstimo ao grego.

A Morávia ficava, originalmente, mais ou menos onde hoje está a República Tcheca, numa faixa ao longo do rio Morava que os eslavos tomaram, entre outros, aos celtas. Na década de 860, porém, o príncipe guerreiro Rastislav expandira o território morávio para o sul, até o Danúbio, tornando-se vizinho da Bulgária. A oeste, seu lindeiro era o poderoso Império carolíngio dos sucessores francos de Carlos Magno, aos quais os príncipes morávios deviam lealdade. Os francos eram o poder dominante na Morávia, e foi numa tentativa de diminuir sua influência que Rastislav, propenso, a exemplo de Bóris, a aceitar o cristianismo, mandou um embaixador a Constantinopla para solicitar o envio de missionários na expectativa de desalojar os missionários francos já ativos por aquelas bandas.

Rastislav deu calorosas boas-vindas aos irmãos, que trataram imediatamente de recrutar e treinar um clero eslavo e de fazer traduções litúrgicas adicionais para o antigo eslavo eclesiástico. Contudo, a situação na

Morávia não era nada propícia a longo prazo. Não apenas Rastislav enfrentava a oposição de uma forte facção pró-francos entre a nobreza morávia, como os representantes da Igreja franca em Freising, Salzburgo e Passau, que haviam passado um século inteiro trabalhando arduamente para converter os morávios, ficaram enfurecidos com a chegada dos irmãos bizantinos. O uso do eslavônico na liturgia foi visto como uma afronta pelos missionários francos que, de acordo com a prática corrente no Ocidente, se atinham ao latim.

Este viria a ser um motivo a mais de divergência doutrinal entre católicos e ortodoxos. Mesmo ainda não consolidado, o precedente já antecipava o futuro. Da Irlanda à Espanha, passando pela Alemanha, os cristãos ocidentais usavam basicamente o latim. Os orientais, entre os quais os armênios, egípcios (coptas) e sírios, haviam desenvolvido fortes tradições litúrgicas em seus próprios idiomas. Tal como na questão do *filioque*, a Igreja franca acabaria determinando a linha católica e convertendo uma diferença prática em divergência doutrinal. Nessa época, porém, apesar do cisma fociano, Roma e Constantinopla ainda acreditavam ter uma Igreja comum, sem falar que Nicolau nutria justificadas suspeitas de que os bispos francos ambicionavam construir uma poderosa Igreja independente na Europa Central. Não obstante, quando em 867 as autoridades francas se queixaram a Roma das atividades de Cirilo e Metódio na Morávia, Nicolau I chamou a Roma os missionários bizantinos.

Eles receberam a convocação em Veneza, aonde tinham ido ordenar alguns de seus seguidores. Lá se encontraram e discutiram com outros sacerdotes latinos hostis à liturgia eslavônica. Esses críticos diziam que os ritos sagrados só podiam ser adequadamente celebrados em três idiomas: grego, latim e hebraico. Em resposta, Cirilo defendeu apaixonadamente a ideia de que todo povo devia poder celebrar a liturgia em sua própria língua.

Para defender tal prática com base nas Sagradas Escrituras, ele citou o primeiro livro de São Paulo aos Coríntios, versículo 14: "Na igreja eu prefiro dizer cinco palavras que compreendo, para instruir também os outros, a dizer dez mil palavras numa língua desconhecida." Essa passagem seria, nos anos vindouros, o mais sólido suporte dos ortodoxos em favor da diversidade linguística nas igrejas nacionais, em clara oposição aos católicos, que se aferraram ao latim até a década de 1960.

Nicolau, que convocara Cirilo e Metódio, morreu antes de sua chegada, mas o novo papa, Adriano II, deu-lhes sua aprovação oficial para o uso da liturgia eslavônica, contrariando os representantes francos também presentes em Roma.

Os irmãos ainda estavam em Roma quando Cirilo caiu doente no começo de 869. Consciente de que estava morrendo, foi só então que ele fez seus votos monásticos sob o nome de Cirilo e exortou Metódio a dar continuidade ao seu trabalho na Morávia em vez de retornar ao monastério de monte Olimpo, como parece ter pensado em fazer. Cirilo morreu em 14 de fevereiro e foi sepultado em Roma, na Igreja de São Clemente.

Metódio foi fiel ao pedido feito pelo irmão no leito de morte. Retornou à Morávia, mesmo nutrindo uma forte suspeita de que a balança do poder no país favorecia os francos. Com efeito, Metódio só chegou lá cerca de um ano depois, quando Svatopluk, sobrinho de Rastislav, apoiado pela importante facção pró-francos da nobreza, derrubou e prendeu o soberano. O novo governo de Svatopluk pediu a volta dos missionários francos, que, sem perda de tempo, conseguiram que Metódio fosse detido e aprisionado. Assim, ele permaneceu por quase três anos, até que João VIII, sucessor do papa Adriano II, interveio com sucesso pela sua libertação.

Não dissuadido, Metódio retornou uma vez mais ao trabalho missionário, que manteve paralelamente à tradução de várias outras obras religiosas por mais de uma década. Durante todo esse tempo, ele e seus seguidores foram constantemente assediados pelos francos. Adriano II e João VIII mantiveram o apoio de Nicolau I à missão dos irmãos na Morávia, mas após a morte de João, em 882, o papado se submeteu às pressões francas, rejeitando a liturgia eslavônica e aliando-se a eles na Morávia e em todos os lugares.

Metódio morreu em 885. Os discípulos eslavos que ele educara com tanta determinação foram presos, deportados para a Bulgária ou vendidos como escravos. Os francos tinham agora todo o campo aberto na Morávia. Aparentemente, a obra das vidas de Cirilo e Metódio não tinha dado em nada.

A Oportunidade Bate à Porta de Bóris

Em Bizâncio e na Bulgária, os acontecimentos se desenrolaram com igual rapidez e complexidade. Em Bizâncio, Miguel III foi assassinado e substituído por Basílio I, um ex-cavalariço sumamente oportunista que Miguel guindara ao papel de confidente e conselheiro e depois correra o risco de afastar. Não obstante sua tortuosa e improvável estrada para o poder, Basílio veio a fundar a mais importante dinastia governante de Bizâncio, a macedônia, que comandaria o império medieval durante os seus dois séculos de máxima força e prosperidade.

Na Bulgária, o cã Bóris, que já se convertera ao cristianismo, quis cristianizar também o país mantendo, ao mesmo tempo, sua independência de Bizâncio. No intuito de fundar uma Igreja ortodoxa nacional búlgara totalmente autônoma e em pé de igualdade com a bizantina, pediu a Fócio que indicasse um patriarca para a Bulgária. Ante a recusa de Fócio, Bóris voltou-se para Roma solicitando o envio de um contingente de missionários francos.

Isto foi no verão de 867. No outono, Basílio I reverteu a maior parte das políticas religiosas de Miguel. Em um de seus primeiros atos como imperador, destituiu Fócio e restabeleceu Inácio no posto de patriarca da Igreja – uma vitória para Nicolau I, adversário de Fócio. Quando, no inverno de 867-868, Adriano II sucedeu Nicolau I, o papado parecia prestes a consolidar sua supremacia. Tudo levava a crer que o mundo eslavo estava pronto para se submeter ao Vaticano, que com a deposição de Fócio parecia ter imposto sua vontade também aos bizantinos.

Adriano, porém, exagerou na dose. Enfureceu Bóris rejeitando o prelado que ele indicara para arcebispo da Bulgária e em seguida reuniu em Roma um concílio que não apenas condenou o destituído Fócio, como declarou que todos os bispos por ele indicados durante o seu patriarcado estavam também destituídos. Essa atitude arbitrária irritou tanto Basílio quanto Inácio, até então favoravelmente inclinados a Roma. O resultado foi que em 870 Bóris já se voltara novamente para Constantinopla, ao passo que, em Bizâncio, Fócio e Inácio deram passos para acertar suas diferenças.

Retornando ao aprisco bizantino, Bóris apenas reconhecia a lógica da situação, sua e de seu país, estrategicamente oposta à da Morávia sob Rastislav. Ambos se haviam rebelado contra sua poderosa vizinha, apelando a uma potência mais distante, mas, da mesma forma como a Morávia estava, em última instância, encerrada em sua órbita franca, a Bulgária era prisioneira do empuxo gravitacional de Bizâncio.

Quando Inácio morreu, em 877, as tensões internas em Bizâncio eram tão menores que Basílio reconduziu Fócio ao patriarcado sem maiores sobressaltos políticos. Poucos anos depois, um concílio da Igreja realizado em Constantinopla promoveu a reconciliação entre Fócio e o papado, encerrando o cisma.

Na Bulgária, o destino presenteara Bóris com uma rara oportunidade. Pessoalmente devoto, mas também politicamente astuto, desde o começo ele se utilizara do cristianismo tanto para consolidar seu próprio poder, quanto para unificar a sociedade búlgara. Seus principais adversários em ambas as empresas eram os pagãos remanescentes e os boiardos turcos, rebelados logo após a conversão de Bóris em meados da década de 860. Bóris sufocou a revolta sem muito esforço, mas os boiardos seguiram fazendo obstinada oposição a suas políticas pró-bizantinas, primeiro a cristianização, depois a progressiva eslavização da classe dominante búlgara.[1]

Para contrabalançar essa influência pagã e turca, cerca de 200 padres gregos agora pregavam o Evangelho ao campesinato eslavo. Só que eles não respondiam a Bóris, mas ao patriarca de Constantinopla e ao imperador bizantino.

---

[1] É significativo a este respeito que Bóris tenha sido o primeiro governante búlgaro de nome eslavo e não turco.

Em outras palavras, boiardos e padres eram potentes ameaças internas à autoridade de Bóris. Até que uma solução fosse encontrada, seu governo continuaria tendo de se equilibrar entre essas forças opostas.

Corta para a margem norte do Danúbio, ano de 885, uns sete ou oito meses após a morte de Metódio. É inverno. Um contingente de soldados francos acaba de escoltar um pequeno grupo de discípulos andrajosos e combalidos até o rio, que não é azul, mas cinza-azulado. Seu líder é Clemente, seu segundo, Naum. Parece que passaram os últimos meses aprisionados em algum lugar, talvez o palácio de Svatopluk, em Nitra.

Eles trazem consigo seus preciosos livros e pouca coisa mais. Cruzam o Danúbio numa frágil balsa amarrada com cordas rústicas e, ao descer nas águas geladas que banham a margem oposta, já estão em solo búlgaro.

CLEMENTE E BÓRIS SALVAM O LEGADO ESLAVÔNICO

A morte de Metódio e a expulsão de seus seguidores da Morávia selaram a sorte do legado eslavônico na Europa Central, ainda que em certos bolsões isolados ele se tenha mantido até o século XI. Contudo, Bóris sabia reconhecer uma coisa boa quando a via e não perdeu tempo para convidar os missionários até a capital, Pliska, onde lhes ofereceu acomodações nas casas de seus mais preeminentes apoiadores.

Teve também com eles o que parece ter sido uma série de encontros confidenciais, de que resultou um detalhado plano para estabelecer e promover a liturgia eslavônica na Bulgária. Graças ao sucesso desse plano, Clemente e Naum acabariam venerados como santos ortodoxos e salvadores da tradição de Cirilo e Metódio.

A liturgia eslavônica era a solução perfeita para os problemas de Bóris. Como acabariam descobrindo outros soberanos eslavos, ela proporcionava todos os benefícios da participação na nascente comunidade bizantina ao mesmo tempo que, ao menos em teoria, lhes permitia um alto grau de independência religiosa e política. Para culminar, ela deu ao orgulho eslavo seu devido lugar e ajudou Bóris a forjar uma nova identidade nacional baseada num culto comum em idioma comum. Podemos agora, pela primeira vez, começar verdadeiramente a falar de um povo búlgaro, não mais de eslavos e búlgaros em incômoda coexistência.

À parte as razões políticas de Bóris para adotar a liturgia eslavônica, vários outros fatores se combinaram para dar a essa tradição, neste novo ambiente, uma oportunidade melhor do que ela jamais tivera na Morávia. Embora morávios e outros eslavos fossem capazes de entender o antigo eslavo eclesiástico que Cirilo havia criado, este não se baseava em seu próprio dialeto falado, mas em outro, compartilhado por macedônios e búlgaros e que desfrutava, portanto, na Bulgária, de uma vantagem linguística direta. A Bulgária, nesse sentido, era a sua terra natal, razão pela qual o antigo eslavo eclesiástico é às vezes chamado de "búlgaro antigo".

A Bulgária tinha fácil acesso a Bizâncio, sua vizinha de porta, o que valia tanto para os padres gregos que ainda iam à Bulgária como para os padres búlgaros que agora iam a Constantinopla, em número cada vez maior, para aprender o eslavônico. Basílio e seus sucessores, que, tal como Bóris, também sabiam reconhecer uma coisa boa quando a viam, deram todo o apoio à missão eslavônica. Essa política era tão notória que um dos enviados de Basílio, ao parar em Veneza e ver um grupo de ex-discípulos de Metódio à venda como escravos, os comprou e enviou de volta a Constantinopla absolutamente seguro da bênção do imperador. De lá, eles muito provavelmente foram se juntar aos seus confrades na Bulgária.

Clemente e Naum eram eles próprios búlgaros de nascimento, embora tenham passado a maior parte da vida adulta fora de sua terra natal. Clemente devia ter cerca de 50 anos, o que significa que teria nascido por volta de 840; Naum era provavelmente dez anos mais velho. Sabe-se que, em 868, ambos acompanharam Cirilo e Metódio a Roma, onde foram ordenados padres e de onde presumivelmente retornaram à Morávia com Metódio e lá permaneceram ao seu lado durante os anos de adversidade.

Naum ficou em Pliska, na região da Dobruja, ensinando e levando a cabo sua tarefa aparentemente interminável de tradução, ao passo que Clemente foi para a região do lago Ohrid, no sudoeste da Bulgária (hoje Macedônia), do outro lado do país. Enquanto a população da Dobruja era, ao que tudo indica, majoritariamente turca, a da interlândia macedônia era inteiramente eslava. Como resultado dos esforços dos dois padres, ambas as regiões em pouco tempo se converteram em importantes focos de cultura eslavônica. Ohrid, em particular, onde se diz que Clemente teve 3.500 alunos durante os trinta anos seguintes, tornou-se um foco de irradiação da tradição eslavônica para a vizinha Sérvia e até para o distante Rus, muito ao norte.

Em 889, Bóris abdicou em favor de seu filho mais velho, Vladimir, renunciando ao poder terreno para seguir uma vida contemplativa e monástica. Os ressentidos boiardos, que havia muito esperavam sua hora, se entrincheiraram em defesa de seu patrimônio hereditário pagão e turco levando o pusilânime Vladimir a reverter o curso. Durante vários anos, a Bulgária se viu dominada por uma reação contra o cristianismo e Bizâncio na qual padres foram perseguidos e o próprio regime se aliou politicamente aos francos. De volta de seu retiro, Bóris usou sua autoridade para destronar Vladimir e, depois de tê-lo cegado, instalar no poder seu terceiro filho, Simeão.

Ortodoxo devoto, Simeão passara boa parte da juventude em Constantinopla, onde desfrutou de pelo menos alguns benefícios da educação bizantina. Em seu longo reinado, a tradição eslavônica retomaria o rápido crescimento que tivera sob Bóris. Mas, se os bizantinos achavam que a ascensão de Simeão traria um período de paz e amizade entre os dois vizinhos, é porque subestimaram, desgraçadamente, suas colossais ambições.

Capítulo 11
Guerras de Rivalidade

Simeão, o Grande, se distingue como o mais forte e determinado soberano da Bulgária, um enérgico visionário cujo ardor aquisitivo por muito pouco não pôs Bizâncio de joelhos. Durante mais de três décadas de reinado, Simeão nem por um momento tirou os olhos do fascinante resplendor de Constantinopla – Tsargrad, como a chamavam os eslavos, a cidade dos Césares. De tudo ele fez para rivalizar com Bizâncio, desejando ao mesmo tempo seduzi-la, conquistá-la e, finalmente, possuí-la.

Nascido em meados da década de 860, mais ou menos na mesma época em que seu pai, Bóris, se converteu ao cristianismo, Simeão foi educado como cristão e enviado ainda jovem, aos 13 ou 14 anos, a Constantinopla para treinamento religioso. Passou uma década estudando num monastério da capital bizantina e retornou à Bulgária poucos anos depois da chegada de Clemente e Naum e da adoção da liturgia eslavônica por Bóris.

De volta à Bulgária, Simeão entrou para um monastério fundado por seu pai na cidade de Preslav, na Dobruja, perto de Pliska, mas um pouco mais perto ainda de Constantinopla. Ali ele desempenhou um importante papel no movimento de tradução que fazia crescer rapidamente a quantidade de literatura religiosa grega disponível em eslavônico. Se Pliska era um baluarte dos boiardos turcos e pagãos, Preslav era predominantemente eslava e cristã. Ao instalar Simeão no trono, o velho cã Bóris providenciou também para que Preslav fosse a sua capital.

Além de aumentar a quantidade de monastérios e igrejas que seu pai já construíra na cidade, Simeão levou Preslav e a Bulgária a um período de prosperidade e crescimento. O comércio entre os vizinhos floresceu, alimentado por uma série de tratados liberais. Além de matérias-primas como mel, peles e cera, a Bulgária tinha agora mercadorias artesanais de alta qualidade, como seus famosos azulejos, um dos produtos importados favoritos dos bizantinos abastados.

Simeão Vai à Guerra

Bóris fizera o possível para evitar confrontos militares com sua poderosa vizinha. Simeão parece tê-los buscado desde o começo. E se lhe faltava um pretexto para ir à guerra, não precisou esperar muito. Um ano depois de sua entronização, influentes mercadores bizantinos usaram de seu prestígio junto ao imperador para mudar as leis de comércio entre os dois países em prejuízo da Bulgária. Ao ver ignorados seus enfáticos protestos, Simeão invadiu o território bizantino com um grande exército, infligindo esmagadora derrota à força bizantina enviada para repeli-lo e arrasando o território trácio ao redor de Constantinopla.

Com seus principais exércitos ocupados no Oriente, os bizantinos recorreram a uma manobra diplomática que já dera frutos muitas vezes no passado: subornaram uma tribo guerreira bárbara, os magiares, para atacar o exército de Simeão pela retaguarda. Simeão propôs a paz, mas – dando uma volta nos bizantinos – providenciou para que outra tribo bárbara ainda mais belicosa, os pechenegues, atacasse a retaguarda magiar. Feito isso, os búlgaros os atacaram pela frente. Os magiares foram trucidados e os sobreviventes fugiram em debandada para a planície húngara.¹ Simeão infligiu, então, uma nova derrota fragorosa aos bizantinos.

Para que ninguém em Bizâncio tivesse dúvidas sobre o sentido de suas manobras diplomáticas, Simeão o deixou claro sarcasticamente nas negociações sobre os prisioneiros de guerra. O imperador Leão VI, observou ele, impressionara a todos no ano anterior ao prever um eclipse solar.² Dizia-se que ele tinha grandes conhecimentos astronômicos. Ora, disse Simeão ao embaixador bizantino, se o imperador tinha conhecimentos tão fenomenais, deveria ser capaz de dizer se ele tencionava ou não devolver os prisioneiros. "Diz, pois, se farei uma ou outra coisa e, se adivinhares a minha intenção, terás os prisioneiros de volta como recompensa por teu vaticínio e tua embaixada, santo Deus!"

Em outras palavras, Simeão devolveria os prisioneiros, se o embaixador fosse capaz de adivinhar se ele pretendia fazê-lo, um antigo enigma lógico com o qual todo grego instruído era familiarizado. Recorrendo à sua formação constantinopolitana, o soberano búlgaro proclamava sua intenção de ser mais bizantino que os bizantinos.

Com suas habilidades militares e diplomáticas, Simeão arrancou importantes concessões aos bizantinos no tratado que encerrou a guerra em 897. A paz que se seguiu durou 16 anos, até um ano depois da morte de Leão VI em 912. Durante esse período, no entanto, Simeão manteve a pressão. Tirando proveito dos revezes bizantinos nas mãos dos árabes, expandiu o território búlgaro para o sul e o oeste, ocupando as novas terras pedaço a pedaço com invasões meticulosamente calculadas para não dar motivo para a retomada da guerra.

O sucessor de Leão, seu irmão Alexandre, reverteu a política de apaziguamento insultando Simeão com o corte do tributo estipulado pelo tratado de paz, mas faleceu um ano depois de subir ao trono, antes que o soberano búlgaro pudesse demonstrar sua disposição para o confronto. Em Constantinopla, o poder recaiu sobre um conselho de regentes

---

¹ Originalmente nômades da Ásia Central, os magiares se mesclaram aos eslavos que já habitavam a planície húngara para formar a moderna nação húngara.
² Leão VI foi o sucessor de Basílio I.

escolhido por Alexandre para substituir seu sucessor, o enfermiço Constantino VII Porfirogênito, filho de Leão, de sete anos de idade.

Apesar desse início nada auspicioso, Constantino VII cresceria não apenas para governar como imperador, mas também para compor a mais importante fonte histórica desse período, o *De Administrando Imperio* ("Sobre como governar o império"). Espécie de cartilha para imperadores, coligida a partir de relatórios diplomáticos bizantinos, o livro fala dos antecedentes históricos de vários vizinhos de Bizâncio, búlgaros e sérvios entre eles.

Coube aos regentes de Constantino VII enfrentar toda a ira de Simeão, liderados por Nicolau, o Místico, despótico patriarca de Constantinopla cuja influência dentro em pouco seria contestada pela imperatriz Zoé, viúva de Leão e mãe de Constantino, então recolhida a um monastério.[3] Os problemas dos regentes foram ainda agravados pela rebeldia do comandante do exército. Com Bizâncio tropeçando nas próprias pernas, Simeão conduziu uma vez mais os búlgaros até as grande muralhas, onde montou acampamento.

A guerra que se seguiu, a segunda e última das guerras de rivalidade de Simeão, durou quinze anos. À parte os escritos de Constantino VII Porfirogênito, a visão que temos dela provém em ampla medida das muitas cartas que Nicolau, o Místico, enviou a Simeão durante seu transcurso. Por essa correspondência pode-se interpretá-la como uma espécie de duelo entre dois obstinados. Alternativamente bajulador, persuasivo, conciliador, didático, sutil e explicitamente ameaçador, ao longo dos anos Nicolau fez a Simeão quase todos os agrados, exceto aquele que ele queria. O patriarca se manteve irredutível em que Simeão, um cristão, talvez, mas ainda um bárbaro, jamais poderia ocupar o trono bizantino.

---

[3] Zoé Carbonopsina ("dos olhos negros como carvão") era uma mulher de notória beleza. Nicolau a desagradara ao recusar-se a sancionar seu casamento não canônico com Leão, o quarto do imperador. Seu filho, Constantino VII, era dito "Porfirogênito" ("nascido em púrpura") para afirmar sua legitimidade. O termo, referido à cor púrpura do quarto de dormir imperial, só se aplicava aos filhos legítimos dos imperadores, o que não era o caso de Constantino.

Tanto quanto os ambiciosos reis ocidentais, Simeão cobiçava acima de qualquer coisa o título de "imperador dos romanos". No núcleo simbólico desta segunda guerra está a misteriosa "coroação" de Simeão por Nicolau, o Místico, em setembro de 913, pouco depois da chegada dos búlgaros aos pés das muralhas da Constantinopla. Parece, no entanto, que foi como imperador dos búlgaros, não dos romanos, que Nicolau o coroou. Muito mais eficiente foi, provavelmente, o noivado da filha de Simeão com o jovem Constantino VII. Ser sogro do imperador era um passo comprovado para o trono bizantino, o que Simeão certamente sabia, embora o reconhecimento como imperador, mesmo que somente dos búlgaros, fosse também um passo na direção certa.

Momentaneamente apaziguado, Simeão se retirou para aguardar os acontecimentos, provavelmente seguro de ter o tempo do seu lado. No ano seguinte, porém, a imperatriz Zoé retornou do monastério e, assumindo ela própria a regência no lugar de Nicolau, o Místico, repudiou o novo título de Simeão e o acordo de casamento. Com isto, os búlgaros se puseram novamente em marcha para Bizâncio. Quando Simeão capturou a importante cidade trácia de Adrianópolis, Zoé foi obrigada a reafirmar o título e o acordo nupcial em troca da devolução da cidade. A guerra prosseguiu por vários anos sem grandes confrontos, mas com os dois lados empenhados em manobras diplomáticas para conseguir aliados.

Foi então que os búlgaros obtiveram uma grande vitória em Anchialus, no mar Negro, praticamente varrendo o exército bizantino. Mas, se por um lado o governo de Zoé se desacreditara, a partir da perspectiva de Simeão a vitória só fez piorar as coisas. O governo de Constantinopla mudou de mãos outra vez com a tomada do poder pelo almirante Romano Lecapeno, cuja filha veio a se casar com Constantino VII.

Ao ver bloqueado o caminho de sua ascensão ao trono bizantino e, para culminar, Romano coroado coimperador em 920, Simeão, como era de prever, ficou duplamente enfurecido. Recusou-se grosseiramente a responder as cartas de Romano, só tomando conhecimento das que lhe foram enviadas por Nicolau, o Místico. Ardendo de frustração, Simeão exigiu que Romano abdicasse em seu favor. Uma vez mais, as cartas verbosas de Nicolau, calculadamente marcadas por uma condescendência refinada e exasperante, ofereciam tudo a Simeão, menos o que ele queria.

Simeão, que agora controlava os Bálcãs, durante vários anos assolou a Trácia Central incendiando e pilhando o que havia pelo caminho das muralhas de Constantinopla. Mas dali não conseguiu passar. Desesperado, chegou a recorrer a um infiel, o califa fatímida do Egito, que teria concordado em lhe fornecer a força naval necessária, mas não deu as caras quando Simeão levou seu exército aos pés das muralhas.

O impasse acabou levando os dois lados à mesa de negociação, na verdade um encontro de cúpula pessoal entre Simeão e Romano. A desconfiança mútua era tão profunda que eles se encontraram num cais especialmente construído no Corno de Ouro, junto às muralhas de Constantinopla, para que Simeão pudesse chegar por terra e Romano de barco, saído de dentro das muralhas. O séquito de Simeão fez questão de saudá-lo conspicuamente como imperador, mas os cronistas bizantinos que registraram o encontro (enfeitando seus relatos com as palavras firmes e convincentes de Romano e o grego espúrio e incorreto de Simeão, ambos provavelmente criados pelos próprios cronistas) não disseram palavra sobre o resultado. Tudo o que sabemos é um augúrio: "Diz-se que duas águias passaram sobre a cabeça dos imperadores, grasniram e copularam, ao que eles imediatamente se apartaram, seguindo um para a sua cidade e o outro, de volta à Trácia." Estas palavras talvez reflitam um acordo de paz e parecem colocar os dois "imperadores" em pé de igualdade – o que não deixa de ser interessante.

Se houve, porém, um acordo de paz, ele não durou muito, como também se poderia deduzir retrospectivamente do augúrio, cada águia seguindo o seu caminho após a cópula. Depois de anexar sumariamente a Sérvia em 924, Simeão teria começado a se intitular "imperador dos búlgaros e dos romanos". Esta é, pelo menos, a clara implicação de uma carta que lhe foi dirigida pelo imperador Romano em 925, após a morte de Nicolau, o Místico, em maio desse mesmo ano. Embora nenhum documento original em que Simeão assim se intitulasse tenha chegado até nós, um selo de seu governo, de data incerta, em que o monarca se intitula "imperador dos romanos", parece expressar sua mais alta aspiração.

E ainda que tenha efetivamente coroado Simeão imperador dos búlgaros, Nicolau, o Místico, nunca se lhe refere dessa forma na versão sobrevivente de suas cartas, em que (como nas de Romano) o búlgaro é sempre tratado como "príncipe". Simeão levara aquilo tão longe que Nicolau, apesar de tê-lo coroado, teria pensado duas vezes antes de tratá-lo como "imperador" de qualquer coisa. Nicolau expurgou de suas cartas todas as referências à coroação, editando-as para a posteridade sem qualquer alusão a um evento que se lhe tornara embaraçoso.

Depois de anexar a Sérvia, Simeão voltou suas atenções para a sua nova e poderosa vizinha ocidental, a Croácia, mas foi fragorosamente derrotado em 926 por Tomislav, o maior monarca medieval daquele reino eslavo. Apesar do castigo, na primavera seguinte Simeão reuniu uma imensa força invasora para marchar até Constantinopla. Em maio de 927, quando conduzia uma vez mais o seu exército às muralhas que tão obstinadamente frustravam a maior ambição de sua vida, Simeão morreu do coração. Tinha 63 anos.

A obsessão de Simeão custou caro ao seu povo. Depois de todos aqueles anos de guerra, seu reino se encontrava devastado e falido. A Bulgária levaria décadas para voltar a ser uma força balcânica, recuperada, sim, mas não mais a potência que fora sob Simeão. A Sérvia, anexada por Simeão, separou-se logo após a sua morte. Pedro, seu filho e sucessor, assinou com Bizâncio um tratado de paz em que reconhecia o imperador Romano como seu "pai espiritual" em troca da confirmação do título de "imperador (tsar) dos búlgaros" concedido a Simeão.[4] Além disso, foi agraciado com um prestigioso casamento com a neta de Romano, uma princesa bizantina.

Seguiram-se quarenta anos de paz entre Bizâncio e a Bulgária, durante os quais o cristianismo búlgaro continuou a crescer e prosperar. O maior desenvolvimento do reinado de Simeão foi um novo alfabeto eslavônico, ironicamente chamado cirílico, surgido na Bulgária décadas

---

[4] Assim como o alemão *kaiser*, o termo eslavo *tsar* provém do título imperial bizantino *Caesar* – originalmente o sobrenome do primeiro imperador romano, Augusto César, e de seu pai adotivo, Júlio César – que significa, aproximadamente, "imperador-adjunto".

após a morte de Cirilo por iniciativa, quem sabe, de Clemente de Ohrid, discípulo de Metódio (muitos estudiosos hoje duvidam disso). Muito mais simples que o glagolítico e com caracteres bastante similares aos gregos, o cirílico rapidamente começou a substituí-lo na literatura do antigo eslavo eclesiástico.

Embora inspirada por suas origens bizantinas, essa florescente tradição eslavônica conservou um grau de autonomia cultural que teria, certamente, gratificado Bóris, o último cã da Bulgária. Só não foi suficiente para satisfazer seu filho Simeão, o primeiro tsar daquele reino – e do mundo eslavo.

Capítulo 12

Sérvios e Outros

O mundo antigo se dividira em duas metades linguísticas, a latina e a grega. Durante a Idade Média, uma versão subsidiária dessa mesma linha, traçada por missionários como Cirilo e Metódio e seus congêneres ocidentais, se estendeu do Mediterrâneo à Europa Oriental, através dos Bálcãs, dividindo em dois o mundo mais frio e úmido dos eslavos.

Esta linha subsidiária marcava a separação não entre dois idiomas, pois quase todo o povo falava o eslavo, mas entre dois alfabetos. Os eslavos de um dos lados miravam o Ocidente, mais especificamente Roma, professavam a fé católica e usavam o alfabeto latino: são hoje os poloneses, tchecos e eslovenos. Os eslavos do outro lado miravam o Oriente, vale dizer Bizâncio, professavam a ortodoxia e usavam o alfabeto cirílico: são hoje os russos, ucranianos, búlgaros, sérvios e outros que, no passado, formavam a comunidade bizantina. Alguns, como os húngaros e os tchecos, ficaram em cima da linha.[1] Na maior parte dos casos, o eslavo

---

[1] A história da etnia húngara é singularmente complexa, mesclando influências eslavas e não eslavas, entre elas a magiar. Sob forte influência bizantina nos séculos XI e XII, a Hungria acabou se voltando para o Ocidente.

original se ramificou nas diferente línguas hoje faladas, mas sérvios ortodoxos e croatas católicos ainda falam o mesmo idioma, o servo-croata, embora o escrevam de maneira diferente. A linha subsidiária passa entre eles.

Os eslavos que vieram a ser os sérvios e croatas chegaram por volta da época de Heráclio. Alguns estudiosos acreditam que seus nomes provêm de dois grupos de guerreiros montados iranianos que dominaram a população eslava até então indiferenciada do noroeste dos Bálcãs em fins do século VII. Outros, seguindo Constantino VII Porfirogênito, sugerem que o termo *Serb* provém do latim *servus*, "servo" ou "escravo". "Na língua dos romanos, 'servus' é a palavra para 'escravo', donde o coloquial 'serbula' para os sapatos dos serviçais e 'tzerboulianoi' para os que usam calçados rústicos", informa-nos Constantino, que, decerto, jamais usou sapatos de serviçal. E arremata: "Os sérvios adquiriram este nome por terem sido escravos do imperador dos romanos." Uma derivação similar foi também proposta para a palavra inglesa *slave*, que se supõe proveniente do termo *Slav* (mais provável do que o contrário, como também já se sugeriu).

Ambas as etimologias dão conta do quanto eram comuns os escravos no mundo mediterrâneo. Calçados como serviçais ou não, muitos eram de origem eslava, prisioneiros de guerra ou capturados para a venda no mercado. Além de peles, mel e cera, escravos eram também um produto básico de exportação nas terras eslavas.

A Bulgária se inserira por conta própria na consciência bizantina como poderosa vizinha e rival antes mesmo de entrar na órbita cultural de Bizâncio. A Sérvia, ao contrário, foi desde o começo uma criatura bizantina. Como entidade política identificável, a Sérvia deve sua origem a Bizâncio – e à necessidade bizantina de ter um aliado voluntário contra o poder emergente do Estado búlgaro.

"O príncipe da Sérvia foi, desde o início, isto é, desde o reinado do imperador Heráclio, servil e submisso ao imperador dos romanos, jamais súdito do príncipe da Bulgária." Assim escreve Constantino VII Porfirogênito, lançando, como era seu costume, uma diáfana camada de fantasia imperial sobre o que os historiadores gostariam que fosse uma base de verdade. Ao contrário, a Sérvia começa a tomar forma nas décadas subsequentes ao reinado aterrorizante do cã búlgaro Krum, no começo do século IX, quando diplomatas e agentes bizantinos chegaram e se puseram a trabalhar com seu dinheiro e suas promessas.

Talvez para conter a infiltração bizantina, os búlgaros invadiram o território sérvio na década de 840, mas foram expulsos pelo monarca sérvio Vlastimir depois de anos de luta renhida. Apesar de ter expandido o território sérvio, Vlastimir dividiu seus domínios, como era costume entre os eslavos, entre seus três filhos. A luta resultante entre os três ramos da família real contribuiu para que a Sérvia permanecesse, por ora, um mero peão na disputa entre Bizâncio e a Bulgária, que atingiu seu primeiro crescendo na época de Simeão.

A Sérvia Ingressa na Comunidade Bizantina

A Sérvia passou ao controle búlgaro durante o reinado de Simeão. Após sua morte, os sérvios conquistaram sua independência liderados por Caslav, um descendente de Vlastimir que nascera na Bulgária e lá passara a maior parte da vida como refém até fugir para liderar a rebelião. As datas precisas da fuga e da rebelião são desconhecidas, mas muito provavelmente aconteceram alguns anos após a morte de Simeão. Caslav governou durante mais três décadas, permanecendo durante todo esse tempo um fiel aliado dos bizantinos.

Por essa razão, creem os estudiosos, as influências bizantinas se disseminaram na Sérvia durante o reinado de Caslav. Refugiados em território bizantino durante as guerras contra Simeão e a ocupação búlgara, muitos sérvios retornaram trazendo consigo o cristianismo e outros costumes bizantinos. Todavia, pouco se sabe com certeza e devemos ter em mente que a Sérvia de então, ao contrário da Bulgária, não era uma nação coesa, mas ainda uma fluida confederação étnica. O Estado sérvio de Caslav, cujas fronteiras não se conhecem, era um entre muitos outros – Zahumlje, Duklja (Dioclea), Travinja e mais tarde Raska, que por volta do século XII se tornaria o mais importante centro de poder da Sérvia.

Foi a partir de Raska que os sérvios começaram a se expandir nos séculos XII e XIII, lutando, como os búlgaros antes deles, para impor a si próprios e à sua identidade a Bizâncio, ainda que cada vez mais estreitamente ligados à sua órbita cultural. Por essa época os imperadores bizantinos consideravam os sérvios como seus súditos: os soberanos sérvios, ditos grandes *zupans*, governavam pela graça do imperador e, quando se rebelavam – o que acontecia com certa irregularidade –, recebiam a pecha de amotinados e traidores. Isto foi dramaticamente ilustrado em 1172, quando o imperador Manuel Comneno derrotou o grande zupan Estêvão Nemanja. Estêvão foi trazido ante o imperador descalço, com a cabeça descoberta e uma corda ao redor do pescoço para lhe oferecer sua espada e se prostrar aos seus pés.

Tais demonstrações eram bastante dramáticas, mas esta, em especial, não vingou. Poucos anos depois o imperador morreu, o império entrou em crise e Estêvão tornou à ofensiva conquistando ou anexando parcelas consideráveis de território bizantino nos Bálcãs. Os bizantinos derrotaram-no, então, uma vez mais, aplacando-o, porém, desta vez, com um casamento na família imperial e a concessão do excelso título de *sebastocrator*. O privilégio funcionou melhor que a humilhação: Estêvão e a Sérvia eram agora membros plenos da comunidade ortodoxa bizantina.

Ao abdicar em 1196, Estêvão fez votos para ingressar num monastério ortodoxo que havia fundado em Studenica. Pouco depois se juntou ao seu filho Sava, também monge, em Monte Athos, num velho monastério chamado Hilandar que os dois haviam refundado como estabelecimento sérvio.

O MONTE ATHOS

O Monte Athos – o monte Sagrado, como ainda é chamado – era o centro da vida monástica ortodoxa desde muito antes da época de Estêvão.

Athos é a mais oriental das três "garras" que a península da Calcídia, entre Salônica* e o rio Estrimon, no norte da Grécia, estende sobre o mar Egeu. Com cerca de 50 quilômetros de comprimento por oito de largura em sua maior parte, e uma cadeia montanhosa ao longo de seu eixo, esta faixa de terra rochosa se junta à Calcídia por um estreito istmo de pouco mais de 1,5 quilômetro de largura. Foi neste istmo, segundo Heródoto, que o rei persa Xerxes abriu um canal para não ter de levar seus navios até os perigosos promontórios durante a frustrada invasão da Grécia no século V a.C. Ainda se podem ver os restos do canal. O próprio monte está situado na extremidade do promontório, com seu cume marmóreo erguendo-se abruptamente 1.800 metros acima do nível do mar.

Esta paisagem estonteantemente bela e selvagem é pontilhada por vinte antigos monastérios, menos da metade dos 46 que existiam por volta do ano 1000, o apogeu medieval de Athos. A maior parte fica próxima do litoral, obstinadamente agarrada às encostas ou acocorada nos vales olorosos, cingida de olivais, jardins e pomares cuidadosamente cultivados.

Athos é hoje uma comunidade religiosa semiautônoma governada pela Igreja e controlada pelo Ministério das Relações Exteriores da Grécia. A entrada requer um visto interno especial do ministério (que para minha grande frustração estava em greve quando visitei a Grécia; acautele-se, portanto). A tradição determina que mulheres não podem entrar, embora se tenham registrado deslizes envolvendo pastores valáquios e suas famílias por volta do ano 1100. De modo geral, porém, até mesmo a entrada de equídeos, galináceos, caprinos e outros tem sido restrita aos espécimens machos. Ovos e leite eram, portanto, importados no passado, embora algumas dessas restrições tenham sido relaxadas nos anos recentes.

O primeiro monastério, chamado Grande Lavra, foi fundado perto do cume do Monte Athos em 963, mas se acredita que monges eremíticos (do grego *eremetikos*, "do deserto", que também nos dá *eremita*) tenham

---

* Nome atual da cidade bizantina de Tessalônica. (N. T.)

começado a chegar ao promontório cerca de um século antes. Embora os monges desse primeiro monastério fossem gregos, a eles se juntaram rapidamente ortodoxos de outras terras, sobretudo eslavos, que vieram em grande número durante o século XII.

Por volta de 1200, havia monastérios de ortodoxos armênios, georgianos e italianos, assim como de russos, búlgaros e sérvios. Os russos assumiram o monastério de Panteleimon, os búlgaros, o de Zografou e, mais tarde neste mesmo século, os sérvios refundaram o de Hilander, que se tornaria particularmente famoso. Nestes e em outros monastérios, os monges realizavam a tarefa de traduzir textos teológicos e litúrgicos bizantinos para o antigo eslavo eclesiástico. De Athos, os textos eram distribuídos a outros monastérios por meio da comunidade bizantina.

São Sava e a Glória da Sérvia Medieval

Por intermédio de Hilandar, e principalmente da obra do ilustre Sava, os sérvios vieram a ter uma importante presença no Monte Athos. Estêvão Nemanja conquistou muitos territórios e fundou uma importante dinastia governante, mas sua maior contribuição para a cultura sérvia foi ter sido pai de Sava. Mais tarde, ambos seriam canonizados como santos ortodoxos. A Sava, mais que a qualquer outro, se deve o viés marcadamente bizantino da Sérvia medieval.

Homem de múltiplas aptidões e interesses, Sava foi governador provincial no reinado de seu pai até se retirar para Athos, onde escapou da cólera de Estêvão em face de sua deserção, ingressando no monastério russo de Panteleimon e depois no grego Vatopedi. Foi por influência de Sava, dizem as fontes, que mais tarde o antigo guerreiro decidiu vestir, ele próprio, a túnica de monge.

Com a morte do pai, Sava assumiu Hilandar, trabalhando com afinco junto ao *establishment* imperial bizantino para obter autonomia plena e uma fonte de renda segura para o monastério. Hilandar foi um grande sucesso, abrigando em pouco tempo cerca de uma centena de monges e passando a desempenhar um papel vital na vida cultural e religiosa da

Sérvia. Sava, figura importante no monte Sagrado, atuou como benfeitor de uma dezena de outros monastérios. Dizem, no entanto, seus hagiógrafos, que sua maior ventura era o silêncio da vida contemplativa e que ele passava longos períodos orando asceticamente numa sala especial de meditação chamada *hesychasterion*.

Em 1204, os latinos tomaram Constantinopla e, poucos anos depois, o Monte Athos. Sava partiu para Studenica, onde depositou os restos mortais de seu pai. Ali passou os oito anos seguintes como abade, ocupando-se muitas vezes de tentar controlar as brigas e malfeitos de seus irmãos mais velhos, mas também escrevendo livros em honra de seu recém-canonizado pai e fundando novos monastérios, o mais importante deles o de Zica, cuja igreja, ricamente decorada por artistas bizantinos, tornou-se em pouco tempo o principal lugar de oração da Sérvia.

Em 1219, Sava foi sagrado pelo patriarca bizantino o primeiro arcebispo da autocéfala Igreja ortodoxa sérvia. Depois de guiar sua Igreja pelas águas perigosas da intromissão papal e de fazer duas peregrinações a Jerusalém, ocupada pelos cruzados, Sava morreu quando visitava Tarnovo, a capital búlgara, em 1236. Seu corpo foi sepultado numa igreja sérvia anteriormente fundada pela família real em Mileseva, onde até hoje há um retrato seu que pode ter sido pintado em vida ainda na década de 1220.

Santo, místico, peregrino, guerreiro e herói de inúmeros poemas épicos, Sava permaneceu na imaginação popular como a mais importante figura nacional da Sérvia durante a longa ocupação turca. A força de seu culto – até os muçulmanos turcos locais veneravam São Sava – levou as autoridades otomanas a queimar seu ataúde em 1594.

Nas décadas que se seguiram à morte de Savas, a arte sérvia viveu um período de glória brilhantemente exemplificado pelos majestosos afrescos da igreja do monastério de Sopocani, pintados na década de 1260. Com o passar dos anos, no entanto, o toque distintivo dos artistas sérvios foi se perdendo em favor dos estilos e influências da Renascença paleóloga bizantina.

Não obstante o declínio de sua originalidade artística, em meados do século XIV a Sérvia medieval atingiu o ápice de sua força militar e política. Foi o reinado de Estêvão Dushan, cujas resolutas tentativas de reclamar o trono bizantino lembram muito as do tsar búlgaro Simeão mais de quatro séculos antes. Da mesma forma como Simeão sonhara estabelecer um império búlgaro bizantino tendo a si próprio como imperador em Constantinopla, Estêvão Dushan tentou se colocar à testa de um império sérvio-bizantino, tirando partido da luta civil que sacudiu o império nesse período. Embora tenha fracassado em sua pretensão de se tornar o "imperador dos sérvios e dos romanos", Dushan não apenas moldou sua corte e seu governo no exemplo de Constantinopla como bizantinizou a administração pública e os códigos legais da Sérvia.

Com a morte de Dushan e o rápido avanço otomano nos Bálcãs, a Sérvia desmoronou abruptamente, no auge de sua força, derrotada em 1371 na batalha do rio Maritsa e em 1389 na de Kosovo Polye, "o campo dos melros". Esta última, em que morreram tanto o sultão Murad quanto o príncipe sérvio Lazar, marcou o começo da vassalagem sérvia para com os turcos e ganhou, por isso mesmo, um caráter épico. Os sérvios, como os bizantinos, tiveram um breve respiro com a vitória de Tamerlão sobre os otomanos em Ancara, em 1402, mas já em 1459 a totalidade do reino estava sob ocupação turca direta. Até hoje os sérvios veem o reinado de Estêvão Dushan como sua idade de ouro.

Capítulo 13

A Ascensão de Kiev

Diz a tradição que os invasores que tanto aterrorizaram os habitantes de Constantinopla em 860 vieram de Kiev, às margens do rio Dnieper, a rica cidade comercial que era também o centro político da Rus de Kiev,* a primeira civilização russa. Esta ideia se apoia largamente no mais antigo relato dessa época, a *Primeira crônica*, segundo a qual os vários povos eslavos e não eslavos da Rússia setentrional e da Ucrânia atuais teriam convidado um povo escandinavo, os russos varangianos, a governá-los. "Nosso país é grande e rico, mas nos faltam ordem e justiça. Venham tomar posse e nos governar", teriam dito.

Reza a lenda que desde o começo os eslavos e seus novos senhores cobiçaram a reluzente majestade de Constantinopla. Para os eslavos,

---

* Várias fontes em língua portuguesa dizem "Rússia kievana", termo que se tem como equivalente a "principado de Kiev". No entanto, em virtude de implicações de conteúdo envolvendo precedentes escandinavos na formação deste e de outros principados da Rússia medieval, foi mantida na tradução, sempre que assim referida, a forma original Rus de Kiev, ou Rus kievana. O leitor observará, no decorrer da leitura, que o autor alterna, e substitui gradualmente, o topônimo "Rus", e o substantivo e adjetivo "rus" por seus correlativos "Rússia" e "russos(as)", assim refletindo o processo mesmo de formação da nacionalidade no sentido moderno. (N. T.)

a capital bizantina era Tsargrad, a "cidade dos imperadores"; para os varangianos, Micklegard, a "grande cidade". A caminho de Constantinopla com suas famílias, os irmãos varangianos Askold e Dir se detiveram em Kiev, uma "pequena cidade sobre uma colina" às margens do rio Dnieper. Tendo tomado a cidade, eles a usaram como base para seu ataque a Constantinopla em 860. A frota sitiante foi destruída por uma tempestade surgida do nada quando o imperador Miguel e o patriarca Fócio mergulharam "as vestes da Virgem" no mar.

Os antigos varangianos tinham um príncipe chamado Rurik, que veio a ser rei de Novgorod, no norte, e progenitor dos futuros tsares da Rússia até 1568. Seu descendente, Oleg, derrubou e matou Askold e Dir, tornando-se senhor de Kiev. Sob Oleg, Kiev estendeu seu domínio a outros centros de população rus, assumindo o lugar de capital, "a mãe das cidades russas".

Com base neste relato, a interpretação tradicional considera que Kiev foi fundada um pouco antes da metade do século IX. A cidade prospera, abrindo a célebre rota comercial "dos varangianos aos gregos", ao longo do Dnieper, até o mar Negro. Esta é a rota que, segundo a *Primeira crônica*, Askold e Dir pretenderam tomar ao emigrar com suas famílias para Tsargrad. Kiev ataca Bizâncio de tempos em tempos, como em 860, ao passo que as influências culturais bizantinas nela se infiltram pelo mesmo Dnieper. Por volta de fins do século X, Kiev finalmente se converte ao cristianismo ortodoxo.

Esta interpretação tradicional tão lisonjeira para com Bizâncio foi aceita, durante muito tempo, pelos bizantinistas modernos. Contudo, a *Primeira crônica* revelou-se pouco confiável. Ela é uma compilação de fontes anteriores, de fins do século XI e começo do XII, algumas orais, feita *a posteriori* por monges ortodoxos de Kiev numa época em que a grandeza do principado já começara a se apagar. Estudos mais recentes concluíram que os compiladores tinham um bom motivo para exagerar a antiguidade de Kiev e seu papel na fundação do poder rus: dar uma versão mais "apropriada" das origens de Kiev.

A Antiga Rus

Os novos indícios arqueológicos não deixaram muitas escolhas aos estudiosos, ainda que o mito da antiguidade de Kiev tenha lutado para não morrer. Livros sobre a história da Rússia tão recentes quanto a década de 1990 continuam a afirmar que o ataque de 860 proveio de Kiev. Contudo, novas descobertas (ao lado da reinterpretação das antigas) revelam de maneira conclusiva que, em 860, Kiev não passava de um vilarejo primitivo, com umas poucas cabanas de madeira, indistinguível de outros vilarejos ao redor. Inexistem registros de trocas comerciais significativas entre Kiev e Bizâncio em meados do século IX, muito menos antes. É absolutamente impossível, pois, que uma frota de cerca de 200 barcos lá tenha se originado, descido o Dnieper e cercado Constantinopla. O ataque veio necessariamente de algum outro centro rus.

Candidatos não faltam. Durante o século IX, os rus varangianos – intrépidos comerciantes vikings que se aventuraram a cruzar as águas geladas do Báltico – estabeleceram uma série de entrepostos comerciais ao longo dos rios que cortavam as densas florestas do norte da Rússia. Os arqueólogos demoliram, ao que parece, o mito da rota do Dnieper entre a antiga Rus e Bizâncio, mas encontraram fortes indícios de comércio entre a Rus e duas outras civilizações que a flanqueavam, a da Europa Ocidental e a do mundo islâmico. Os francos, como os árabes, saíram na frente dos bizantinos no comércio com os intrépidos rus.

Não o Dnieper, mas o Don e, especialmente, o Volga parecem ter sido as mais importantes rotas aquáticas da antiga Rus para as riquezas do sul. Ambos tinham localizações adequadas ao comércio com as terras islâmicas. Tal como o Dnieper, o Don também deságua, em última instância, no mar Negro, só que mais para o leste, no mar de Azov. O Volga deságua no Cáspio, pelo qual os mercadores podiam navegar até o início do caminho terrestre para Bagdá. Ambos os rios são navegáveis desde suas partes altas e acessíveis desde o Báltico por uma série de transposições terrestres relativamente curtas. Além disso, eles se aproximam um do outro perto da foz, permitindo aos navegantes passar de um rio (e de um mar) ao outro por transposições terrestres factíveis.

É por volta da década de 830 que as fontes literárias começam a falar dos rus. Os *Anais de são Bertin*, que registram a chegada de uma embaixada bizantina à corte do imperador franco Luís, o Pio, em 839, falam de um grupo de viajantes que a acompanhavam trazendo uma carta do imperador bizantino. Ele pedia a Luís que ajudasse os estrangeiros a retornar à sua terra, pois o caminho desde Bizâncio estava bloqueado por "povos bárbaros e selvagens de inaudita ferocidade" que eles haviam encontrado em sua jornada. A carta dizia também que os estrangeiros se identificavam como "rhos". Quando quis saber do que se tratava, Luís descobriu que eram "do povo dos suecos".

Pensou-se durante muito tempo que esses viajantes eram originários de Kiev. Como, porém, ao que se sabe hoje, Kiev não existia nessa época, estudiosos recentemente creem que eles vieram de algum entreposto comercial próximo à futura Novgorod. Os selvagens que bloqueavam o seu caminho eram provavelmente magiares, que em pouco tempo (como resultado do estratagema de Simeão anteriormente descrito) recuariam ante os pechenegues do norte do mar Negro e se instalariam na Hungria.

A despeito de presença de rus na corte bizantina, são poucas, se é que existem, as provas arqueológicas de comércio entre eles e os bizantinos nessa época. Todos os indícios — ricos depósitos de moedas de prata árabes no Volga e no Don, por exemplo — apontam para a existência de fortes laços entre a Rus e o mundo islâmico.

A Fundação de Kiev

Por volta do ano 900, porém, os rus varangianos se viram bloqueados. A leste, sua bem estabelecida rota para Badgá pelo rio Volga foi subitamente obstruída por um grupo nômade recém-chegado, os búlgaros do Volga, que lhes exigiram parte dos ganhos do lucrativo comércio do grande rio.[1] A oeste, comerciantes rus do Danúbio eram submetidos a pressões

---

[1] Os búlgaros do Volga eram um povo turco relacionado àquele que fundou a Bulgária.

similares por parte daqueles cujas terras atravessavam, sobretudo em forma de tarifas e pedágios. Restou-lhes uma única opção de expansão: o sul – vale dizer, o Dnieper, bem como contatos mais amplos com os eslavos que viviam ao longo de sua seção setentrional.

O Dnieper é o mais extenso dos rios que deságuam no mar Negro, mas nem de longe tão navegável quanto os dois outros grandes rios da Rússia, o Don e o Volga, que o são em quase toda a sua extensão. Em especial, um temível conjunto de corredeiras formadas por imensas rochas graníticas, ao longo de quase 80 quilômetros no Médio Dnieper, obrigava os navegantes a fazer longas transposições por terra ou se arriscar à destruição e morte.

As corredeiras se apresentavam na passagem do rio pelas estepes, obrigando os navegantes a desembarcar e arrastar penosamente seus barcos e carregamentos bem no lugar onde ficavam mais vulneráveis aos ataques dos nômades montados. Os ataques dos pechenegues do Médio e Baixo Dnieper seriam, nas palavras de Constantino Porfirogênito, a ruína da Rus de Kiev.

Enquanto os rus miravam o sul, os bizantinos tinham suas razões para buscar uma nova aliança ao norte. A maior delas era o ataque de 860, uma trágica demonstração de que a antiga aliança com os khazares já não bastava para proteger Bizâncio nessas fronteiras. O poder khazar vinha se enfraquecendo. Os bizantinos flertavam com os povos nômades em domínios nominalmente khazares, como os magiares e os pechenegues, usando-os sempre que podiam, mas tais guerreiros andarilhos eram muito pouco confiáveis a longo prazo: não mostravam nenhum interesse em se estabelecer como cristãos nem em compartilhar quaisquer benefícios culturais derivados da civilização. Tampouco se mostravam particularmente interessados em outro tipo de comércio que não o de miudezas e ferramentas.

Em contraste, para os rus o comércio era tudo. Escavações da década de 1970 em Kiev encontraram às margens do rio restos de casas de madeira muito similares a estruturas achadas em lugares onde existiram postos de comércio dos rus varangianos. Datadas, com segurança, de cerca de 900, essas construções parecem marcar a chegada a Kiev de rus vindos do norte. Cemitérios começam a surgir também, alguns escandinavos, mas predominantemente eslavos, indicando que um número crescente deles era atraído a Kiev e a comunidades circunvizinhas à medida que surgiam postos de trabalho ligados ao comércio, como a construção de barcos.

Para complementar as provas arqueológicas, a *Primeira crônica* conserva o que parecem ser antigos acordos de comércio com os bizantinos. O primeiro, do ano 907, tem o aspecto de um conjunto de disposições preliminares ao segundo, de 911. Não há garantia de que esses acordos tenham sido firmados pelos rus em Kiev, embora assim o diga a *Primeira crônica*. Mas é a primeira vez que os indícios arqueológicos confirmam a potencial veracidade de informações nela contidas, caso em que tais acordos podem ser considerados documentos fundacionais de Kiev.

Diz a *Primeira crônica* que o primeiro acordo foi, no essencial, arrancado aos bizantinos por Oleg, o rei varangiano que ela diz ter tomado Kiev derrubando Askold e Dir. Há também a detalhada e dramática narrativa de um ataque de Oleg contra Tsargrad: o varangiano elude as frágeis defesas da cidade levando os barcos por terra até o Corno de Ouro, cuja entrada os bizantinos haviam protegido com uma corrente. Este expediente, que tornaria a ser usado pelos turcos em 1453, é um indício das habilidades necessárias para lidar com as corredeiras do Dnieper. Só depois de se curvarem ao talento tático e à impiedosa rapina de Oleg foi que os bizantinos aceitaram as exigências rus. É notável, porém, que nenhuma fonte bizantina mencione este ataque, donde se deduz, com quase toda segurança, que ele não aconteceu. Tudo parece cuidadosamente arquitetado para preservar a reputação dos rus como selvagens temíveis.

Os termos do acordo são singularmente generosos do ponto de vista bizantino – a ponto de condescender com a propensão escandinava para a prodigalidade em matéria de banhos:

> Os rus que aqui vierem receberão todo o grão que pedirem. Os que vierem como mercadores receberão suprimentos para seis meses, incluindo pão, vinho, carne, peixe e frutas. Banhos lhes serão preparados na quantidade

que demandarem. Quando tomarem o caminho de volta, os rus receberão de Sua Majestade Imperial alimentos, âncoras, cordoaria e velas e tudo o mais que for necessário para a jornada.

O acordo contém, também, disposições especificamente talhadas para promover o comércio e assegurar o bom comportamento dos visitantes:

> Os rus que vierem sem mercadorias não receberão provisões. O seu príncipe exigirá formalmente dos rus que aqui vierem não cometer nenhuma violência em nossas cidades e em todo o nosso território. Os rus que aqui chegarem receberão alojamento no quartel de São Mamas. [...] Eles entrarão na cidade por um único portão, desarmados e em grupos de cinquenta, escoltados por um agente do imperador. E farão negócios conforme suas necessidades sem pagar nenhum imposto.

Sem essas disposições cuidadosamente negociadas, a rota do Dnieper não valeria a pena, a despesa e o perigo. Kiev não era exatamente um lugar propício: localizada muito ao sul, era muito difícil de defender. Novgorod e outros antigos centros de comércio rus ficavam nas florestas do norte, fora do alcance dos cavaleiros nômades que historicamente dominavam a estepe. Kiev, ao contrário, localizada na região parcamente florestada da margem setentrional da estepe, era mais sujeita aos assaltos e pilhagens promovidos pelas hordas de guerreiros nômades montados — magiares e pechenegues. O assentamento original fica na margem direita do Dnieper, a quase 1.000 quilômetros do mar Negro rio acima, na encosta de um penhasco que se ergue cerca de 100 metros sobre suas margens. O sítio é espetacular. Hoje se podem ver as flechas e cúpulas douradas de suas antigas igrejas no alto dos penhascos desde boa parte da cidade moderna, que se espalhou sobre a planície aluvial do lado oposto. O clima é mais clemente do que nas densas florestas do norte, o solo, mais fértil, e as árvores, mais facilmente removíveis. Para contrabalançar essas tentações, o perigo espreita nas estepes.

Durante certo tempo, o risco e as concessões cuidadosamente negociadas com os bizantinos renderam frutos. Este foi o primeiro Estado russo, com uma legitimidade amplamente sustentada no reconhecimento bizantino via acordos de comércio. A *Primeira crônica* nomeia os conselheiros e representantes de Oleg, que assim como ele tinham nomes inconfundivelmente escandinavos: Karl, Farulf, Vermund, Hrollaf, Steinvith, Ingjald, Gunnar, Harold, Karni e outros que tais. Temos, pois, uma boa ideia de quem o fundou. Todavia, em um século o novo Estado e a nascente civilização sobre a qual ele reclamava supremacia viriam a ser totalmente eslavos – verdadeiramente russos, se se preferir.

Se os bizantinistas já gostavam da antiga interpretação por reconhecer uma grande influência bizantina sobre a Rus de Kiev após a fundação da cidade, motivos não faltam para gostar ainda mais da nova. No nosso novo quadro dos primeiros dias de Kiev, Bizâncio ocupa um lugar ainda mais destacado do que antes; vale dizer, foi um fator decisivo para o seu próprio nascimento – mais tardio, abrupto e dramático até do que se suspeitava.

Comércio e Combate

Permanece em aberto a questão de se Askold, Dir e Oleg foram de fato personagens históricos. Os indícios mais sólidos são da década de 940. Em 941, o primeiro rei kievano claramente identificável, Igor, conduziu uma imensa frota – a cifra bizantina de 10 mil barcos obviamente exagera o seu tamanho – até o mar Negro e aterrorizou, durante vários meses, as regiões costeiras ao redor de Constantinopla. Os barcos rus só se retiraram depois que os bizantinos resgataram da aposentadoria alguns velhos navios e os armaram com o fogo grego. Embora os historiadores divirjam sobre a importância desse ataque, o certo é que ele foi seguido, em 945, da reafirmação dos laços comerciais entre rus e bizantinos sob um tratado novo e ainda mais amplo cujo texto também consta da *Primeira crônica*.

Igor morreu à frente de uma pequena força lançada contra rebeldes da vizinha Dereva pouco depois da assinatura deste novo tratado.

O poder kievano passou, sem sobressaltos, para sua viúva, Olga, regente de seu pequeno Svyatoslav. O primeiro ato de Olga foi varrer os rebeldes até o último homem – ao menos é o que diz a *Primeira crônica*, que se estende voluptuosamente nos detalhes repulsivos de sua implacável vingança. No que pode ser tomado como uma antecipação literária, nos é dito que o pequeno Svyatoslav quase arrancou a orelha do seu cavalo ao tentar valentemente arremessar uma lança contra os matadores de seu pai.

A *Primeira crônica* descreve, em seguida, os esforços de Olga para consolidar o controle de Kiev sobre cidades distantes como Novgorod, um poder basicamente exercido na forma de coleta de tributos sobre bens valiosos, como peles, cera, mel, escravos e plumas. Tais matérias-primas eram negociadas em dinheiro ou em bens de luxo, como a seda, mencionada com destaque no tratado de 945. Tal como seus predecessores, Olga dava total preferência a Bizâncio, não a outros mercados, nesse tipo de negócios, embora tenha mais tarde flertado brevemente com os germânicos.

Em 957, no exato interregno das duas viagens de Liudprand de Cremona a Constantinopla, Olga visitou a capital bizantina acompanhada de um grande séquito. O propósito básico de sua visita era o comércio, mas havia outros. Cerca de um século antes, Fócio teria enviado missionários cristãos a Rus, que desapareceram sem deixar rastros. À medida, porém, que o comércio do Dnieper com Kiev fazia multiplicar os contatos entre bizantinos e rus, era inevitável que o cristianismo conquistasse adeptos entre eles. Ninguém menos do que a própria Olga pedia, agora, para ser batizada na fé cristã. A cerimônia foi oficiada pelo patriarca de Constantinopla, presumivelmente em Santa Sofia. Tendo por padrinho o imperador Constantino VII Porfirogênito, Olga foi batizada com toda a pompa com o nome de Helena, o mesmo da mãe de Constantino, o Grande.

Esse tipo de aceitação simbólica no seio da família imperial era levado muito a sério – uma honra excepcional que mostra a importância atribuída pelos bizantinos aos seus novos aliados do norte. Pode, no entanto, ter havido um componente humano na história, pois a *Primeira crônica* registra que Constantino VII – que parece ter ficado vivamente impressionado com a notável Olga – propôs casamento à soberana rus. Ela evita habilmente a investida do imperador observando que, como seu padrinho de batismo, ele a chamou de filha, tornando qualquer união entre eles imprópria pela lei cristã. Entre encantado e sentido, Constantino responde: "Olga, sua sagacidade me excede."

Seria de esperar que a conversão de uma soberana determinada como Olga resultasse na cristianização de seu povo, mas este passo seria adiado por algum tempo. Por mais que tenha tentado, a devota Olga não conseguiu abalar o arraigado paganismo de seu filho e herdeiro, o igualmente determinado Svyatoslav.

Svyatoslav foi o primeiro soberano russo de nome eslavo, o que sugere que os rus varangianos, como antes deles os búlgaros, haviam sido amplamente absorvidos por seus súditos eslavos mais numerosos. Guerreiro indomável e aguerrido, de olhos escuros e nariz arrebitado, Svyatoslav se espelhava nos cavaleiros nômades das estepes até no corte de cabelo (cabeça raspada com um único tufo de cabelo num dos lados, ao estilo bárbaro):

> Com passadas leves como as de um leopardo, ele empreendeu muitas campanhas. Em suas expedições não levava carros nem panelas e não cozinhava carne: simplesmente cortava pequenas tiras de carne de cavalo, gamo ou boi e as comia assadas na brasa. Sequer tinha uma tenda: estendia-se sobre a manta do seu cavalo e punha a sela sob a cabeça, e todo o seu séquito fazia o mesmo.

Deixando a formidável Olga na condução do governo em Kiev, Svyatoslav tratou imediatamente de expandir o poder kievano para leste. No começo da década de 960, empreendeu várias expedições contra os khazares, saqueou Itil, sua capital, e pôs um ponto final em seu Estado claudicante. Depois subjugou outras tribos cujos nomes a crônica conservou – kasogianos, yasianos, vyatichianos –, além de atacar os búlgaros do Volga. Parece que seu objetivo era ganhar acesso às rotas comerciais ainda lucrativas do Don e do Volga, mas neste caso o seu sucesso foi apenas parcial.

Em 967, o imperador bizantino Nicéforo II Focas pediu a Svyatoslav que marchasse contra os búlgaros. Era comum os bizantinos fazerem esse tipo de pedido a um aliado, em geral mediante suborno e neste caso talvez um pouco maior do que o normal: 1.500 libras de ouro. Svyatoslav cruzou o Danúbio conforme o combinado, derrotou facilmente os búlgaros e ocupou a Pequena Preslav (Pereslavyets), na Drobuja, onde passou o inverno.

Enquanto ele estava lá, os pechenegues aproveitaram a oportunidade para atacar Kiev, que foi bloqueada e assediada com uma grande força. Svyatoslav voltou às pressas para o norte e libertou a cidade, mandando os pechenegues de volta para as estepes. Mas sua temporada na próspera Bulgária lhe dera ideias. Depois de resgatar Olga, ele a surpreendeu com o anúncio de sua intenção de transferir a sede do poder rus para a Bulgária. Olga, já doente, morreu poucos dias depois de receber, com indiferença, a notícia de que seu filho e herdeiro pretendia transferir a capital para o sul. Svyatoslav tornou à Bulgária e recapturou a Pequena Preslav. Foi necessário que o imperador bizantino João Tzimisces (que assassinara e sucedera Nicéforo II Focas) impusesse a Svyatoslav três sangrentas derrotas e um longo bloqueio no Danúbio para que ele aceitasse deixar a Bulgária.

No caminho de volta a Kiev, carregado de despojos de guerra, Svyatoslav e seu pequeno séquito foram atacados pelos pecheneches nas corredeiras do Dnieper. Svyatoslav foi morto e os pechenegues (talvez para mostrar que eram eles os verdadeiros bárbaros) fizeram com o seu crânio cuidadosamente raspado o que hoje se costuma fazer com os copos descartáveis. Svyatoslav pedira expressamente aos bizantinos que negociassem um salvo-conduto. Ou eles não deram a mínima ou o seu pedido foi menos atraente que o rico butim búlgaro que Svyatoslav e seus homens levavam consigo.

Nada indica que o mau comportamento de Svyatoslav nos Bálcãs foi suficiente para prejudicar as estreitas relações de Kiev com Bizâncio. Esta relação se baseava no comércio – embora isso estivesse a ponto de mudar – e, afinal, negócios são negócios. Tanto os bizantinos quanto, depois da morte de Svyatoslav, os russos se viam envolvidos em tensões internas que os obrigavam a passar por cima de quaisquer antagonismos.

Em Bizâncio, João Tzimisces substituiu Nicéforo Focas (que ele mesmo assassinou) como regente do neto de Constantino VII Porfirogênito, o jovem Basílio II, até a sua morte em 976. Aos 18 anos de idade, Basílio II, agora legítimo imperador de Bizâncio, teve de enfrentar mais de uma década de guerra civil para conseguir governar o império. Na Rússia, onde Svyatoslav havia deixado seus filhos a cargo de diferentes cidades, a década de 970 foi, de modo análogo, marcada por lutas de sucessão das quais saiu vencedor o mais jovem entre eles, Vladimir, em 980.

Basílio II e Vladimir enfrentaram imensos desafios em suas respectivas lutas pelo poder, quando um deu ao outro o apoio decisivo onde e quando ele se fez mais necessário. Os dois notáveis monarcas se ajudaram mutuamente a trazer suas cidades, a Bizâncio medieval e a Rus de Kiev, ao ápice da prosperidade e força. Foi assim que eles consolidaram a singular parceria entre a civilização bizantina e a emergente civilização russa.

Capítulo 14

A Idade de Ouro da Rus de Kiev

O soberano conhecido como Vladimir, o Grande, depois São Vladimir, nasceu por volta de 956, filho de uma das concubinas camponesas de Svyatoslav. Seus dois irmãos, Yaropolk e Oleg, além de mais velhos, tinham a seu favor a linhagem e a legitimidade. Svyatoslav pôs Yaropolk no comando de Kiev e Oleg no da vizinha Dereva (que se rebelara contra Igor), fazendo Vladimir príncipe da distante Novgorod. Não demorou muito para que surgissem problemas entre os mais velhos. Yaropolk derrotou Oleg, que foi morto na batalha, e Vladimir fugiu para a Suécia, deixando Yaropolk absoluto no controle da Rus de Kiev.

No entanto, a Vladimir não faltava fibra. Diz a *Primeira crônica* que ele retornou da Suécia com um grupo de aventureiros e, sem maiores dificuldades, expulsou de Novgorod os representantes de Yaropolk. Sem perda de tempo, marchou sobre Kiev com um grande exército de gente de todo o norte e induziu o irmão a fugir, subornando seu mais importante general. Convidado a negociar, Yaropolk foi apunhalado à sua porta por dois varangianos a soldo de Vladimir.

Ao assumir o poder, Vladimir teve de enfrentar uma falta de legitimidade política potencialmente paralisante. Para resolver o problema, voltou-se imediatamente para a religião – mas não a cristã. Pelo menos, não de início. Segundo a *Primeira crônica*, o primeiro ato de Vladimir como soberano foi identificar-se publicamente com os deuses pagãos do culto eslavo tradicional, encabeçados pelo deus do trovão, Perun: "Vladimir começou então a governar sozinho em Kiev e colocou ídolos nas colinas do lado de fora do castelo: um representando Perun, de madeira, com cabeça de prata e bigode de ouro, e outros representando Khors, Dazh'bog, Stribog, Simarg'l e Mokosh." Vários deles eram divindades locais de comunidades que Kiev agora controlava. Vladimir, um bastardo e fratricida identificado com a distante Novgorod, rival de Kiev, necessitava desesperadamente se firmar junto a seus súditos, uma população ainda bastante heterogênea. Adotar resolutamente seus deuses era uma forma óbvia de consegui-lo.

"Não Há Nada Tão Belo Neste Mundo"

Contudo, esse caminho também tinha perigos. Deuses locais evocam laços locais, não lealdade ao governo central. Assim, tal como seu pai e seus avós, Vladimir fez da expansão da autoridade kievana sua maior preocupação, sempre em luta com cidades distantes, atacando, conquistando, submetendo e tributando.

Havia muitos cristãos nessas cidades, como também, a essa altura, em Kiev, descontentes com os sacrifícios compulsórios a deuses pagãos. Havia também muçulmanos e judeus em regiões sob domínio kievano e quase certamente dentro da própria Kiev. Os khazares eram judeus e os búlgaros do Volga, muçulmanos, de maneira que todo soberano rus tinha pelo menos alguma familiaridade com essas duas religiões, sem falar do próprio cristianismo. Ao que parece, Vladimir começou desde cedo a cogitar a possibilidade de adotar uma dessas religiões monoteístas de maior prestígio.

O célebre episódio da conversão de Vladimir narrado na *Primeira crônica* tem sido aceito como plausível pela maioria dos historiadores, pelo menos em suas linhas gerais. Ao receber alguns representantes diplomáticos dos búlgaros do Volga, Vladimir lhes perguntou sobre sua fé. "Eles responderam que acreditavam em Deus e que Maomé os instruíra a praticar a circuncisão, a não comer carne de porco e a não beber vinho, prometendo-lhes para depois da morte a completa satisfação de seus desejos carnais." A última parte despertou o interesse de Vladimir; a proibição de ingerir carne de porco e, sobretudo, vinho, nem pensar. "'Beber', disse ele, 'é a grande alegria dos russos. Não podemos existir sem esse prazer.'" Essa passagem, ao que parece, costuma ser citada como um indício particularmente forte da plausibilidade da *Primeira crônica*.

Seguiram-se visitas similares dos germânicos, representando a Igreja latina, e dos khazares, representando o judaísmo. Nenhum deles conseguiu conquistar a adesão de Vladimir. Os germânicos provocaram a rejeição do príncipe ao revelar que sua fé lhes impunha o jejum, ao passo que os khazares se perderam ao trazer à baila a Diáspora, que levou Vladimir a protestar: "Se Deus amasse vocês e sua fé, não os teria deixado dispersos em terras estrangeiras. Como podem esperar que aceitemos essa sorte para nós também?"

Cada um desses episódios merece um parágrafo na *Primeira crônica*. Já um "erudito" vindo de Bizâncio ocupa mais de 10 páginas, com um longo resumo da história do mundo à maneira do Velho e do Novo Testamentos, intercalado no texto com perguntas periódicas do extasiado Vladimir. O "erudito" abre seu longo discurso dizendo que a versão bizantina do cristianismo é similar à dos alemães, mas que estes "modificaram a fé" introduzindo novidades, como o pão ázimo, na eucaristia.

Depois de consultar seus boiardos, Vladimir enviou emissários aos búlgaros do Volga, alemães e bizantinos para retribuir a visita e falar-lhes de seus cultos. Os búlgaros e germânicos receberam os enviados com sincera cordialidade, mas não puderam competir com Santa Sofia, onde os russos participaram de um serviço a convite do imperador e do patriarca. Disseram mais tarde os enviados que, ao entrar na grande catedral, "não sabíamos se estávamos no céu ou na Terra. Pois não há nada tão belo neste mundo; não temos nem palavras para descrevê-la. Só sabemos que Deus vive lá, entre os homens". Vladimir e seus boiardos, diz a *Primeira crônica*, resolveram, então, ser batizados na versão bizantina da fé cristã.

Essa é a história contada retrospectivamente pelas fontes russas. As fontes bizantinas têm um ponto de vista próprio sobre a conversão dos rus, talvez mais próxima da realidade.

Durante boa parte do século X, vale dizer durante a minoridade de Basílio e, antes dele, a de seu avô Constantino VII Porfirogênito, o governo bizantino foi controlado por generais poderosos na figura de regentes e coimperadores. Tais personagens se impuseram em nossa narrativa mais de uma vez. Eles eram membros de ilustres famílias provinciais de militares que, especialmente na Ásia Menor, foram em grande parte responsáveis pelas vitórias sobre os árabes que expandiram a fronteira do império para leste no transcurso daquele século. Foram as rivalidades entre essas famílias, nascidas do jogo de influências na corte, que levaram ao assassinato de Nicéforo Focas por João Tzimisces em 969.

Durante duas décadas de distúrbios civis, a política bizantina foi dominada pelas disputas entre a família Foca e seus inimigos. Basílio trabalhava pacientemente para reaver o poder usurpado pelos generais contendores, comandantes de exércitos essencialmente privados, embora nominalmente imperiais, maiores do que qualquer força que ele pudesse reunir. Foi então que Bardas, sobrinho de Nicéforo Focas, tendo se livrado de seus rivais, rebelou-se abertamente contra Basílio em 987 e foi proclamado imperador por suas tropas. Bardas controlava a quase totalidade do império, ao passo que o poder de Basílio se resumia à própria Constantinopla, onde permanecia cercado e isolado.

Na política bizantina, porém, quem quer que governasse Constantinopla mantinha a aura do poder legítimo por pior que fosse a situação. E ela era péssima. Basílio era contestado não apenas por Bardas Focas, mas também por uma rebelião na Bulgária, onde o tsar Samuel se aproveitara da confusão bizantina para escapar ao domínio imperial que lhe fora imposto por João Tzimisces nas campanhas de que participara Svyatoslav. Em 986, os búlgaros surpreenderam os exércitos de Basílio numa devastadora emboscada que os obrigou a se retirar por um penoso passo na montanha. Daí em diante, Basílio se tornaria sinistramente obcecado com a completa submissão da Bulgária, objetivo cuja sangrenta consumação lhe renderia o epíteto de Bulgaróctono – "matador de búlgaros".

Em 988, a vitória de Basílio sobre a Bulgária ainda era um futuro distante. Sua mais urgente prioridade era a mera sobrevivência. Basílio precisava mais que tudo de soldados para enfrentar os exércitos de Bardas Focas e eles só poderiam vir de um lugar. Uma delegação foi então enviada a Vladimir para solicitar um grande destacamento de tropas. Nas negociações que se seguiram, o imperador bizantino deixou absolutamente claro o desespero da situação oferecendo em casamento a Vladimir ninguém menos que sua própria irmã, Ana – uma princesa bizantina legítima, nascida em púrpura.

Esta inédita concessão a um soberano bárbaro do norte era uma grande oportunidade para Vladimir. Ela teria deixado absolutamente escandalizado o avô de Basílio, Constantino VII Porfirogênito, que em seus copiosos escritos sobre o comportamento imperial dissera claramente que macular a linhagem real com esse tipo de aliança estava fora de questão.

À parte as tropas, as únicas condições impostas por Basílio nesta oferta inaudita eram que Vladimir fosse batizado no cristianismo e que renunciasse a suas outras esposas. Vladimir aceitou a oferta. Enviou a Basílio seis mil soldados, segundo consta, e foi devidamente batizado. Com a ajuda das tropas russas, Basílio derrotou os rebeldes e retomou o controle total do império. Os russos permaneceram em Constantinopla para constituir a famosa guarda varangiana, unidade de elite de lealdade inquestionável encarregada da guarda pessoal do imperador no Grande Palácio.

Em Kiev, Vladimir instituiu o culto cristão com o mesmo zelo anteriormente demonstrado pelos deuses pagãos, que ele agora rejeitava publicamente:

> Ao chegar à sua capital o príncipe ordenou que os ídolos fossem derrubados, alguns cortados em pedaços e outros queimados. Depois ordenou que Perun fosse amarrado à cauda de um cavalo e arrastado... até o rio. Ele designou doze homens para açoitar o ídolo com varas... Depois de ter arrastado o ídolo, eles o lançaram no Dnieper.

Vladimir determinou também que todos os kievanos fossem batizados, ordem que eles receberam com notável alegria e confiança dizendo (nas palavras dos monges que escreveram a *Primeira crônica*) que "se não fosse bom, o príncipe e seus boiardos não o teriam aceitado". Seguramente não.

Vladimir tomou também medidas para disseminar a nova fé no florescente império de Kiev. "Ele começou a criar igrejas e designar padres para as cidades e a conclamar o povo a aceitar o batismo em todas as vilas e cidades." As igrejas mais impressionantes foram erguidas, é claro, na capital, com ajuda e inspiração de modelos bizantinos. No mesmo lugar onde erguera e derrubara os ídolos pagãos, Vladimir construiu uma grande igreja dedicada ao seu santo padroeiro, Basílio. Mais tarde importou artistas e artesãos bizantinos para construir uma igreja ainda maior dedicada à Virgem Maria, parte de um novo palácio real ricamente decorado no morro da Cidade Velha, onde vivia com sua esposa *porfirogênita*.

Vieram de Bizâncio não somente clérigos para difundir o Evangelho e ocupar as novas igrejas, mas também arquitetos, artistas e artesãos para decorá-las e transmitir seu conhecimento aos aprendizes eslavos. Em poucos anos, a paisagem de Kiev foi totalmente modificada: um visitante ocidental de nome Thietmar, bispo de Merseberg e contemporâneo de Vladimir, relatou que Kiev era uma majestosa cidade com cerca de quarenta igrejas e oito mercados.

Essa transformação foi, não obstante, eclipsada pelas mudanças culturais que se seguiram às materiais. A prestigiosa aliança matrimonial de Vladimir e sua conversão ao cristianismo ajudaram-no a assegurar sua posição em Kiev. Em pouco tempo ele passou a emitir moedas de ouro e prata ao estilo bizantino, com sua pessoa real entronizada de um lado e o Cristo Pantocrator ("que reina sobre todas as coisas") bizantino de outro. E o mais importante, ao converter seu povo Vladimir deu a ele uma identidade coletiva – como cristãos e, em pouco tempo, como russos.

O Legado de Cirilo
e Metódio na Rússia

Imediatamente depois de "convidar" seus súditos a se converterem, Vladimir tomou medidas para que eles tivessem ao menos uma ideia daquilo a que se estavam convertendo. Além de enviar padres às vilas e cidades, ele deu início a um programa educacional destinado aos filhos de seus súditos mais ilustres: "Ele pegou os filhos das melhores famílias", nos conta a *Primeira crônica*, "e os enviou para aprender o saber dos livros." "As mães dessas crianças", prossegue o fleumático cronista, "choravam amarguradas porque, ainda inseguras de sua fé, os pranteavam como se pranteiam os mortos."

O que Vladimir estava fazendo era muito mais do que simplesmente doutrinar – de maneira inteligente, ainda que insensível – sua futura classe dominante. Dado que os russos, tal como os búlgaros em sua época, não haviam conhecido nenhum alfabeto antes da chegada dos cristãos, Vladimir estava também fundando o que viria a ser uma das maiores tradições literárias do mundo.

O "saber dos livros" inculcado nesses jovens não foi outro senão o agora substancial corpo de textos do antigo eslavo eclesiástico que constituía o legado dos santos Cirilo e Metódio. Essa mesma herança eslavônica, ainda florescente na Bulgária, encontrou uma encarnação ainda mais grandiosa na nascente civilização russa, em cuja formação foi um fator decisivo.

A *Primeira crônica* o reconhece claramente. O cronista desconhecido trata especialmente das missões à Morávia e Bulgária, assinalando a dívida cultural dos russos e celebrando orgulhosamente a herança comum eslava como legado de Cirilo e Metódio. "Foi para esses morávios que os primeiros livros eslavos foram escritos, e esses textos prevalecem também na Rus e entre os búlgaros do Danúbio."

O reinado do filho de Vladimir, Yaroslav, o Sábio, foi o pináculo desse legado, o início da idade de ouro da Rus de Kiev. Artistas e artesãos bizantinos continuavam a trabalhar na Rússia de Yaroslav. Entre as muitas igrejas que ele construiu com ajuda bizantina, a mais famosa é a

Santa Sofia de Kiev (1037-1046), claramente inspirada na original constantinopolitana, onde o visitante pode ver alguns dos mais brilhantes exemplos de mosaicos e afrescos bizantinos do século XI.

O epíteto de Yaroslav já indica aquilo que a *Primeira crônica* diz explicitamente repetidas vezes: o soberano russo era, acima de tudo, um "amante dos livros":

> Ele era dedicado aos livros, lia-os continuamente dia e noite. Reuniu muitos escribas e os traduziu do grego para o eslavo. Escreveu e coligiu muitos livros por meio dos quais os verdadeiros crentes se instruem e desfrutam da educação religiosa.[...] Pois são imensos os benefícios do saber dos livros. Por seu intermédio, conhecemos e aprendemos o caminho do arrependimento, pois a palavra escrita nos traz sabedoria e continência. Livros são como rios que banham a terra inteira; são fontes de sabedoria. Os livros têm uma profundidade incomensurável; por meio deles nos consolamos na tristeza.

Não sabemos de onde vieram os tradutores de Yaroslav. Alguns eram russos, outros provavelmente gregos ou eslavos bizantinos, e é quase certo que houvesse entre eles monges, padres e eruditos búlgaros. Também não sabemos exatamente que obras foram traduzidas, uma vez que os manuscritos em antigo eslavo eclesiástico são sabidamente difíceis de datar com segurança. Até mais ou menos o século XII, o antigo eslavo eclesiástico era uniforme, a ponto de um manuscrito búlgaro do século XII ter aspecto e significado muito similares ao de um manuscrito russo do século XI. Esta homogeneidade é, em si mesma, uma prova da qualidade e permanência da realização filológica de Cirilo.

Todavia, os estudiosos indicaram uma série de obras que podem ter sido traduzidas nessa época. Nem todas provêm do acervo religioso bizantino. Entre elas há, é claro, numerosas vidas de santos, regras monásticas e obras litúrgicas, mas também textos legais, a *Topografia cristã* do explorador Cosmas Indicopleustes e um punhado de obras seculares, como a *História da guerra judaica*, de Josefo, e, talvez, o épico bizantino das terras limítrofes com os árabes, *Digenes Akritas*, do século IX.

Dado que os dialetos eslavos se converteram em idiomas nacionais mutuamente incompreensíveis, o antigo eslavo eclesiástico continuou a ser a língua internacional da comunidade bizantina. Contudo, tal status só foi assegurado quando os russos o assumiram. Seu improvável sucesso mais de um século depois de quase extinto na Morávia ajudou a selar para sempre o prestígio da singular e brilhante invenção de Cirilo.

Por outro lado, ao permitir que os eslavos recebessem o cristianismo em sua própria língua, o antigo eslavo eclesiástico retardou sua exposição ao rico passado pré-cristão cuja porta de entrada foi, para eclesiásticos de vários países da Europa Ocidental, a insistência dos católicos no latim, a que os bizantinos instruídos tinham acesso em virtude de seu conhecimento do grego. De modo análogo, se o antigo eslavo eclesiástico proporcionou aos eslavos seu idioma peculiar, também os isolou dos desenvolvimentos em curso no resto da civilização europeia, que expressava sua cultura erudita em latim e grego. Nesse sentido, o brilhante legado de Cirilo e Metódio foi tanto uma bênção quanto um ônus para o mundo eslavo.

A IDADE DE OURO DE KIEV

Yaroslav se apoiou nos alicerces lançados por seu pai, Vladimir, para levar Kiev ao seu pleno florescimento sob a tutela de Bizâncio, de onde vieram arquitetos, artistas e artesãos para construir, trabalhar e ensinar neste novo espaço cristão ortodoxo. Militarmente, também, o Estado kievano, que agora abrangia um vasto território, ostentou toda a confiança acumulada no reinado de Yaroslav, esmagando os pechenegues e atacando Constantinopla uma vez mais, em 1043.

A disputa surgiu por questões de comércio e envolveu o assassinato de um eminente personagem russo em uma rixa com mercadores bizantinos. Numa luta dura e sangrenta, a força russa de cerca de 400 barcos foi praticamente destruída e seus homens, mortos ou capturados. Alguns prisioneiros tiveram a mão direita decepada e exibida nas muralhas da cidade para a edificação do público. Outros, cerca de 800 deles, foram cegados, tradicional castigo bizantino para aqueles que se rebelavam contra o governo imperial (sabe-se que Basílio II aplicou o mesmo castigo aos prisioneiros búlgaros). Era a última vez que os russos fariam este tipo de ataque.

Tal como no passado, o conflito armado não constituiu obstáculo ao comércio e à difusão cultural. Depois de prolongadas negociações, a pendência foi resolvida com um novo acordo comercial. Em pouco tempo os russos voltaram a consumir avidamente o cristianismo bizantino e todo o sistema cultural *prêt-à-porter* que ele trazia consigo.

Pouco depois da guerra, uma nova aliança matrimonial entre as duas casas reais demonstrou a continuada força desses laços. O casamento foi entre Vsevolod, filho de Yaroslav, e uma filha não identificada do imperador bizantino Constantino IX Monômaco. O fruto desse casamento, conhecido como Vladimir II Monomakh, acabaria tomando a frente da batalha perdida, para manter de pé a autoridade central de Kiev diante dos vários principados russos, que começara a se esboroar depois da morte de Yaroslav em 1056.

Este processo costuma ser apresentado nos livros didáticos como "o declínio da Rus de Kiev", o que é um tanto enganoso. O problema político básico de Kiev era a persistente tensão entre as influências que favoreciam o poder político centralizado na Rússia e as que o obstaculizavam. Os soberanos de Kiev lutavam para construir um Estado centralizado. Contra este esforço havia, porém, o costume russo de dividir igualmente a herança entre os filhos, sistema que, por se expressar na divisão do poder político entre as dinastias governantes, é chamado de apanágio. O sistema de apanágio é um bom exemplo de prática russa não inspirada nos bizantinos (outra foi o Código legal russo, a Russkaya Pravda, sancionado sob Yaroslav).

Vladimir, o Grande, por exemplo, teve doze filhos, cada um dos quais levou sua parte da herança, sendo a própria Kiev o grande prêmio – literalmente, dado que seu soberano tinha o título de "grande príncipe". Mais tarde, outros principados disputariam essa honraria. Dado que cada filho de um grande príncipe kievano tinha a pretensão de receber uma cidade para governar, o sistema de apanágio tendia a opor esses príncipes entre si, tornando a sucessão de Kiev, teoricamente a capital, um assunto eternamente problemático. O problema era ainda agravado pelas rivalidades comerciais muitas vezes intensas entre as cidades.

O reinado de Vladimir II Monomakh como grande príncipe de Kiev, que durou de 1113 e a 1125, é o canto do cisne da autoridade central contra a rivalidade endêmica e mutuamente destrutiva do sistema de apanágio. Dada a imagem recorrente de Bizâncio como bastião do absolutismo, é tentador caracterizar o esforço de Vladimir para manter a autoridade de Kiev como um reflexo de sua herança bizantina. Contudo, estabelecer tal conexão de um modo mais do que simbólico constitui um exagero interpretativo.

Um indício mais concreto dos antecedentes bizantinos de Vladimir é o ciclo de afrescos da Igreja de Santa Sofia de Kiev, provavelmente pintado durante o seu reinado. Os afrescos decoram as paredes e abóbadas das duas escadarias que levam ao lugar onde a família do príncipe se sentava para orar. Tendo Constantinopla por cenário, eles retratam atividades típicas do Hipódromo, como as célebres corridas de bigas, além de ilusionistas, acrobatas e justadores. O imperador preside os jogos de coroa e túnica e aparece também montado em seu cavalo branco num cortejo triunfal. Esta e outras cenas podem ter sido descritas para Vladimir por sua mãe, a princesa bizantina cujo nome se perdeu para a história.

Tais afrescos revelam a íntima conexão entre as políticas bizantina e russa dessa época. Em Bizâncio, os jogos simbolizavam publicamente a majestade e a autoridade do imperador. Os estudiosos modernos interpretam esses afrescos como um esforço de Vladimir para estender, também sobre a Rússia, o seu domínio simbólico. Não que existisse a noção de autêntia soberania política, mas como chefe supremo do império ortodoxo o imperador tinha, ao menos na teoria bizantina, uma posição de autoridade sobre todos os cristãos ortodoxos independentemente do regime político em que vivessem.

Esta concepção do domínio idealizado do imperador como transcendente ao domínio político sobreviveria ao declínio de Kiev para influenciar a chancela bizantina de Moscou. Na etapa seguinte, quando o domínio efetivo do imperador estava fraco, seu domínio simbólico teria ainda um grande valor.

O mundo bizantino vinha mudando rapidamente. Na segunda metade do século XI, o poder de Bizâncio se encontrava dramaticamente reduzido. Quando Aleixo I Comneno subiu ao trono em 1081, o império se viu uma vez mais ameaçado por novos inimigos, em três frentes distintas. No norte, os pechenegues, compelidos pela derrota nas mãos de Yaroslav, promoviam a rapina do império; na Itália, os normandos ameaçavam desde o oeste; na Ásia Menor, os turcos penetravam desde o leste depois de sua vitória em Manzikert em 1071.

Embora o império tenha se recuperado sob os brilhantes imperadores comnenos – Alexius I, João II e Manuel I –, seus sucessos foram como os dos bons goleiros: não mais do que algumas defesas milagrosas. Com a morte de Manuel, Bizâncio ficou como um gol aberto à mercê dos atacantes.

Enquanto isso, na Rússia, o filho de Vladimir Monomakh, Yuri Dolgoruky – "Yuri do braço comprido", assim chamado por sua notória aquisitividade territorial –, fundava, em 1108, um novo posto fortificado no rio Klyazma, nas florestas do extremo noroeste, batizado em homenagem ao seu pai. A cidade de Vladimir veio a crescer tanto que, meio século mais tarde, o grande príncipe Andrei Bogolyubsky, filho e herdeiro de Yuri, transferiu para lá a capital. Não contente, promoveu uma orgia edilícia dentro e ao redor da cidade erguendo várias igrejas de refinada beleza – que nenhum viajante pode excluir de seu roteiro – com a característica pedra branca da região. Além de lugar de residência do grande príncipe, em pouco tempo o principado de Vladimir já controlava as prósperas cidades vizinhas de Rostov e Suzdal.

Por esta mesma época, em 1147, vemos pela primeira vez mencionado nas fontes o pequeno posto avançado de Moscou, às margens do rio de mesmo nome, um pouco a oeste de Vladimir. Em 1156, um ano antes da transferência da capital, Andrei Bogolyubsky mandou construir as primeiras fortificações ao redor do centro de Moscou, um anel de paliçadas de proteção conhecido como *kremlin*. A prosperidade de Moscou acabaria por levá-la a suceder Vladimir como sede do principado.

Ao longo do século XII, as relações entre Bizâncio e os turbulentos principados foram abaladas pelo aparecimento, nas estepes, de um novo grupo de nômades turcos, os cumanos.[1] Os principados meridionais de Kiev e Galícia romperam temporariamente com Bizâncio e se aliaram à Hungria, na época sua inimiga mortal. Nestas atribulações, como em outras mais, os historiadores bizantinos observaram a inabalável lealdade do principado de Vladimir. Um relacionamento igualmente estreito prevaleceria mais tarde entre Bizâncio e Moscou.

Cruzados e Mongóis: o Desastroso Século XIII

No século seguinte, o mundo cristão ortodoxo da comunidade bizantina sofreu dois pesados golpes. O primeiro ocorreu em 1204, quando Constantinopla caiu ante os guerreiros ocidentais da Quarta Cruzada. Menos de duas décadas depois, em 1223, um exército combinado cumano e russo foi derrotado pelos mongóis de Gêngis Khan na batalha de Kalka. No inverno de 1237-1238, seu neto, Batu Khan, retornou para completar o serviço com uma maciça invasão do nordeste da Rússia, começando por Riazan, em dezembro, depois Moscou, em janeiro, e, finalmente, Vladimir, em março.

Os mongóis seguiram abatendo, um a um, os principados desunidos, saqueando-os a seu bel-prazer, impondo facilmente sua supremacia sobre as defesas russas com sofisticadas técnicas de assédio. Kiev caiu depois de um cerco de duas semanas em dezembro de 1240. Foi somente ao atingir a Polônia e a Hungria, em 1242, que os mongóis cessaram seu avanço para oeste, recuando inexplicavelmente – pois continuavam invictos – para as terras conquistadas nas estepes da Ásia Central.

---

[1] Os cumanos (também chamados kipchaks e polovetsianos) eram uma espécie de confederação de tribos nômades que substituiu os pechenegues nas estepes do norte.

Seu império agora se estendia da China ao Baixo Danúbio, com a capital em Sarai, no Baixo Volga, construída por Batu. Era para Sarai que, durante dois longos séculos, vinham os príncipes russos pagar humildemente seus tributos e se prostrar ao cã mongol, a quem chamavam de tsar.

Esses dois desastres vibraram golpes aparentemente fatais no mundo bizantino, cuja ideia só sobreviveu intacta em uma única instituição: a Igreja ortodoxa, chefiada pelo patriarca de Constantinopla. Tal fato teve momentosas consequências políticas no transcorrer do desastroso século XIII, e assim continuou mesmo quando Bizâncio – o império e a comunidade – se recuperou em alguma medida no século XIV. Se o poder do imperador era cada vez mais simbólico, o do patriarca era absolutamente real no sentido de que controlava a administração das igrejas ortodoxas que permaneciam sob sua jurisdição, além de manter, é claro, uma grande autoridade espiritual sobre todas as demais.

Entre os vários Estados bizantinos sucessores que rivalizaram para retomar Constantinopla depois de 1204, obteve sucesso aquele que desde cedo recebeu a bênção do patriarca de Constantinopla: o chamado Império de Niceia. O apoio do patriarca dava aos imperadores de Niceia uma aura de legitimidade que faltava a seus rivais. Foi um deles, Miguel VIII Paleólogo, que comandou a retomada de Constantinopla aos latinos em 1261.

De modo análogo, em meio aos principados russos concorrentes que se acotovelavam sob o jugo mongol, a Igreja ortodoxa era a única instituição cujo prestígio (para não mencionar a estrutura administrativa) transcendia todas as fronteiras. Encabeçada, por delegação do patriarca de Constantinopla, pelo metropolita de Kiev e de Toda a Rússia, a Igreja Russa era controlada desde Bizâncio. Durante 150 anos, até quase o fim do século XIV, prevaleceu uma política extraoficial, mas notavelmente consistente, de revezamento da nacionalidade do metropolita, alternando-se metropolitas de origem russa e de origem bizantina.

Na época da sujeição da Rússia à Horda Dourada, porém, em termos políticos Kiev já não era o principado mais importante e nenhum outro havia surgido para substituí-lo.

Os mongóis preferiam que fosse assim. Seu controle era mais firme nos principados do nordeste, cuja liderança política era exercida pelo grande principado de Vladimir. O cã outorgava essa honraria a qualquer príncipe que conquistasse temporariamente os seus favores, passando o grande principado de Vladimir de um para o outro, de tal modo que nenhuma dinastia local se fortalecesse o bastante para constituir ameaça. Durante o primeiro quarto do século XIV, a honra coube ao príncipe de Tver, rival de Moscou. Bizâncio teve, também, muito a dizer sobre o foco do prestígio político russo. Uma vez tomada a decisão patriarcal de tirar de Kiev a sede do metropolitanato, a escolha do lugar onde alocá-lo se tornou uma questão política da mais alta importância. E tal como no caso dos Estados sucessores de Bizâncio, o principado que acabou levando o prêmio, Moscou, teve também a inestimável recompensa da legitimidade política, que acabou por levá-lo ao lugar mais alto.

No começo do século XIV, uma *entente* tripartite se formara entre os bizantinos, a Horda Dourada e os genoveses, cujo império marítimo agora dominava o comércio do mar Negro. Do ponto de vista bizantino, um dos benefícios da invasão mongol foi ter despedaçado o poder dos turcos seljúcidas, a maior ameaça a Bizâncio. Por essa razão, e também porque os mongóis nunca violaram o território bizantino nem se meteram nos assuntos da Igreja na Rússia, os bizantinos evitaram ser hostis à presença da Horda Dourada. O passar do tempo levou ao estreitamento das relações entre os dois governos, que cooperavam ativamente na solução de problemas políticos (Horda Dourada) e eclesiásticos (Bizâncio) na Rússia.

O *rapprochement** bizantino-mongol na Rússia era um componente do *status quo* no começo do século XIV. Outro era a reiterada dependência do governo bizantino em relação a Gênova, grande potência marítima que – como rival de Veneza – ajudara Miguel VIII a recuperar sua capital ao governo latino comandado pelos venezianos. Foi Gênova que deu as cartas em Constantinopla sob os primeiros imperadores paleólogos, embora Veneza (que dominava o comércio do Mediterrâneo oriental)

---

* Em francês no original. (N. T.)

estivesse sempre à caça de um candidato a apoiar e de outras formas de influenciar a eternamente instável casa real de Bizâncio. Para completar, Gênova estava também mancomunada com os mongóis, lealdade que lhe dava acesso aos ricos portos do mar Negro, como Kaffa, na península da Crimeia.

Este confortável *status quo* tinha, no entanto, duas grandes rachaduras.

Os interesses bizantinos e mongóis colidiam em tudo o que dizia respeito à unidade russa. A Igreja na Rússia era por sua própria natureza uma força unificadora nos planos institucional e espiritual, que só teria a ganhar, caso os russos passassem a ter um único centro de poder. Os mongóis, ao contrário, tinham muito a ganhar com a desunião da Rússia e tudo a perder com o surgimento de um centro que assumisse a direção de todos os seus assuntos. Gênova, interessada em proteger seu comércio, seguia os mongóis nessa questão.

Além disso, a Igreja ortodoxa abarcava na Rússia mais territórios do que convinha à Horda Dourada. A oeste, a Lituânia era uma grande potência (muito maior do que o país que hoje traz esse nome), com uma numerosa população de russos ortodoxos súditos da casa real étnica lituana. No extremo norte, a rica Senhora de Novgorod – assim se autodenominava essa impetuosa república mercantil – caía pouco a pouco sob o domínio de Moscou, Tver e Lituânia a despeito de sua orgulhosa tradição de independência. A Lituânia e Novgorod, por sua vez, não tiravam os olhos dos germânicos da Ordem Teutônica, sempre dispostos a lançar cruzadas católicas contra o território ortodoxo.

Assim estavam as coisas em meados do século XIV, quando o movimento hesicasta assumiu o comando do ressurgente *establishment* religioso bizantino.

CAPÍTULO 15

A ASCENSÃO DE MOSCOU

Em 8 de setembro de 1380, um exército rebelde russo comandado pelo grande príncipe de Moscou Dimitri II enfrentou e derrotou uma poderosa força mongol na campina de Kulikovo, no Alto Don, cerca de 320 quilômetros ao sul da futura capital. A batalha foi longa e sangrenta, com perdas terríveis de ambos os lados. Em termos políticos, no entanto, sua importância foi pequena. Os mongóis se vingariam dois anos mais tarde, saqueando e incendiando Moscou, e submetendo-a uma vez mais ao "jugo tártaro".

Mesmo assim, a batalha de Kulikovo assumiu em pouco tempo uma grande importância simbólica. Pela primeira vez em um século e meio, um exército russo enfrentara e repelira um ataque concentrado do tsar mongol. Dimitri ganharia status de herói nacional, cognominado pela posteridade Dimitri Donskoi ("Dimitri do Don"), em celebração à vitória.

O prestígio de Kulikovo consolidou a reivindicação de Moscou à liderança dos principados russos rivais. O irônico da história é que a cidade conquistara a proeminência, em meados do século XIV, em larga medida bajulando os mongóis. A rebelião de Dimitri foi uma virada nessa política tradicional.

Mesmo tendo se vingado de Moscou dois anos depois, a Horda Dourada não logrou recuperar o grau de controle que tinha anteriormente sobre os russos, embora isto se devesse, de início, mais a problemas internos do que ao ímpeto de seus súditos. A Rússia levaria cerca de cinquenta anos para se livrar definitivamente do jugo tártaro, uma vez mais sob a liderança de Moscou. A cidade assumiria finalmente seu lugar como capital da Rússia, herdeira da grandeza de Kiev – e, pouco depois, da grandeza de Bizâncio também. De modo que Kulikovo, mesmo não tendo tido consequências imediatas, ainda é considerada um ponto de inflexão na história russa.

Os cronistas russos que registraram a batalha o fizeram pelo ângulo religioso, retratando o pio Dimitri como defensor da fé ortodoxa contra os mongóis muçulmanos, cujo cã Mamai é taxado de "maldito, ateu, ímpio e poltrão comedor de carne crua". Um importante papel nessa vitória é atribuído a São Sérgio de Radonezh, que reacendeu e expandiu o monasticismo russo nessa época: imagens o retratam exortando Dimitri antes da batalha, assim assumindo o papel de santo protetor da Rússia pelo qual ainda é venerado.

Alguns relatos dão conta também de que Dimitri teria sido aconselhado, antes da batalha, por Cipriano, metropolita de Kiev e de Toda a Rússia, e chefe da Igreja ortodoxa no país por indicação bizantina – razão de seu culto como libertador nacional na memória popular. Isto é interessante porque, segundo os historiadores, Cipriano não estava nem perto de Moscou ou Kulikovo na época da batalha. Na verdade, até bem pouco antes ele estava em Constantinopla defendendo sua aspiração ao metropolitanato. Nos anos que antecederam Kulikovo, Cipriano se envolvera numa áspera luta com Dimitri, que se opusera à sua indicação como metropolita e tentava entronizar seu próprio candidato. Contudo, pouco antes da batalha, Dimitri mudou abruptamente de ideia e recebeu Cipriano em Moscou, homenageando-o com um banquete em seu palácio e concedendo-lhe as honras e respeitos de metropolita.

Por trás desta enigmática reviravolta, há toda uma história de intrigas cínicas, traições políticas e, da parte de Cipriano, uma férrea determinação que resistiu a anos de adversidade até sua realização final. Essa história começa em meados do século com a ascensão do hesicasmo.

A Política Hesicasta e a Rússia

Se para os humanistas bizantinos a vitória hesicasta teve ares de tragédia, para muitos defensores do hesicasmo na sociedade culta bizantina ela foi uma gloriosa afirmação da verdade divina. O resultado mais imediato da vitória do hesicasmo foi dar a eles e ao *establishment* monástico que lideravam o controle do patriarcado e da revigorada estrutura oficial da Igreja.

O notável João VI Cantacuzeno – estadista, regente convertido em imperador, bibliófilo, especulador teológico e, finalmente, monge e historiador bizantino – foi o maior expoente daquilo que se pode chamar de programa político hesicasta. Este implicava, dentre outras coisas, a oposição a Gênova, que apoiara a imperatriz pró-Ocidente Ana de Savoia na guerra civil que levou Cantacuzeno ao trono.[1] Cantacuzeno aliou-se ao nascente poder asiático dos turcos-otomanos, cujos soldados o haviam ajudado na luta contra Ana e os genoveses. Os otomanos ainda não eram a ameaça que em pouco tempo viriam a ser – em parte em virtude da política do próprio Cantacuzeno.

Dado que o patriarcado era agora o meio mais potente de projetar o poder bizantino no estrangeiro, Cantacuzeno apoiou-se nele para implementar a política externa do programa hesicasta. Ele começara a desenvolver os princípios básicos dessa política ainda em 1328, quando, ainda jovem, ajudou a arquitetar a sucessão do amigo Andrônico III, a quem serviu como primeiro-ministro.

No que dizia respeito à Rússia, a divisa era a unidade. A primeira prioridade de Cantacuzeno era preservar a unidade do metropolitanato russo, o que significava basicamente opor-se a quaisquer príncipes ou

---

[1] Ana era a viúva de Andrônico III, amigo de Cantacuzeno, morto em 1341. A guerra civil que se seguiu durou de 1341 a 1347.

grandes príncipes que pretendessem ter metropolitas próprios em seus territórios. A segunda era preservar o controle bizantino sobre o metropolitanato, facilitado pela existência de um único metropolita de Kiev e de Toda a Rússia. Outros aspectos dessa política eram desconfiar da Lituânia, cujos governantes imperialistas denotavam simpatias ocidentais e ambições ao território russo, e cooperar com a Horda Dourada, ao menos por ora.

A política externa hesicasta de Cantacuzeno não se baseava apenas, no entanto, em grandiosos princípios abstratos. A Rússia era grande, rica e populosa, muito mais do que o atribulado Império bizantino. Embora Bizâncio já não lhe dominasse o comércio, generosas doações afluíam regularmente a Constantinopla pelos canais eclesiásticos, sem falar da permanente expectativa de ajuda militar. Em uma época de grandes perigos, os bizantinos podiam desfrutar da confortante fidelidade e solidariedade ideológicas do mundo eslavo em ascensão, e da Rússia em particular.

Na prática, a política hesicasta para a Rússia se traduzia em apoio a Moscou, que retribuía demonstrando ser o mais leal dos principados russos. Essa relação começou quase por acidente. Em 1326, o metropolita Pedro, um russo da Galícia, estabeleceu-se em Moscou, onde veio a falecer e ser sepultado. Apesar das estreitas relações bizantinas com o principado de Vladimir, Pedro parece ter favorecido Moscou pela simples razão de que o príncipe de Tver, rival de Moscou, se opusera à sua nomeação. Mas o sucessor grego de Pedro, Teognosto, designado após a acessão de Cantacuzeno ao trono em 1328, manteve a política de apoio a Moscou, que, naquele mesmo ano, ajudara os mongóis a saquear a rebelada Tver, certamente com aprovação bizantina. O longo e bemsucedido metropolitanato de Teognosto (que durou de 1328 a 1353) ajudou a consolidar a política de Cantacuzeno.

O Desafio à Unidade

Durante esse tempo, sob o duplo patrocínio de Constantinopla e Sarai, Moscou desenvolveu o que podemos chamar de seu prestígio "emprestado": prestígio eclesiástico como residência do metropolita de Kiev e de Toda a Rússia, prestígio político como residência do grande príncipe de Vladimir. A cidade cresceu em tamanho e poder. Empoleirada numa curva do plácido rio Moscou, ela lembra o corte transversal de um tronco de árvore, com círculos concêntricos que se podem contar de fora para dentro, do mais novo para o mais antigo. Os círculos exteriores de hoje são movimentados anéis rodoviários. Os interiores são os remanescentes das antigas fortificações – paliçadas, muros de pedras e taludes atrás dos quais se protegiam os comerciantes e as mercadorias. O mais central deles era o *kremlin*, uma fortificação de toras de madeira erguida por Yuri Dolgoruky. No começo do século XIV, o grande príncipe Ivan I, dito Kalita ("o ricaço"), substituiu seus muros relativamente frágeis de pinho por grossas toras de carvalho – privilégio que lhe foi concedido pelo seu senhor, o tsar mongol.

Enquanto Gênova se preocupava com o crescente poder de Moscou, a política hesicasta de unidade entrou em crise quando Cantacuzeno foi forçado a abdicar em 1354. Com ajuda genovesa, João V Paleólogo reassumiu o trono como único imperador e promoveu a queda de Filoteu, o patriarca de Cantacuzeno, em favor de seu rival, Calixto.[2]

Controlado pelos genoveses, o novo governo de Constantinopla se voltou para Olgerd, o poderoso grande príncipe da Lituânia antagonista de Moscou. Calixto ofereceu a Olgerd um "metropolitanato lituano", para o qual o soberano designou um russo de Tver chamado Romano. Os arquivos patriarcais registram as impressões bizantinas sobre as motivações de Olgerd: "encontrar, com a ajuda de Romano, um meio de

---

[2] Um ano antes, Cantacuzeno depusera Calixto e o substituíra por Filoteu. O hesicasta Calixto, designado pelo próprio Cantacuzeno, se recusara, no entanto, a coroar seu filho Mateus como coimperador.

governar a Grande Rússia", como eram agora chamados os principados do nordeste. Dado que Olgerd já governava a "Pequena Rússia", que incluía Kiev, estava claro que se tratava de uma jogada sua para assumir o controle de toda a Rússia.

Afinado com as ambições de Olgerd, Romano se transferiu para Kiev e passou a se autodenominar metropolita de Kiev e de Toda a Rússia, ignorando as ordens de Calixto para respeitar as reivindicações de Alexis, o metropolita de direito que Filoteu designara antes da renúncia de Cantacuzeno, e que residia em Moscou. Todavia, Romano morreu em 1362, e Calixto — talvez sob a renovada influência de Cantacuzeno nos bastidores do poder — reunificou o metropolitanato russo sob Alexis.

Mas Olgerd não desistiria tão facilmente. Ao longo da década e meia que antecedeu sua morte em 1377, o enérgico grande príncipe lituano continuou a desafiar Moscou pelo controle da Rússia. Essa luta, um grande divisor de águas na história da Europa Oriental, atingiu seu clímax no malogrado cerco de Moscou em 1368, repelido pelo grande príncipe Dimitri II — não ainda o vitorioso do Don. A campanha de Olgerd prosseguiu, no entanto, a despeito dessa derrota, transformando Alexis e o metropolitanato em uma espécie de futebol político que impôs sérios desafios à política hesicasta na Rússia. Foi Filoteu quem teve de enfrentá-los, dado que Calixto morreu um ano depois de Romano, quando Cantacuzeno já reafirmara sua influência sobre o trono e Filoteu fora reconduzido ao patriarcado.

Filoteu, cujo sobrenome, Kokkinos, significa "ruivo", foi o mais importante dos patriarcas hesicastas e o mais capaz dos promotores da política externa de Cantacuzeno. Nascido em Tessalônica, de família pobre (judeus convertidos, talvez), Filoteu era alguns anos mais jovem que seu conterrâneo Gregório Palamas. Ainda garoto, trabalhou na cozinha de Tomás Magister, estudioso e filólogo humanista que o tomara como aluno. Ele foi então enviado a um monastério no Monte Athos, onde se iniciou no hesicasmo e veio a se tornar superior da Grande Lavra e, mais tarde, metropolita de Heraclea.

Em seu segundo mandato como patriarca, Filoteu escolheu o brilhante monge búlgaro Cipriano como seu "embaixador" hesicasta na Rússia. Cerca de trinta anos mais moço que Filoteu, Cipriano foi, por coincidência, um contemporâneo quase exato de Coluccio Salutati. Ambos encarnam, como num espelho, as formas como italianos e búlgaros serviram de veículos para as duas partes do legado bizantino. Enquanto Salutati descobria o fascínio da literatura da Grécia antiga e organizava a jornada docente de Crisoloras a Florença, Cipriano servia como agente de Filoteu na Rússia, ajudando a estabelecer aquilo que um estudioso chamou de "Internacional Hesicasta". Ao materializar a política externa hesicasta concebida por Cantacuzeno e Filoteu, esta rede informal, porém coesa, de monges e outros que tais redesenharia a paisagem política e cultural da comunidade bizantina.

O quartel-general da Internacional Hesicasta era o Monte Athos, onde em algum momento do começo do século XIV um monge peregrino chamado Gregório do Sinai introduzira a técnica mística da "oração do coração", baseada na "oração de Jesus" que ele aprendera quando estudava em Jerusalém. A técnica consistia na repetição incessante da frase "Senhor Jesus Cristo, filho de Deus, tem piedade de mim" acompanhada do controle da respiração, em um ciclo infinito e desprovido de imagens, como um mantra. Corretamente executada, a oração propiciava que o fiel visse uma luz especial, que em seu livro *Discursos sobre a transfiguração* Gregório identifica como a luz que banhou Cristo no monte Tabor. Tal é a semente do hesicasmo, rapidamente adotado por outros monges de Monte Athos, de onde veio a se espalhar por todo o mundo ortodoxo.

Um dos primeiros lugares foi a Bulgária. Depois de deixar o monte Athos, Gregório fundou quatro monastérios em Paroria, na fronteira búlgaro-bizantina. Entre seus discípulos estava, além de vários búlgaros, o futuro patriarca Calixto I.

Até a ascensão do hesicasmo, os monastérios de monte Athos costumavam ser associados aos imperadores, que haviam não apenas fundado como garantido, a muitos deles, generosos estipêndios imperiais. Com o renascimento religioso que revigorou o Monte Athos depois do hesicasmo, este tornou-se intimamente associado ao patriarcado de Constantinopla. Vários dos mais poderosos patriarcas do século XIV, entre eles Calixto e Filoteu, estiveram entre os milhares de homens de todas as partes do mundo ortodoxo a estudar nos monastérios hesicastas.

Athos foi, acima de tudo, um fenômeno internacional, uma estação para viajantes de todos os idiomas, foco de um incessante ir e vir e suporte de uma vasta rede de conexões. Foi lá, mais do que em qualquer outro lugar, que monges bizantinos e eslavos como Filoteu e Cipriano estabeleceram as prolíficas amizades e os extensos vínculos sociais que lhes permitiram promover, com tanta eficácia, os objetivos hesicastas.

Infelizmente, pouco mais sabemos sobre o início da vida de Cipriano do que sua procedência búlgara. Ele surge das sombras em 1373, já com mais de 40 anos de idade, quando Filoteu o requisita para servir como seu agente confidencial na Rússia.

Havia algum tempo que chegavam a Constantinopla queixas alarmantes contra o metropolita Alexis, ex-regente do jovem Dimitri II, cuja intensa atividade política em benefício de Moscou descontentava tanto Olerg quanto o príncipe Miguel de Tver. Filoteu de início apoiou Alexis, mas por volta de 1370 começou a mudar de ideia. Num prolongado escândalo, Miguel de Tver acusara Alexis de cumplicidade com sua detenção ilegal durante uma visita a Moscou.

E o mais preocupante, Olerg da Lituânia se queixara de que Alexis só dava atenção a Moscou em detrimento de seu rebanho ortodoxo nas extensas terras russas da Lituânia. "Nem nossos pais conheceram metropolitas como este metropolita!", protestou Olgerd numa carta a Filoteu. "Ele abençoa os moscovitas por seus massacres. Ele nunca nos visita. Nunca vai a Kiev.... Nós o convidamos para nos visitar, mas ele nunca vem. Dai-nos outro metropolita para Kiev, Smolensk, Tver, Pequena Rússia, Novosil e Nizhni-Novgorod!" Claramente, tanto Olgerd quanto seu aliado Miguel viam Alexis como uma cunha a ser interposta entre Bizâncio e a aliada Moscou, sua maior rival.

Filoteu parece ter achado que Olerg tinha suas razões. Em 1371 o patriarca expressou suas preocupações numa carta a Alexis:

Sua Santidade certamente não ignora que em nossa consagração nós o consagramos metropolita de Kiev e de Toda a Rússia; não de uma parte dela, mas de toda a Rússia. Ouço dizer que o senhor nunca visita Kiev nem a Lituânia, mas fica em um só lugar, deixando os demais sem cuidados pastorais, sem supervisão, nem instrução paterna. Isto é ofensivo e estranho à tradição dos cânones sagrados. O correto é o senhor visitar toda a terra da Rússia, dar amor e atenção paternal a todos os príncipes, amá-los a todos igualmente, dedicar-lhes o mesmo grau de atenção, boa vontade e amor.

A censura de Filoteu mostra a seriedade com que ele encarava o compromisso pastoral inerente ao posto de metropolita e, no caso, ao seu próprio também. E, o mais importante, ilustra em que medida ele subordinava a aliança de Bizâncio com Moscou ao ideal maior da unidade da Igreja. Não era só Moscou que contava, mas toda a Rússia. Não era desejável que Moscou fosse exageradamente favorecida em detrimento de outros principados, se tal favoritismo desse ensejo à desunião. Em outras palavras, a aliança com Moscou só deveria ser promovida quando (e na medida em que) favorecesse a unidade, não quando a prejudicasse.

Filoteu incumbiu, então, Cipriano das delicadas tarefas de obter a concordância de Alexis para com suas diretivas patriarcais e acalmar as tensões entre Moscou e suas rivais, Tver e Lituânia. Acima de tudo, Filoteu não queria se ver obrigado pela negligência de Alexis a conceder à Lituânia um metropolita próprio, coisa que Olgerd vinha reivindicando com alguma razão. Parece que Cipriano o conseguiu, e rápido, pois a paz entre Miguel de Tver e Dimitri de Moscou foi logo estabelecida.

E o mais notável é que os dois príncipes russos se alinharam com Olgerd contra os esforços divisionistas da Horda Dourada, a esta altura enfraquecida por dissensões internas. Todavia, Olgerd ainda ambicionava comandar todo o espetáculo e era óbvio, além do mais, que o já idoso Alexis em pouco tempo já não poderia estar perambulando pela Lituânia. Para coroar, Olgerd havia deixado claro que estava pronto para buscar apoio na Igreja Latina, caso fosse necessário.

Sob crescente pressão da Lituânia, Filoteu concluiu que seu tempo se esgotara. Era preciso fazer alguma coisa para aplacar Olgerd. O problema era fazê-lo sem destruir a unidade do metropolitanato, pelo qual ele e tantos outros haviam lutado durante tanto tempo.

A solução dada por Filoteu a tal dilema foi pouco convencional, engenhosa mesmo, e provavelmente inspirada, ao menos em parte, em sua percepção da óbvia capacidade de Cipriano. Vale considerar também que Filoteu já havia atendido a queixas similares contra Alexis da parte do rei Casemiro da Polônia, que conquistara a Galícia, com a consagração de um metropolita *temporário* para aquele país, cargo que deveria retornar ao metropolitanato de Kiev e de Toda a Rússia quando da morte de seu ocupante.

As exigências de Olgerd implicavam problemas muito maiores do que o metropolitanato da Galícia. Não obstante, Filoteu chamou Cipriano de volta a Constantinopla e, em 2 de dezembro de 1375, o consagrou metropolita temporário de Kiev, Rússia e Lituânia, com a obrigação expressa de reunir todo o metropolitanato em sua pessoa após a morte de Alexis, sucedendo-o como o metropolita de Kiev e de Toda a Rússia.

Esta inspirada tentativa de contornar as formidáveis pressões políticas que ameaçavam a unidade do metropolitanato tinha, no entanto, uma clara fraqueza: dependia da cooperação daquele que fosse o patriarca à época da morte de Alexis. E a consagração de Cipriano foi, como se verá, um dos últimos atos de Filoteu como patriarca.

CIPRIANO SOBREVIVE À TEMPESTADE

Alguns meses depois, os genoveses tramaram um golpe contra João V, por seu filho Andrônico IV, que prontamente depôs Filoteu e instalou em seu lugar o patriarca Macário. Outras mudanças se seguiram rapidamente. Olgerd e Filoteu morreram em 1377, e Alexis no começo do ano seguinte.

Em Constantinopla, a família governante Paleóloga passava por maus momentos. Genoveses, venezianos e os agora dominantes turcos-otomanos disputavam a dinastia como titereiros se engalfinhando pelas cordas de um fantoche estropiado. João V e seu filho leal, Manuel – o futuro Manuel II, amigo de Crisoloras –, mofavam no cárcere, onde permaneceriam um ano inteiro antes de os venezianos lograrem resgatá-los. "Toda noite os homens esperam da aurora um fato novo e todo dia aguardam a noite temendo uma calamidade", escreveu Demétrio Cydones sobre os eventos ligados ao golpe de Andrônico IV e suas consequências. "É como uma tempestade no mar em que todos correm o risco de submergir."

A tempestade continuaria por mais de uma década, até que a ascensão de Manuel II ao trono, em 1391, trouxesse alguma tranquilidade. Durante todo esse período, Bizâncio foi incapaz de implementar uma política sustentada e consistente na Rússia, como fizera com tanto sucesso sob a mão firme de Filoteu. Assim como o próprio trono, a política bizantina mudava de uma hora para a outra, dependendo de se era Veneza ou Gênova que estava mais disposta a adular os turcos.

A situação em Moscou era igualmente instável, refletindo o novo conflito de interesses entre a unidade global da Igreja numa Rússia politicamente dividida e os propósitos mais estreitos de Moscou. O partido hesicasta de Cipriano e seus aliados no *establishment* monástico da Rússia lutavam para sustentar a política de unidade de Cantacuzeno e Filoteu, contra a qual se alinhavam os poderosos boiardos acostumados ao apoio incondicional da igreja de Alexis aos planos de Moscou.

Os ventos dessa tempestade política açoitaram Cipriano na primavera de 1378, pouco depois da morte de Alexis, durante sua jornada a cavalo Rússia adentro para reclamar seu lugar de metropolita nos termos do decreto de Filoteu. Numa parada do caminho, ele escreveu ao seu íntimo amigo e colaborador Sérgio de Radonezh, líder do partido monástico na Rússia: "Para que tomes ciência: cheguei a Lyubutsk na quinta-feira, 3 de junho, e estou a caminho de ver meu filho, o grande príncipe, em Moscou."

O ocorrido quando ele se aproximava de Moscou sabemos por outra carta, também dirigida a Sérgio, escrita três semanas depois por um Cipriano furibundo. Influenciado por seus boiardos, Dimitri não queria permitir que Cipriano assumisse o metropolitanato: "Ele enviou representantes com ordens de não nos deixar passar. Bloqueou as estradas com destacamentos e oficiais instruídos a nos tratar com severidade e chegou a nos condenar impiedosamente à morte."

Iludindo os guardas, Cipriano e seu séquito entraram sorrateiramente em Moscou por outro caminho. Ao confrontar Dimitri, porém, o grande príncipe mandou prendê-lo: "Ele me trancafiou na escuridão, nu e faminto; ainda estou doente por causa daquele lugar escuro e frio." Até os serviçais de Cipriano foram maltratados pelos sicários do príncipe: "Expulsaram-nos da cidade depois de lhes roubar todos os pertences, incluindo camisas, facas e perneiras. Não lhes deixaram nem os sapatos e chapéus!" Cipriano censura Sérgio asperamente por não ter agido em sua defesa: "Mas tu... por que ficaste em silêncio diante de tanta maldade?" O tratamento que lhe foi dispensado por Dimitri, diz Cipriano, era ainda mais ultrajante pelo fato de que ele, desde que assumira o metropolitanato, em nenhum momento falou ou agiu contra Dimitri ou contra Moscou. Agora, no entanto, ele se via diante de um "metropolita" moscovita rival, Mityai, irregularmente escolhido por Dimitri – que afirma ter o apoio do patriarca.

Cipriano chega, então, ao cerne da questão, mostrando seu claro entendimento da armadilha política em que fora apanhado:

> Ele me acusa de ter ido primeiro à Lituânia [uma referência à sua antiga estada em Kiev]: mas que mal eu fiz enquanto estive lá? .... Tentei recuperar regiões perdidas para o metropolitanato e deixar as coisas de tal modo que assim ficassem para sempre, para honra e grandeza do metropolitanato. Mas o grande príncipe planeja dividi-lo em dois! O que se ganha com isso? Quem são seus conselheiros? Quais são as minhas faltas perante o grande príncipe?

Cipriano conclui: "Viajo a Constantinopla para buscar a proteção de Deus, do santo patriarca e do grande sínodo." Ao assinar, ele acrescenta um toque de cinismo sobre o que o espera em casa: "Enquanto essas pessoas confiam no dinheiro e nos genoveses, eu me apoio em Deus e no meu direito."

Seu pessimismo era plenamente justificado. Ele agora sabia que o patriarca pró-Gênova, Macário, o havia jogado aos leões. Subornado por Moscou logo após a morte de Alexis num acordo negociado por banqueiros genoveses, Macário retirara seu apoio a Cipriano durante sua viagem ao norte. Ele acordara que Dimitri não reconheceria Cipriano como metropolita e criaria um metropolitanato separado para a "Grande Rússia", isto é, Moscou e o território circundante, com um titular por ele mesmo escolhido. Tudo o que o colérico Cipriano podia fazer era manter sua reivindicação de direito ao metropolitanato de Kiev e Toda a Rússia – e excomungar todos os russos que estivessem em seu caminho, o que aliás tratou de fazer. Para culminar, foi assaltado a caminho de casa quando cruzava o Danúbio.

Depois de uma revigorante estada na sua Bulgária natal, onde visitou o patriarca búlgaro Eutímio, seu velho amigo, Cipriano chegou a Constantinopla na primavera de 1379. Os ventos da política sopravam agora a seu favor. Mal tivera tempo de confrontar o governo pró-Gênova de Andrônico IV quando o pai de Andrônico, João V, e o irmão Manuel saíram da prisão com ajuda veneziana e turca e retornaram à capital. Andrônico fugiu num barco a remo, atravessou o Corno de Ouro até o quartel genovês em Gálata e tomou como reféns sua mãe, Helena, o pai dela, seu avô, João Cantacuzeno, já um ancião. Macário foi prontamente deposto. Com indisfarçável satisfação, Cipriano escreveu: "Ao lado dos outros bispos, eu estava presente àquele sínodo e assinei o ato de sua deposição."

Venezianos e genoveses passariam os anos seguintes se digladiando nas águas ao redor da capital, cada um com seu candidato ao trono e suas pretensões ao apoio turco. "Naquela época", prossegue Cipriano, "eu permaneci treze meses na cidade imperial, chamada Constantinopla. Não pude sair da cidade, assolada por desordens e inquietação: o mar estava tomado pelos latinos e as terras, controladas pelos turcos inimigos de Deus."

Nessas águas incertas navegava agora o séquito moscovita de Mityai, o escolhido de Dimitri para o lugar de Cipriano. Desinformados da recente mudança de situação em Constantinopla, eles desceram o Don esperando encontrar uma calorosa acolhida – e a confirmação automática de Mityai – por parte de Macário. No caminho, desfrutaram uma agradável estada em Sarai. A Horda Dourada apoiara a nomeação de Mityai, orquestrada em Moscou pelos boiardos favoráveis ao apaziguamento.

Foi então que aconteceu o impensável. Quando a delegação já se encontrava à vista de Constantinopla, Mityai – descrito nas fontes como um homem de grande vigor físico – morreu subitamente. Os moscovitas ficaram absolutamente atônitos, "confusos e agitados" e "como que embriagados", segundo um cronista. Seus aliados genoveses haviam sido derrubados, o patriarcado ainda estava vacante, Cipriano passara à sua frente em Constantinopla e, para culminar, seu candidato estava morto. Eles sepultaram Mityai no quartel genovês e, já parcialmente recuperados de seu desconcerto, escolheram um dos seus para substituir Mityai – um padre chamado Pimen, cujo nome teria sido forjado nos documentos oficiais para fazer parecer que sua indicação contava com a aprovação de Dimitri.

Nessa época, a primavera de 1380, João V preenchera o patriarcado vacante nomeando o eminente hesicasta Neilos Kerameus, que convocou imediatamente um sínodo para resolver a questão do metropolitanato. Nele os russos jogaram o seu melhor trunfo, o inesgotável crédito do grande príncipe Dimitri, distribuindo rios de dinheiro entre seus membros: "Agindo em nome do grande príncipe, os russos tomaram prata emprestada aos genoveses e turcos .... Fizeram promessas e distribuíram presentes a torto e a direito, mal satisfazendo a todos."

Apesar do forte apoio a Cipriano por parte dos líderes hesicastas russos e bizantinos, Neilos não foi capaz de resistir completamente às pressões de Moscou. O resultado foi um compromisso para dividir uma vez mais o metropolitanato. Pimen foi consagrado metropolita de Kiev e da Grande Rússia, cabendo a Cipriano o metropolitanato da Lituânia e da Pequena Rússia.

Antes, porém, que tal arranjo fosse colocado em prática, a situação no extremo norte teve outra reviravolta espetacular. O tsar mongol Mamai se mobilizou contra Moscou, onde Dimitri se arriscara a reter o tributo anual sem saber que Mamai estava em situação insegura e precisava do dinheiro. Para ajudá-lo na cobrança, Mamai obteve o apoio de Gênova, sua aliada, assim como de Ryazan e, o que era mais grave, da poderosa Lituânia, agora sob o competente governo do filho de Olgerd, Jagiello. No último momento, Dimitri enviou seus representantes com o tributo vencido, mas era tarde demais: Mamai já estava a caminho. Os representantes e o dinheiro retornaram a Moscou.

A política de apaziguamento com os mongóis e os genoveses defendida pelos boiardos fracassara. Dimitri foi então compelido a se voltar para o partido monástico de Sérgio e demais hesicastas russos, que desde a época de Filoteu faziam oposição aos mongóis e genoveses. Com a bênção pública de Sérgio, Dimitri reuniu suas forças e marchou para enfrentar os exércitos de Mamai que se aproximavam.

A vitória russa em Kulikovo foi mais importante por seu valor simbólico do que por suas consequências práticas. Intimamente associada a esse valor simbólico está a abrupta mudança de atitude de Dimitri para com Cipriano. Logo após Kulikovo, Dimitri Donskoi (como agora podemos chamá-lo) deu as boas-vindas a Cipriano em Moscou concedendo-lhe o pleno status de metropolita. Era a vez de Pimen ser jogado aos leões. Ao retornar aos domínios de Dimitri, ele foi aprisionado.

Da súbita mudança de atitude de Dimitri para com Cipriano não se sabem as causas, apenas alguns fatos instigantes que podem ou não estar conectados. Um deles é a saída abrupta e misteriosa de Cipriano de Constantinopla antes da consagração de Pimen, com destino à Lituânia, não a Moscou. Outro é que Jagiello, embora tenha levado o exército lituano a Kulikovo como acertado com Mamai, no último minuto rompeu o combinado e desistiu da luta. A não participação dos lituanos ao lado de Mamai foi um fator decisivo — talvez *o* fator decisivo — para a vitória de Dimitri.

Já se sugeriu que Cipriano, tendo recebido "informações confidenciais" sobre a coalizão de Mamai, em especial a participação dos lituanos, partiu às pressas para o norte na tentativa de dissuadir Jagiello de honrar seu compromisso. Em outras palavras, Cipriano teria uma vez mais colocado a unidade ortodoxa acima de tudo o mais, acima até da mágoa abrasadora que nutria pelo tratamento que lhe fora dispensado por Dimitri. O resultado foi a grande vitória simbólica da Rússia – e de Moscou – sobre os odiados mongóis. Estaria assim explicado não apenas por que Dimitri mudou de atitude, mas também por que as fontes posteriores associaram Cipriano à vitória em Kulikovo.

É possível, porém, e menos dramático, atribuir a reviravolta de Dimitri à mera influência dos amigos hesicastas de Cipriano, como Sérgio de Radonezh. De todo modo, o certo é que Cipriano retornou com toda a pompa a Moscou na primavera de 1381, onde, segundo um cronista, foi saudado pelo povo com grande júbilo. Lá ele retomou a defesa ativa da unidade eclesiástica, doutrinando conspicuamente os ortodoxos da Pequena Rússia (Kiev incluída) controlada pelos lituanos.

Mas Cipriano deixou claro também que a unidade agora gravitava Moscou, exaltada como centro da ortodoxia na Rússia por predileção divina. O seu livro *Vida de Pedro*, escrito nesta época, celebra enfaticamente o ilustre antecessor, o primeiro metropolita a fixar residência em Moscou. Dimitri e sua dinastia se beneficiaram imensamente dessa importante propaganda. *Vida de Pedro* os exalta como legítimos herdeiros do poder kievano, especialmente ungidos para governar as terras dos russos ortodoxos.

As atribulações de Cipriano não terminaram, no entanto. O novo tsar mongol Tokhtamysh, que destronara Mamai depois de Kulikovo, saqueou Moscou com um grande exército. Cipriano fugiu para Tver em circunstâncias misteriosas – seus inimigos o acusaram de covardia –, e Dimitri retornou à antiga hostilidade. Entre os maiores detratores de Cipriano estava agora o patriarca Neilos, que ficara profundamente ressentido com o esvaziamento do julgamento de Cipriano no sínodo de 1380. Como se não bastasse, os genoveses estavam outra vez no controle de Bizâncio. Depois do saque de Moscou, Dimitri, com o apoio de Neilos, expulsou Cipriano da cidade mais uma vez e reconduziu Pimen ao posto de metropolita.

Pimen mostrou-se, no entanto, demasiado pequeno para a tarefa e em pouco tempo perdeu o apoio de Dimitri, que, por outro lado, nunca mais aceitou o retorno de Cipriano a Moscou. Os problemas continuaram sem solução por vários anos turbulentos, marcados por um sem-fim de intrigas envolvendo o metropolitanato e muitas idas e vindas entre Moscou e Constantinopla.

Nesse período, os turcos avançaram inexoravelmente pelos Bálcãs. A própria Constantinopla, que passou por novas e confusas mudanças de regime, dava a impressão de que a qualquer momento seria capturada.

Enquanto isso, surgia na cena internacional uma nova e momentosa circunstância com a união da Lituânia e da Polônia, em 1386, por via do casamento do grande príncipe lituano Jagiello com a princesa polonesa católica Hedwig.[3] Foi assim que a Lituânia e seus soberanos se voltavam decisivamente para o Ocidente e para a Igreja Latina.

As coisas só se assentaram no fim da década. Neilos morreu em 1388, Dimitri e Pimen no ano seguinte. Em 1390, Cipriano – "depois de uma tormentosa viagem pelo mar Negro em que quase perdeu a vida" – conseguiu retornar a Moscou com total apoio de ambos os *establishments* políticos. A morte de João V Paleólogo e a acessão do brilhante Manuel II um ano depois marcaram o início de um período de relativa estabilidade. Agora metropolita único e incontestе de Kiev e de Toda a Rússia, Cipriano não apenas sobrevivera à tempestade como saíra vitorioso na longa luta para afirmar o legado de Filoteu, seu mentor.

---

[3] A união da Lituânia com a Polônia é chamada de União de Krewo.

Capítulo 16

A Terceira Roma

Durante uma década e meia, Cipriano manteve a fé diante das vacilações de Dimitri e da venalidade dos dois sucessores de Filoteu, Macário e Neilos. Na década e meia seguinte – até a sua morte em 1406 –, ele consolidaria sua vitória com um trabalho fecundo. Este período de intensa produtividade – em que escreveu, traduziu, ensinou, organizou, administrou – tornou Cipriano o maior expoente da civilização bizantina na Rússia.

Por trás de tudo, imbricada em todas essas atividades estava a lealdade de Cipriano para com as políticas hesicastas de Cantacuzeno e Filoteu. O objetivo global de Cipriano sempre foi reforçar a unidade das igrejas eslavas e vinculá-las cada vez mais estreitamente ao patriarcado. A teia de amizades entre professores, alunos e colegas se ancorava na adesão comum aos ideais hesicastas e ao seu pai espiritual em Constantinopla. Ainda que o mundo em que esses laços subsistiam estivesse prestes a ser destruído pelos acontecimentos políticos, sua influência cultural continuaria a moldar o mundo eslavo de maneira decisiva e permanente.

Mesmo agonizante, Bizâncio jogou até o fim um papel-chave na expansão de Moscou. Este processo sobreviveria, na verdade, à queda de Constantinopla, culminando na ascensão de Moscou à dignidade de capital da Rússia imperial ortodoxa, o vasto reino que durante tanto tempo esteve sob o assombroso poder dos tsares.

A imensa estatura de Cipriano à época de sua morte era uma imensa reserva de prestígio de que se valeram seus sucessores, Fócio e Isidoro. Ela contribuiu também para a notável lealdade a Bizâncio que Moscou seguiu mantendo até quase o último momento. Em troca, a Igreja dirigida por Bizâncio cumulava os grandes príncipes de Moscou de bens materiais e outras bênçãos.

No plano material, a criação de monastérios fortificados por toda a Rússia, mas sobretudo ao redor de Moscou, reforçou e intensificou as defesas da cidade. E o mais importante, por meio de sua atividade missionária a Igreja tomou a liderança da colonização de novas terras na Rússia oriental. Como sede da Igreja, Moscou assumiu naturalmente o controle dessas terras, o que aumentou sua força política e contribuiu enormemente para a consolidação de seu poderio econômico.

Mas a contribuição mais significativa se deu, como sempre, no plano simbólico, o canal por onde flui a legitimidade política. Em 1408, por exemplo, dois anos depois da morte de Cipriano, seu seminário produziu *Trindade*, uma compilação de crônicas locais que – tal como a *Vida de Pedro*, de Cipriano – ligava Moscou a Kiev, destacando o seu papel como o novo centro da cultura ortodoxa russa. E já no século XIV surgiram indicações de que Moscou seria candidata a herdeira de Bizâncio, caso Constantinopla caísse frente aos turcos.

Essa ideia – resumida na expressão *translatio imperii*, transferência da autoridade imperial – não se ajusta bem ao caso pelo simples fato de que a Rússia sempre seria primeiro uma nação, depois um império. Mesmo nos períodos mais autocráticos, os tsares jamais reclamaram o domínio universal que a teoria bizantina sempre atribuiu aos imperadores de Bizâncio. Mas a ideia de que Moscou era candidata a herdeira de Bizâncio, se é certo que nunca foi adotada, também nunca foi totalmente excluída. Sua mais retumbante formulação é a célebre teoria que vê Moscou como "a Terceira Roma", surgida da confluência de três acontecimentos de meados do século XV, todos de importância capital para a história da Rússia: o Concílio de Florença, a queda de Constantinopla e a liquidação do poder mongol na Rússia.

O Concílio de Florença, que uniu as Igrejas Católica e Ortodoxa em termos francamente favoráveis aos católicos, foi a faca que cortou o longo fio da lealdade de Moscou para com Bizâncio. Um dos principais defensores da união foi Isidoro, então metropolita de Kiev e de Toda a Rússia, que ajudou seu amigo, o cardeal Bessarion, a redigir o decreto. Desgraçadamente para Isidoro, seu rebanho russo profundamente conservador rejeitou a união muito antes dos próprios gregos, desancando Isidoro em seu retorno de Florença e assumindo, ao final, o passo sem precedente de eleger seu próprio patriarca. Nunca mais a Igreja ortodoxa russa receberia ordens dos gregos, apesar da continuidade dos laços culturais.

A queda de Constantinopla ocorreu tão pouco tempo depois do Concílio de Florença que a conexão entre os dois eventos era clara, pelo menos desde o ponto de vista russo: Deus havia punido os bizantinos por se desviarem da verdadeira fé e abrirem mão de seus princípios. Essa foi também a linha assumida por muitos gregos, notadamente aqueles de convicção hesicasta anticatólica. A queda de Constantinopla validou a ruptura dos russos com Bizâncio que o concílio havia causado.

O fim da sujeição da Rússia ao jugo mongol não tem uma data precisa. Ao contrário, ela proveio da desintegração gradativa do poder mongol depois de Kulikovo, em 1380, e sobretudo depois da destruição da Horda Dourada pelos exércitos de Tamerlão na virada do século XV. Em 1425, Moscou já não tinha rivais capazes de desafiar seu lugar de líder dos principados russos.

A ideia de Moscou como a Terceira Roma foi formulada em fins do século XV, durante e após o reinado de Ivan III, neto de Dimitri Donskoi. Foi Ivan III, o Grande, que empreendeu a "união das terras", base da autoridade centralizada na Rússia sob domínio moscovita.

Ivan, que subiu ao trono com pouco mais de 20 anos, recebeu do cardeal Bessarion uma carta sugerindo-lhe que desposasse a jovem protegida de Bessarion, Zoé Paleóloga, sobrinha do último imperador bizantino. Não apenas Ivan assentiu, como seu governo começou a usar regalias de tipo bizantino para respaldar o óbvio simbolismo do casamento. A mais conhecida é a águia de duas cabeças, antigo símbolo do poder imperial bizantino de que Ivan se apropriou para simbolizar seu próprio poder autocrático. Ela continuaria a ser o emblema imperial dos tsares até a Revolução Russa.

Foi durante o reinado de Ivan que Dimitri Gerasimov, um padre peregrino russo, teria trazido de suas viagens ao Ocidente um texto conhecido como *A lenda do capelo branco*. É a história sedutoramente anacrônica de um miraculoso capelo branco que o papa teria recebido de Constantino, o Grande, depois de sua conversão. Pouco antes de os católicos se desviarem do dogma ortodoxo, o último papa legítimo o enviou a Filoteu e ao imperador João Cantacuzeno em Bizâncio. Antevendo a queda de Constantinopla, eles o enviaram às terras dos rus para salvaguardá-lo. O narrador explica que a antiga Roma se desviara da verdadeira fé "em virtude de seu orgulho e ambição", ao passo que a nova Roma de Constantinopla caíra para os turcos. "Na Terceira Roma, que será as terras dos rus, a Graça do Espírito Santo continuará a brilhar."

Esta ideia foi desenvolvida pouco depois do reinado de Ivan III, tornando-se lugar-comum na literatura religiosa russa, em especial a de inclinação escatológica. Ela foi expressa numa linguagem ainda mais apocalíptica pelo monge Filofei (Filoteu), abade do monastério de Pskov por volta do ano de 1525:

> A Igreja da antiga Roma caiu por sua heresia; os portões da segunda Roma, Constantinopla, foram derrubados pelos machados dos turcos infiéis, mas a Igreja de Moscou, a Igreja da Nova Roma, brilha mais do que o sol em todo o universo. [...] Duas Romas caíram, mas a terceira resiste; não haverá uma quarta.

O Legado Místico

Se as consequências políticas do hesicasmo foram momentosas, seu impacto cultural foi igualmente extenso e profundo e de nenhum modo limitado à Rússia. Surgiu recentemente entre os estudiosos uma inter-relação que coloca o hesicasmo como o segundo estágio da difusão cultural bizantina no mundo eslavo, sucessor do estágio eslavônico de Cirilo e Metódio, e tão importante quanto ele. Seus efeitos admiravelmente abrangentes podem ser observados não somente na religião mas também em áreas afins, como a arte e a literatura. Eles começaram a se manifestar em países da comunidade bizantina, como a Bulgária e a Sérvia, mas seria a Rússia o seu destino final.

No fim do século XIV, surgiu nos Bálcãs um movimento literário que contribuiu ainda mais para disseminar as influências bizantinas em terras eslavas do norte, como a Rússia. Intimamente associado ao hesicasmo, esse movimento internacional foi chamado de "segunda influência sul-eslava" para distingui-lo do legado eslavônico de Cirilo e Metódio, também difundido por eslavos do sul, búlgaros em sua maioria, mas também outros.

A Bulgária assumiu uma vez mais a liderança nessa nova onda de difusão cultural, introduzida e supervisionada pelo patriarca búlgaro Eutímio de Tarnovo, o velho amigo que Cipriano visitara depois de ter sido roubado no Danúbio. Eutímio deu início ao movimento na década de 1370, época em que Cipriano lutava para se afirmar como metropolita. A copiosa produção de Cipriano na década e meia que se seguiu à sua vitória final em 1390 estava diretamente inserida no contexto do movimento "segunda influência sul-eslava" de seu velho amigo. O movimento se estendeu à época em que Salutati, Crisoloras, Bruni e os demais primeiros humanistas fizeram sua obra na Itália, vale dizer, o começo do século XV. Como exercício de recuperação linguística, ele propicia alguns interessantes paralelos e contrastes.

O movimento mesclava, de um lado, as duas tradições ortodoxas, de Cirilo e Metódio, e, de outro, o hesicasmo. Eutímio estudara quando jovem em Kilifarevo, ao sul de Turnovo, onde um discípulo de Gregório do Sinai chamado Teodósio de Turnovo havia fundado um monastério hesicasta. Tendo se tornado um hesicasta convicto, o mais importante discípulo de Teodósio, Eutímio passou quase uma década em Constantinopla e no Monte Athos, meditando e copiando manuscritos eslavônicos. Foi provavelmente então, senão antes, que conheceu Cipriano. De volta à Bulgária, Eutímio foi eleito patriarca em 1371, posição que manteve até 1393, quando a captura de Turnovo pelos turcos encerrou o patriarcado independente búlgaro.

A grande aptidão de Eutímio, como a de Cirilo antes dele, era a de erudito, e foi como tal que ele planejou e empreendeu um esforço intensivo para melhorar a qualidade das traduções eslavônicas do grego, que achava ter caído abaixo do padrão mínimo aceitável. Outrora mutuamente compreensíveis, com o passar do tempo os vários dialetos eslavos haviam se transformado em diferentes idiomas nacionais, tornando o antigo eslavo eclesiástico uma língua morta.

A reforma de Eutímio foi antes de tudo um esforço conservador, uma tentativa de recuperar a pureza linguística das traduções do antigo eslavônico. Foi também uma tentativa de evocar uma idade de ouro em que a comunidade bizantina era vibrante e expansiva, ainda não avassalada pelo temor do avanço turco. Eutímio injetou também um forte elemento hesicasta na mescla de textos traduzidos, dando prioridade aos autores favoritos do hesicasmo: João da Escada, Simeão, o Novo Teólogo, Gregório do Sinai e Gregório Palamas, entre outros.

Os eruditos desse movimento literário eram a infantaria peripatética da Internacional Hesicasta – búlgaros, sérvios, russos, bizantinos, romenos e outros –, jovens que trabalharam nos monastérios hesicastas de Constantinopla, Monte Athos, Tessalônica, Paroria e Kilifarevo. Eles iam copiar seus manuscritos e trabalhar lado a lado com os demais antes de retornar aos seus lugares de origem, levando consigo seus preciosos livros, seus preciosos conhecimentos e seus preciosos contatos. Pela via da imitação, eles inspiraram outros autores das terras eslavas – Sérvia, Romênia, Rússia etc. – a criar obras literárias originais, dando ensejo a surtos locais de literatura nativa eslavônica com tons hesicastas.

O Hesicasmo e a Civilização Russa

Em todas essas terras, a segunda influência sul-eslava espalhou-se do reino da literatura religiosa para outras áreas da cultura. E em nenhum lugar mais do que na Rússia foi fecunda esta semeadura, diligentemente iniciada, é claro, pelos monges.

O restaurador do monasticismo russo depois da invasão mongol foi São Sérgio de Radonezh, amigo íntimo e colega de Cipriano. O que sabemos sobre ele provém de duas *vitae* escritas por seus discípulos Epifânio Premudry (Epifânio, o Sábio), um russo, e Pacômio, um sérvio. Esses dois célebres monges são exemplos da segunda influência sul-eslava, Epifânio com seu arrebicado estilo literário conhecido como "bordado textual", e Pacômio com sua ênfase em princípios hesicastas, como a luz divina.

Sérgio, um homem grande e forte que amava o trabalho físico e a solidão, saía pelas florestas ao norte de Moscou para estar sozinho no "deserto" (na literatura monástica russa, a floresta equivale ao deserto). Em pouco tempo, porém, exortado por seus muitos seguidores que não queriam deixá-lo só, Sérgio lá criou o monastério da Santíssima Trindade. Foi-lhe oferecido o metropolitanato quando Alexis morreu, mas ele recusou, talvez por deferência a Cipriano. Sérgio e seus muitos discípulos são associados mais que tudo à criação de um grande número de monastérios, talvez uns 150 em poucas décadas. Envolvido em aventuras políticas questionáveis, Sérgio manteve estreito contato tanto com a liderança moscovita quanto com líderes hesicastas como o patriarca Filoteu e o metropolita Cipriano.

Depois de Sérgio, o mais influente dos monges russos foi provavelmente seu jovem amigo Santo Estêvão de Perm, um erudito e missionário. Sua *vita* também foi escrita por Epifânio Premudry, segundo o qual Estêvão tinha muitos livros em sua cela, inclusive gregos, que aprendeu a ler. Cumprindo uma trajetória que lembra a de Ciro e Metódio e exala o *éthos* da segunda influência sul-eslava, Estêvão foi designado para uma célebre missão ao remoto povo komi (ziriano), para o qual criou um alfabeto original e traduziu muitos termos religiosos.

As tendências literárias que influenciaram esses monges transbordaram mais notadamente para o campo da pintura, em que os métodos e modelos bizantinos desde muito haviam sido adotados pelos russos no mesmo pacote da cultura religiosa. No fim do século XIV e começo do XV, os ícones e afrescos russos atingiram o ápice de qualidade artística associado a duas excelsas figuras, o mestre bizantino Teófanes, o Grego (Feofan Grek), e seu brilhante discípulo russo Andrei Rublev. Ambos trabalharam em associação direta com o meio monástico que se inspirava no hesicasmo bizantino e na segunda influência sul-eslava.

Amigo íntimo de Epifânio Premudry, Teófanes saiu de Bizâncio para chegar ao norte da Rússia por volta de 1378, no exato momento em que o movimento internacional de Eutímio ganhava força. Embora pouca coisa de sua obra sobreviva (o que sobreviveu é excelente), assume-se que ele decorou várias igrejas de Novgorod e Nizhni antes de ir para Moscou, onde pintou a iconóstase da Igreja da Anunciação e trabalhou na Igreja do Arcanjo Miguel. Epifânio elogiou seu trabalho em termos que não deixam dúvidas sobre seus desígnios espirituais e sua estética de além-túmulo, tão intrínsecos à arte bizantina: ele pintava "alheio aos modelos mundanos" e "abarcava em seu espírito longínquas realidades intelectuais enquanto contemplava a beleza espiritual com os olhos de sua alma".

Andrei Rublev começou como monge no monastério da Santíssima Trindade, criado por Sérgio, mas acredita-se que, nos primeiros anos do século XV, tenha atuado como assistente de Teófanes em Moscou. Mais tarde pintou vários ícones famosos, entre os quais o Salvador e a Trindade (para seu antigo monastério), além de uma série de afrescos para a catedral da Assunção em Vladimir. O estilo caracteristicamente etéreo de Rublev conquistou vários imitadores, dando ensejo ao surgimento de uma importante escola russa de pintura de ícones. Seu trabalho reforçou também a ideia, já preeminente nos escritos de Cipriano e outros, de que o centro da Igreja Russa se transferira de Kiev para Moscou.

Apesar do enorme débito para com seu modelo bizantino, a espiritualidade russa não tinha a animosidade defensiva característica do hesicasmo bizantino posterior a Palamas, um ímpeto argumentativo surgido em resposta às críticas racionalistas de humanistas como Barlaam. Na Rússia, o hesicasmo não se defrontou com esse tipo de hostilidade. Por ora, ao menos, o misticismo russo estava livre para florescer, livre da inóspita frieza de tão molesto escrutínio.

Epílogo
O Último Bizantino

Num dia do início da primavera de 1516, um enviado do grande príncipe de Moscou Vassili III chegou a Monte Athos trazendo dinheiro para os monastérios, com instruções para que os monges rezassem pelas almas dos falecidos pais de Vassili, Ivan, o Grande, e a princesa bizantina Zoé Paleóloga. Eles deveriam rezar também pelo nascimento de um herdeiro, uma vez que Solomônia, a esposa do grande príncipe, ainda não dera à luz.

Trouxe também o enviado um pedido para que os monges enviassem a Moscou um vetusto e erudito monge do monastério de Vatopedi, de nome Sava, para executar alguns importantes trabalhos de tradução. O grande príncipe prometia ao abade de Vatopedi "devolvê-lo a vocês", depois de concluídas as traduções.

Ocorreu que Sava estava demasiado fraco para a severa viagem ao norte, razão pela qual o abade decidiu mandar em seu lugar um jovem monge chamado Máximo. Em uma carta, o abade explicou ao grande príncipe que Máximo era um substituto à altura, "experimentado na divina escritura e capaz de interpretar todo tipo de livro, eclesiástico ou helênico, porque crescera junto com eles".

É interessante que o abade tenha mencionado a proficiência de Máximo nos livros "helênicos", o que queria dizer a literatura da Grécia antiga, aquilo que os bizantinos um dia chamaram de Saber Exterior. É pouco provável que esses talentos tenham sido de grande utilidade em Moscou. Eles eram raros entre os monges do Monte Sagrado, motivo provável de o abade tê-los mencionado. Em geral, a erudição dos monges tinha mais a ver com os Pais da Igreja e o antigo eslavo eclesiástico.

Máximo era, no entanto, um monge incomum. Já com mais de 40 anos quando o abade o indicou para ir à Rússia, ele nascera Miguel Trivolis (por volta de 1470) em uma família aristocrática grega de Arta, capital do Epiro onde Manuel pode ter servido como governador militar antes da queda da cidade para os turcos em 1449. Sua família era bem-relacionada: o patriarca Calixto, rival de Filoteu um século antes, era um Trivolis.

Mais recentemente, o tio de Miguel, Demétrio, fora um conhecido erudito e colecionador de literatura da Grécia antiga. Protegido do cardeal Bessarion, Demétrio Trivolis era também conhecido do humanista e diplomata bizantino João Láscaris, que se estabeleceu em Florença provavelmente em algum momento da década de 1470.[1] No começo da década de 1490, Láscaris ocupou a antiga cadeira de estudos gregos de Manuel Crisoloras no *studio* florentino. Depois disso, trabalhou como bibliotecário de Lourenço, o Magnífico, viajando por terras otomanas em busca de manuscritos gregos para o Médici seu patrono. Numa dessas viagens, em 1491, Láscaris visitou Arta e esteve com Demétrio Trivolis. O jovem Miguel, que já estudara filosofia e retórica grega com um conhecido professor em Creta, decerto ficou encantado ao conhecer o célebre Láscaris. Ao retornar a Florença no ano seguinte, Láscaris o trouxe consigo.

Por intermédio de Láscaris, Miguel ganhou acesso imediato à cúspide da florescente vida intelectual de Florença. Lourenço, o Magnífico, humanista consumado e poeta de pleno direito, havia restaurado a Academia Platônica de seu avô Cosimo sob a direção do ainda vigoroso

---

[1] Conhecemos João Láscaris, de passagem, no fim da Parte I.

Marsílio Ficino. Grande patriarca da filosofia renascentista, Ficino procurava acima de tudo demonstrar que a doutrina platônica antecipara o cristianismo e que a razão independente era capaz de confirmar a verdade da revelação cristã.

Miguel conheceu Ficino pouco depois de chegar a Florença, juntando-se ao fascinante círculo da Academia Platônica. Este incluía Ângelo Poliziano (Politian), poeta e filólogo que estudara com João Argyropoulos na década de 1470 e quase fora morto defendendo Lourenço de um atentado em 1478, Giovanni Pico della Mirandola, que combinava o interesse por Platão com um duplo fascínio pelo pensamento de Averróis e pelo misticismo da cabala judaica, e o jovem e brilhante Michelangelo, ainda adolescente, que Lourenço acolhera na família Médici.

Entre as pessoas que mais impressionaram Miguel em Florença estava um influente frade dominicano de Ferrara chamado Girolamo Savonarola, cujos sermões ele costumava sair a escutar em companhia de Pico della Mirandola e de Michelangelo. Savonarola desde muito atacava a notória corrupção na Igreja, exigindo reformas. Chamado por Lourenço a Florença em 1490, Savonarola começara também a denunciar o materialismo da sociedade e, um tanto provocativamente, a tirania do próprio governo dos Médici.

Florença mudou rapidamente nos poucos anos que se seguiram à chegada de Miguel. Lourenço morreu em 1492 e foi sucedido por seu filho menos talentoso, Piero. Giovanni Pico della Mirandola e Poliziano morreram em 1494, coincidindo com a ida de Michelangelo para Bolonha e de João Láscaris para a França. Nesse mesmo ano o exército francês de Carlos VIII invadiu a Itália e derrubou Piero de Médici, então altamente impopular em Florença. Levado pelo entusiasmo popular, Savonarola iniciou seu turbulento reinado de quatro anos em Florença, queimando livros humanistas e impondo sobre a vida e a arte florentinas uma severidade puritana. Por exagerar na oposição ao papa, acabou excomungado e queimado na fogueira diante de uma multidão de florentinos desiludidos.

Nessa época o próprio Miguel já partira, para Bolonha primeiro, e depois Veneza, onde no começo de 1498 teria passado vários meses trabalhando para Aldus Manutius em auxílio a outros eruditos bizantinos que preparavam textos gregos para publicação pela Aldine. Naquela primavera ele aceitou um convite para morar e trabalhar com Gianfrancesco della Mirandola, sobrinho de seu amigo Giovanni, que herdara a propriedade da família em Mirandola quando ele morreu.

Miguel estava, porém, inquieto em Mirandola e a notícia da execução de Savonarola naquele mês de maio o chocou profundamente. Trabalhando estreitamente com Gianfrancesco, cujo cristianismo era mais conservador que o do tio, Miguel pela primeira vez se dedicou a estudar seriamente os Pais da Igreja. Embora interrompidos por viagens periódicas à sua terra natal, seus estudos em Mirandola acabaram por levá-lo à conversão. Em 1502, Miguel Trivolis renunciou ao humanismo, virando as costas para o que mais tarde chamou de confiança excessiva na razão e na cultura secular e entrando para o monastério dominicano de São Marcos de Florença, onde Savonarola havia servido como superior.

Miguel não se convertera ao catolicismo, mas ao cristianismo, e seu ingresso em São Marcos era antes uma prova de seu respeito por Savonarola do que de sua ligação com os ideais dominicanos. Os Pais da Igreja que ele estudara em Mirandola eram gregos, não latinos, e sua fé era uma questão de redescoberta, não de descoberta – redescoberta da fé em que fora criado, não a descoberta de um novo sistema de crenças.

Não constitui surpresa, portanto, que por volta de 1505 Máximo tenha deixado a Itália rumo à sua terra natal e se estabelecido em Monte Athos, que apesar da conquista turca era ainda o centro nervoso do monasticismo ortodoxo. E, dadas as suas inclinações literárias, era natural que gravitasse a Vatopedi, o mais rico dos monastérios, que alardeava possuir uma extensa biblioteca. Na década de 1490 João Láscaris adquirira 200 manuscritos de Vatopedi para a biblioteca de Lourenço, em São Marcos, onde Miguel deve tê-los lido.

Em Vatopedi, Miguel Trivolis adotou o nome Máximo. Embora pouco se saiba sobre a década que lá passou, é certo que mais tarde, em Moscou, ele sentiu grande nostalgia de Monte Athos. São Marcos era urbano, politizado e italiano. Na época em que lá esteve, o monastério fervilhava de controvérsias sobre o significado da tumultuada carreira de

Savonarola. Vatopedi, em contraste, era pacífico – pastoral, mas ao mesmo tempo mais cosmopolita, no sentido de que lá viviam, rezavam, comiam e trabalhavam gregos ombro a ombro com búlgaros, sérvios, macedônios, romenos, russos e outros mais do mundo ortodoxo, cerca de 300 monges ao todo. Máximo tinha uma queda para idiomas. Embora não tivesse ainda aprendido o russo, ele certamente colhera um apanhado das várias línguas eslavas de seus irmãos monges.

Máximo tinha uma queda também para a oportunidade. Viajando com um pequeno grupo, ele interrompeu a sua jornada para o norte com paradas em Constantinopla e na Crimeia, chegando a Moscou em março de 1518. E assim como em Florença, desembarcou inadvertidamente num caldeirão político e religioso em ebulição, prestes a transbordar. Desta vez, porém, ele não estava na periferia, mas no centro do furacão. Desse ponto em diante, Máximo é mais propriamente referido pela versão russa de seu nome, Máximo, o Grego, a terceira e última encarnação de Miguel Trivolis. Foi como Máximo, o Grego, que ele se viu envolvido numa controvérsia que selaria seu destino.

Havia algum tempo se desenrolava uma disputa entre duas facções do mundo monástico russo. Desde a época de Cipriano, um novo e poderoso grupo de monges surgira em muitas regiões densamente povoadas da Rússia, os josefitas, seguidores de José, abade do grande e influente monastério de Volokolamsk, sua fortaleza não muito distante de Moscou. Eram também conhecidos como possessores, porque seus monastérios abarcavam extensas propriedades feudais nas quais a terra era propriedade dos monges, mas lavrada pelos camponeses, que lhes pagavam rendas. Os monges enriqueciam emprestando a taxas exorbitantes aos camponeses, que ficavam cada vez mais pobres.

À medida que se acumulava a riqueza dos possessores, aumentava também a oposição dos monges que viviam de maneira diversa, construindo para si pequenas ermidas isoladas em pedaços de terra desmatada em meio às florestas do norte. Estes eram os não possessores, representantes da tradição conservadora hesicasta tal como estabelecida por personagens como Cipriano e são Sérgio de Radonezh.

O próprio Cipriano pregara enfaticamente na Rússia contra a existência de grandes propriedades monásticas. Depois de sua morte, a oposição foi liderada por Nil Sorsky, mais tarde São Nilo, que esteve em Monte Athos e foi o primeiro russo a escrever sobre a contemplação mística. À chegada de Máximo, o líder dos não possessores era Vassian Patrikeyev, monge de origem nobre e ativista dinâmico que não perdeu tempo em cooptar Máximo para sua causa. Os dois acabaram se tornando amigos íntimos, além de colaboradores.

José falecera alguns anos antes da chegada de Máximo. Com o apoio do metropolita Varlaam, Vassian e Máximo desfrutaram de um período de aparente ascendência. Juntos, eles enfrentaram os josefitas em várias questões, uma das quais, apenas, era a existência de grandes propriedades monásticas e a exploração dos camponeses, que Máximo – como Cipriano muito antes dele – garantia ser totalmente contrária à tradição bizantina. E era também contrária às práticas de dominicanos e franciscanos, cuja pobreza e ascetismo ele conhecera pessoalmente. Embora tenha tido sempre em vista o exemplo de Savonarola, Máximo escondia cuidadosamente sua antiga passagem por um monastério dominicano.[2]

Mas a força de Vassian era ilusória. Se os não possessores tinham o passado do seu lado, os possessores tinham o futuro. José havia firmado um acordo com Vassili III, que (como seu contemporâneo Henrique VIII da Inglaterra) cobiçava as grandes propriedades monásticas de seu reino. Vassili permitiu que os possessores mantivessem suas vastas propriedades em troca de apoio à sua pretensão de controle absoluto sobre a Igreja. Apesar da continuada oposição de figuras como o metropolita Varlaam, que lutou para manter a independência da Igreja diante da autoridade secular, a lógica dessa aliança se revelou irresistível. Outro aspecto da situação (e outro paralelo com Henrique VIII) era a incapacidade do grande príncipe de gerar um herdeiro. Apoiado por Vassian e Máximo, o metropolita Varlaam recusou-se a sancionar o divórcio não canônico

---

[2] Máximo ocultou tão eficazmente essa informação potencialmente explosiva que só em 1942 sua identidade original como Miguel Trivolis foi revelada pelo estudioso francês Elie Denissoff em seu livro *Maxime le Grec et l'Occident*.

do grande príncipe de sua até então improlífica Solomônia, por cuja fertilidade as próprias orações dos monges de Monte Athos haviam se mostrado, por sua vez, improfícuas.

Em 1522 Varlaam foi deposto e Daniel, o novo líder dos possessores, escolhido para substituí-lo como metropolita. Daniel fora discípulo de José e seu sucessor em Volokolamsk antes de ser elevado ao metropolitanato. Sua próxima vítima seria Máximo, que se excedera ao criticar Vassili III. Daniel usou suas indiscrições para convencer o grande príncipe. Máximo foi preso no inverno de 1524-1525 e julgado em fevereiro por um tribunal presidido pelo metropolita Daniel e pelo próprio grande príncipe.

A lista de acusações era longa, incluindo, além de bruxaria e heresia, acusações mais substantivas – e verdadeiras –, como criticar Vassili, sustentar que a separação da Igreja Russa do patriarcado de Constantinopla era não canônica e vituperar contra a corrupção dos possessores. O veredicto foi uma sentença anunciada. Máximo foi excomungado, colocado a ferros e aprisionado nas masmorras de Volokolamsk. Lá ele permaneceu por seis anos, em solitário confinamento, privado não apenas de liberdade, comunhão e companhia, mas também de livros, penas, tinta e papel. Mais tarde naquele ano Vassili obteve o divórcio, e em 1530 nasceu-lhe o herdeiro, o futuro Ivan IV, "o Terrível".

No ano seguinte Máximo foi levado uma vez mais a julgamento, dessa vez junto com Vassian, aparentemente o principal alvo desta segunda rodada de perseguições. Foi a vez de Vassian ser mandado para Volokolamsk, enquanto Máximo era transferido para outro monastério, onde seu tratamento melhorou gradualmente: podia receber livros e material para escrever e, depois de algum tempo, foi-lhe permitido comungar. O duplo processo e condenação de Vassian e Máximo marcou o fim do movimento dos não possessores como força política.

Quanto a Máximo, sua situação continuou a melhorar. Com a morte de Vassili pouco depois, Ivan IV, então com três anos de idade, tornou-se grande príncipe. O irascível metropolita Daniel foi finalmente deposto, mas Ivan – que começou a se afirmar como governante ainda adolescente – caiu sob a influência do novo metropolita, o idoso

Macário, cuja atitude para com Máximo não era nem um pouco mais simpática. Máximo solicitou várias vezes que lhe deixassem retornar a Monte Athos, mas seus apelos foram recusados. Ele acabou libertado aos cerca de 80 anos de idade e nunca mais deixou a Rússia.

Em vez disso, encontrou uma espécie de refúgio no célebre monastério da Santíssima Trindade, fundado por São Sérgio de Radonezh nas proximidades de Moscou, onde as ideias hesicastas e não possessoras ainda percolavam silenciosamente. Lá continuou a ler e escrever, embora limitado pela visão enfraquecida e as mãos artríticas, além de ensinar aos monges o suficiente do idioma grego para poderem copiar os salmos.

Em 1553 Máximo teria sido visitado por Ivan, o Terrível, em peregrinação com sua esposa e seu filho pequeno a um monastério do extremo norte para agradecer a cura de uma doença quase fatal. A conversa entre o jovem soberano e o velho monge foi mais tarde relatada por um desiludido acólito de Ivan, o príncipe Kurbsky, um dos muitos russos que conservaram simpatia pelos não possessores e grande admirador da modesta coragem moral de Máximo diante de tantos tormentos.[3]

De acordo com Kurbsky, Ivan caíra sob a influência de perversos monges possessores que lhe prometeram a absolvição em troca de peregrinações inúteis e concessão de terras. Máximo, por sua vez, aconselhou Ivan a olhar pelas viúvas e órfãos dos soldados mortos numa recente campanha militar contra os tártaros. Se Ivan insistisse na peregrinação, ele vaticinou, seu jovem filho Vassili morreria. "Bajulado e exortado por esses monges que amam o mundo e amam as posses", escreve Kurbsky, o arrogante Ivan ignorou o conselho de Máximo e o jovem veio de fato a adoecer e morrer. Poucos anos depois desse encontro (talvez ficcional), foi a vez de Máximo morrer pacificamente no monastério da Trindade, em 21 de janeiro de 1556, pelo antigo calendário ortodoxo.

Máximo e a tradição hesicasta que ele tanto defendeu haviam se tornado o símbolo da resistência ao poder autocrático agora reclamado

---

[3] Um estudioso recentemente afirmou que a versão de Kurbsky sobre o reinado de Ivan é uma falsificação. Ainda assim, ela é bastante sugestiva de suas atitudes posteriores para com Máximo.

pelos soberanos expansionistas de Moscou. Poucos anos antes do encontro com Máximo, Ivan, o Terrível, foi o primeiro soberano russo a se fazer coroar como tsar – embora seu pai e avô tivessem usado ocasionalmente tal título – como parte de uma campanha deliberada para se apropriar do legado bizantino e usá-lo em benefício do poder imperial de Moscou. Parte da mesma campanha, a antiga ideia da Terceira Roma foi agora capturada e polida para consumo público. Com efeito, a nova Rússia voltou as costas para o legado espiritual de Bizâncio, abraçando em seu lugar a versão propagandística de seu legado político. Contudo, os tsares imperiais foram uma criação russa, não bizantina.

Ecos da tradição hesicasta continuariam a repercutir na cultura russa. O místico Tolstoi teria muito a conversar com Máximo Grego. No Ocidente, a herança da Grécia antiga que desde o início tanto fascinara Miguel Trivolis também encontraria uma nova vida e um novo significado.

Bizâncio, extinta um século antes, era agora uma lembrança apagada, não mais uma estação de embarque para viajantes que levam consigo os frutos da civilização. Ninguém seguiria os passos de Miguel Trivolis, o homem que veio a ser Máximo e cujo destino é a estranha recapitulação do próprio Império Bizantino: um longo cativeiro no fim da estrada que vai de Atenas a Jerusalém.

NOTA DO AUTOR

Conheci Bizâncio no oitavo ano, quando meu professor de russo e grande amigo James Morris sugeriu Cirilo e Metódio como tema de meu primeiro longo relatório de pesquisa. Anos depois, como universitário na UCLA, tive a sorte de fazer vários cursos de história bizantina com Speros Vryonis, Jr., cujos ensinamentos me trouxeram de volta um tema que havia muito esquecera. Sou grato a todos os meus ex-professores, mas particularmente a Jim Morris e Speros Vryonis por terem enriquecido minha vida, apresentado-me a Bizâncio com tanta sinceridade, entusiasmo e competência.

Este livro nasceu de um comentário de aula do professor Vryonis: uma das coisas mais fascinantes de Bizâncio, disse ele, é a influência exercida sobre as civilizações mais jovens que cresceram ao seu redor. Mesmo com uma agenda tão movimentada, Speros Vryonis me apoiou generosamente na pesquisa e redação do livro, lendo inclusive as primeiras versões do esboço e do manuscrito. Sou-lhe muito grato por esse esforço. Se *De Bizâncio para o mundo* tem pontos fortes, o mérito é dele em primeiro lugar; se contém equívocos, eles são inteiramente meus, é claro.

Com o mesmo critério em mente, agradeço a Michael J.B. Allen, Dimitri Gutas, Henrietta Leyser e Ingrid D. Rowland pela ajuda e aconselhamento em estágios diversos da pesquisa e redação deste livro; tenho um débito especial com Henrietta Leyser por seu contínuo incentivo e apoio. Pela inspiração, agradeço a Peter Brown, Averil Cameron, Fred Halliday, Dimitri Obolensky, Diana Wells e Mark Whittow. Bob Loomis me brindou com sua atenção muito antes de eu estar preparado, pelo que eu o agradeço. Meu pai, Charles Wells, e minha mãe, Liz Jones, fizeram úteis comentários aos primeiros rascunhos, assim como Gordon Davis, George Davis, Charlie Davis, Dan Henderson e Simone Stephens. Eles exemplificaram maravilhosamente meu público-alvo, o leitor comum interessado. Agradeço também às equipes das seguintes instituições: Biblioteca de Pesquisa Universitária da UCLA; Biblioteca Firestone, na Universidade de Princeton; Biblioteca Pública de Nova York; Biblioteca Starr do Middlebury College; Biblioteca Feinberg da SUNY Plattsburgh; Archiginnasio (Biblioteca Comunale) de Bolonha, Itália; Westport Library Association e Wadhams Free Library de Westport, de Nova York.

Edward Knappman e Elizabeth Frost-Knappman, meus agentes da New England Publishing Associates, me proporcionaram a melhor representação profissional que alguém poderia desejar, além de sábios conselhos e caloroso apoio. Os talentos de John J. Flicker, meu editor da Bantam Dell, contribuíram significativamente para a forma final e o tom deste livro; se alguém acha que a velha escola de edição está com os dias contados, é porque não trabalhou com John. David Lindroth transformou um emaranhado de notas em uma série de mapas claros, atraentes e informativos. Obrigado a todos vocês. Sou grato, finalmente, aos esforços do falecido Clyde Taylor, que também acreditou no livro.

Agradecimentos

Esta é uma obra de síntese popular sem qualquer pretensão de originalidade acadêmica. As relações de Bizâncio com suas três civilizações vizinhas constituem áreas distintas dentro do campo mais amplo dos estudos bizantinos, às quais alguns acadêmicos de primeira linha dedicaram toda ou uma parte de suas carreiras. Além disso, Bizâncio propriamente dita foi também abençoada pela atenção de alguns soberbos acadêmicos. O mesmo vale para as áreas de história da Renascença italiana, história islâmica e árabe e estudos eslavos, para não mencionar campos relacionados, como a transmissão da literatura clássica. Sem o trabalho dos estudiosos de todos esses campos, este livro não teria sido possível.

Se várias proposições apresentadas no caminho são de minha própria lavra, outras vieram da obra desses estudiosos. Muitas delas foram tomadas por outros acadêmicos e acabaram entrando para o acervo comum, por assim dizer, ao passo que outros não. De todo modo, minhas referências não são para as ideias ou percepções individuais, como se procura idealmente fazer nos trabalhos acadêmicos, mas apenas para as citações. Ainda que meus débitos sejam imediatamente identificáveis para quem é familiarizado com o tema, faço questão de explicitá-los adiante, capítulo a capítulo, não apenas para dar o crédito a quem merece, mas também para ajudar o leitor comum interessado em saber mais.

Meu maior débito geral é para com o falecido John Meyendorff, cujos eruditos e estimulantes escritos tanto contribuíram para iluminar o papel do hesicasmo na difusão da civilização bizantina pelo mundo eslavo. Acima de tudo, eu adotei sua concepção da civilização bizantina como um longo diálogo entre humanistas e monges, fé e razão, Atenas e Jerusalém, assim como a sua ideia da controvérsia hesicasta como última etapa desse diálogo. Meyendorff enfatiza também a consternação e o desconforto dos humanistas com o resultado da controvérsia, razão pela qual minha própria tese da controvérsia hesicasta como motor da influência cultural bizantina no Ocidente e no mundo ortodoxo deve muito à sua inspirada erudição. Estendi a interpretação de Meyendorff da controvérsia hesicasta e suas implicações para incluir a influência de Bizâncio sobre o Ocidente, e usei em seguida a tensão entre a fé e a razão, em que se transformou a controvérsia, para enquadrar minha própria discussão sobre a difusão cultural bizantina no mundo islâmico. Boa parte disso, penso eu, está implícito na análise de Meyendorff, mas precisa ser desenvolvida. Focado no legado ortodoxo de Bizâncio, Meyendorff não tinha especial interesse por nenhum desses dois outros campos.

O padre ortodoxo e historiador Meyendorff era notavelmente objetivo em muitos de seus juízos, mas resistia vigorosamente às acusações de obscurantismo reiteradamente lançadas contra os monges hesicastas por historiadores modernos de inclinação humanista secular, muitas vezes hostis. Eu, embora por um lado compartilhe a visão secular desses historiadores, tenho dos monges uma visão em geral menos negativa que a deles; não posso, porém, ajudar Meyendorff a defendê-los da acusação de obscurantismo. Feitas as contas, eu estava menos interessado em julgar do que em contar a história – uma história em que os dois lados deram contribuições valiosas, ao lado de outras talvez nem tanto.

Agradecimentos

Prólogo: Minhas maiores dívidas são para com a obra de John Meyendorff, em especial seu artigo sobre Chora em Paul A. Underwood, *The Kariye Djami*, e para com o artigo de Ihor Ševčenko no mesmo volume.

Parte I

Capítulo 1: Ver o trabalho de Averil Cameron, Judith Herrin, Peter Brown, Margaret Gibson e James J. O'Donnell, citados na Bibliografia. **Capítulo 2:** John Meyendorff, citado na Bibliografia. **Capítulo 3:** Kenneth Setton, "The Byzantine Background to the Italian Renaissance"; Donald Nicol, *The Last Centuries of Byzantium*; e os artigos de Frances Kianka, citados na Bibliografia. **Capítulo 4:** Michael Baxandall, *Giotto and the Orators*; George Holmes, *The Florentine Enlightenment*; Roberto Weiss, "Jacopo Angeli da Scarperia"; e N.G. Wilson, *From Byzantium to Italy*. **Capítulo 5:** Eugenio Garin, *Portraits from the Quattrocento*; as obras de Deno John Geanakoplos citadas na Bibliografia; Joseph Gill, *Council of Florence*; George Holmes, *Florentine Enlightenment*; e N.G. Wilson, *From Byzantium to Italy*.

Parte II

Capítulo 6: Ver Averil Cameron, citada na Bibliografia; Patricia Crone, *Meccan Trade*; Garth Fowden, *From Empire to Commonwealth*; H.A.R. Gibb, "Arab Byzantine Relations Under the Umayyad Caliphate"; Walter Kaegi, *Byzantium and the Early Islamic Conquests*; e Speros Vryonis, Jr., "Byzantium and Islam, Seven-Seventeenth Century". **Capítulo 7:** As obras de Sebastian Brock citadas na Bibliografia; Garth Fowden, *Empire to Commonwealth*; Dimitri Gutas, *Greek Thought, Arabic Culture*; Marshall Hodgson, *The Venture of Islam*; e Hugh Kennedy, *The Early Abbasid Caliphate*. **Capítulo 8:** As obras de Dimitri Gutas citadas na Bibliografia;

as obras de Fred Halliday como citadas na bibliografia; Majid Fakhry, *A History of Islamic Philosophy*; e Marshall Hodgson, *The Venture of Islam*, vols. I e II.

Parte III

Capítulo 9 ao 12: Ver as obras de John Fine, Dimitri Obolensky, Ihor Ševčenko e Mark Whittow citadas na Bibliografia. **Capítulos 13 e 14:** Obolensky e Whittow, citados na Bibliografia, e Simon Franklin e Jonathan Shepard, *The Emergence of Rus*. **Capítulos 15 e 16:** Dimitri Obolensky, *The Byzantine Commonwealth* e *Six Byzantine Portraits*; John Meyendorff, *Byzantium and the Rise of Russia*; Daniel Pipes, *Russia Under the Old Regime*; e Janet Martin, *Medieval Russia, 980–1584*.

Epílogo: Ver Dimitri Obolensky, *Six Byzantine Portraits*, e Jack V. Haney, *From Italy to Muscovy*.

NOTAS

Páginas		
34	*de épocas vindouras*	Underwood, *Kariye Djami*, 51-52.
40	*e virilidade*	Procópio, *History*, 11.
40	*desde o início*	Procópio, *History*, 13.
44	*o perspicaz Teodorico*	Procópio, *History*, 13.
50	*da mais copiosa luz*	Cassiodoro, *Institutiones*, I xxx (em Jones, *Introduction*, 134-135).
53	*língua trêmula*	Liudprand, *Works*, 208.
53	*olhinhos de toupeira*	Liudprand, *Works*, 236.
53	*azeite e molho de peixe*	Liudprand, *Works*, 254.
53	*e assexuados*	Liudprand, *Works*, 267.
56	*no mundo inteiro*	Geoffroy de Villehardouin, *Chronicles*, 58-59.
56	*daquela visão*	Geoffroy de Villehardouin, *Chronicles*, 59.
58	*multidão em pânico*	Nicetas, Choniates, *O City*, 316.
59	*se anuviaram*	Nicetas, Choniates, *O City*, 317.
61	*trazido do exterior*	São Basílio, *Letters*, 384.
74	*na cultura grega*	Boccaccio em Osgood, 114.
75	*aulas de grego*	Setton, "Byzantine Backgroud", 44.
75	*respeito aos gregos?*	Boccaccio em Osgood, 113.

75	as minhas pretensões	Petrarca, *Le Familiari*, Carta 12.
76	maneiras e comportamento	Boccaccio em Osgood, 114.
80	24 de dezembro de 1354	Setton, "Byzantine Background", 53.
81	estúpidos e grosseiros	Cydones, *Apology*, 365-366.
82	notícia da expedição	Cydones, *Letters II*, 31.
84	demais cidadãos venezianos	Loenertz, "Demétrio Cydones", 125-126.
95	malposto em latim	Wilson, *From Byzantium to Italy*, 12.
114	criar uma Academia	Holmes, *Florentine Enlightenment*, 257.
131	gerar um filho	Grabar, "Umayyad Dome", 53.
136	com os justos	Corão, 325.
136	forma de uma espada	Kaegi, *Byzantium*, 65.
139	as Mil e uma noites	Ibn Khaldun, *Muqaddimah*, 216.
139	luxo deste mundo	Ibn Khaldun, *Muqaddimah*, 215.
139	como um imperador	Vryonis, "Byzantium and Islam", 211.
140	versados na matéria	Ibn Khaldun, *Muqaddimah*, 191.
148	mais próspera do mundo	Wiet, *Baghdad*, 11.
152	levou-os consigo	Geanakoplos, *Byzantium*, 419.
153	confirmai os ortodoxos	Geanakoplos, *Byzantium*, 26.
154	Nada mais	Rosenthal, *Classical Heritage*, 48-49.
154	e assim foi feito	Rosenthal, *Classical Heritage*, 49.
155	terra dos gregos	O'Leary, *Greek Science*, 165.
156	incompleta, em Damasco	Gutas, *Greek Thought*, 179.
159	o soberano o proíbe	Gutas, *Greek Thought*, 119.
160	insiste nisso o tempo todo	Meyerhof, "New Light", 717.
160	dólares norte-americanos	Gutas, *Greek Thought*, 138.
162	Mohamed ibn Musa	Meyerhof, "New Light", 711.
163	me restou	Meyerhof, "New Light", 689.
163	biblioteca confiscada	Meyerhof, "New Light", 689-690.
164	coisas mais úteis	Rosenthal, *Classical Heritage*, 19.
174	acessíveis aos homens	Urvoy, *Ibn Rushd*, 32.
182	auxílio divino?	Geanakoplos, *Byzantium*, 351
182	do norte distante?	Obolensky, *Byzantine Commonwealth*, 240.
182	habitantes desta terra...	Geanakoplos, *Byzantium*, 350.

184	*de suas florestas...*	Obolensky, *Byzantine Commonwealth*, 75.
191	*aceitar a missão*	Obolensky, "São Cirilo e São Metódio", 2.
194	*língua desconhecida*	Obolensky, *Byzantine Commonwealth*, 191-192.
203	*embaixada, santo Deus!*	Fine, *Early Medieval Balkans*, 138-139.
210	*língua dos romanos*	Constantino Porfirogênito, *De Administrando Imperio*, 153.
210	*príncipe da Bulgária*	Constantino Porfirogênito, *De Administrando Imperio*, 161.
217	*nos governar*	*Primary Chronicle*, 59.
218	*sobre uma colina*	*Primary Chronicle*, 59.
218	*as vestes da Virgem*	*Primary Chronicle*, 59.
218	*mãe das cidades russas*	*Primary Chronicle*, 61.
220	*dos suecos*	Franklin e Shepard, *Emergence*, 29.
223	*nenhum imposto*	*Primary Chronicle*, 64-65.
226	*me excede*	*Primary Chronicle*, 82.
226	*séquito fazia o mesmo*	*Primary Chronicle*, 84.
230	*Simarg'l e Mokosh*	*Primary Chronicle*, 93.
231	*desejos carnais*	Esta citação e as seguintes são de *Primary Chronicle*, 97ff.
231	*entre os homens...*	*Primary Chronicle*, 111.
233	*no Dnieper*	Esta citação e as seguintes são de *Primary Chronicle*, 116ff.
235	*os mortos*	*Primary Chronicle*, 117.
235	*búlgaros do Danúbio*	*Primary Chronicle*, 62.
236	*nos consolamos na tristeza*	*Primary Chronicle*, 137.
246	*carne crua*	*A Source Book for Russian History*, 55.
251	*"Internacional Hesicasta"*	Citado sem atribuição por Dimitri Obolensky em Laiou e Maguire, *Byzantium*, 47.
252	*e Nizhni-Novgorod!*	John Meyendorff dá uma tradução inglesa da carta de Olgerd (da qual eu cito aqui) em *Byzantium and the Rise of Russia*, 288-289.
253	*boa vontade e amor*	John Meyendorff dá uma tradução inglesa da carta de Filoteu (da qual eu cito aqui) em *Byzantium and the Rise of Russia*, 290-291.

255 *submergir* — Nicol, *Last Centuries of Byzantium*, 280.
255 *o grande príncipe, em Moscou* — John Meyendorff dá uma tradução inglesa da carta de Cipriano (da qual eu cito aqui) em *Byzantium and the Rise of Russia*, 292.
256 *à morte* — John Meyendorff dá uma tradução inglesa desta segunda carta de Cipriano (da qual eu cito aqui) em *Byzantium and the Rise of Russia*, 293ff. As citações seguintes provêm da mesma fonte.
257 *sua deposição* — Da tradução de Meyendorff da *Vida de Pedro*, de Cipriano, em *Byzantium and the Rise of Russia*, 300ff.
257 *turcos inimigos de Deus* — Da tradução de Meyendorff da *Vida de Pedro*, de Cipriano, em *Byzantium and the Rise of Russia*, 300ff.
258 *como que embriagados* — Meyendorff, *Byzantium and the Rise of Russia*, 218.
258 *mal satisfazendo a todos* — Meyendorff, *Byzantium and the Rise of Russia*, 219.
259 *acertado com Mamai* — Meyendorff, *Byzantium and the Rise of Russia*, 221.
261 establishments *políticos* — Obolensky, *Six Byzantine Portraits*, 193.
265 *continuará a brilhar* — Geoffrey Hosking, *Russia and the Russians*, 103.
265 *não haverá uma quarta* — Geanakoplos, *Byzantium*, 447.
269 *beleza espiritual* — Meyendorff, *Byzantium and the Rise of Russia*, 143.
271 *devolvê-lo a vocês* — Haney, *From Italy to Muscovy*, 32.
271 *junto com eles* — Haney, *From Italy to Muscovy*, 33.
278 *adoecer e morrer* — Kurbsky, *History*, 79.

BIBLIOGRAFIA

Para ajudar o leitor comum, marquei com um asterisco (*) aquelas fontes primárias e secundárias que considero especialmente valiosas, acessíveis ou ambas as coisas.

Textos

Boécio. *The Theological Tractates and The Consolation of Philosophy*. Traduzido por H.F. Stewart, E.K. Rand e S.J. Tester. Cambridge, MA: Harvard University Press, 1973. Texto bilíngue em inglês e latim na coleção Loeb.

São Basílio (Loeb Classical Library). *The Letters* (vol. IV). Traduzido por Roy J. Deferrari. Cambridge, MA: Harvard University Press, 1934. Texto bilíngue em latim e inglês na coleção Loeb.

Boccaccio. *The Genealogy of the Gods*. Em Charles Osgood, *Boccaccio on Poetry*. Princeton: Princeton University Press, 1930.

Cassiodoro. *Institutiones*. Editado por R.A.B. Mynors. Oxford: Oxford University Press, 1937. Tradução inglesa de L.W. Jones em *An Introduction to Divine and Human Readings*. Nova York: 1946.

_____. *Variae*. Traduzido e editado por S.J.B. Barnish. Liverpool: Liverpool University Press, 1992.

Choniates, Nicetas. *O City of Bizantium: Annals of Niketas Choniates*. Traduzido por Harry J. Magoulias. Detroit: Wayne State University Press, 1984.

*Comnena, Anna. *The Alexiad of Anna Comnena*. Traduzido por E.R.A. Sewter. Harmondsworth: Penguin, 1969. Boa leitura. Combinar com Michael Psellos e Procópio, *Secret History* (ver p. 311), para um resumo da história bizantina.

Constantino Porfirogênito. *De Administrando Imperio*. Texto em grego editado por Gy. Moravcsik. Traduzido para o inglês por R.J.H. Jenkins. Nova edição revisada. Washington, D.C.: Dumbarton Oaks, 1967. Texto bilíngue em grego e inglês.

Cydones, Demétrio. *Apology for His Own Faith* = Mercati, G., *Notizie di Procoro e Demetrio Cidone*. Vaticano: Biblioteca Apostólica Vaticana, 1931.

_____. *Letters I = Démétrius Cydonès Correspondance*. Editado por R.-J. Loenertz (2 vols.). Vaticano, 1956-60.

_____. *Letters II = Démétrius Cydonès Correspondance*. Editado por G. Cammelli. Paris: Les Belles Lettres, 1930.

*Geanakoplos, Deno John. *Byzantium: Church, Society, and Civilization Seen Through Contemporary Eyes*. Chicago e Londres: University of Chicago Press, 1984. Coletânea de uma ampla variedade de fontes bizantinas, organizadas tematicamente.

Geoffroy de Villehardouin. "The Conquest of Constantinople", em *Chronicles of the Crusades*. Tradução e introdução de M.R.B. Shaw. Harmondsworth: Penguin, 1963.

Ibn Khaldun. *The Muqaddimah: An Introduction to History.* Tradução de Franz Rosenthal. Editado e resumido por N.J. Dawood. Princeton: Princeton University Press, 1967. Resumo prático, em um único volume, desta clássica obra historiográfica.

Kantor, M. Trad. *Medieval Lives of Saints and Princes.* Ann Arbor: University of Michigan Press, 1983. Inclui as *vitae* de Cirilo e Metódio.

Koran. Tradução de N.J. Dawood. Harmondsworth: Penguin, 1968.

Kurbsky, A.M. *Prince A. M. Kurbsky's History of Ivan IV.* Editado com tradução e notas por J.L.I. Fennell. Cambridge: Cambridge University Press, 1965.

Patrologia graeca. Editado por. J.-P. Migne. Paris, 1866. Monumental coletânea de textos patrísticos gregos onde se podem encontrar os escritos (em grego) de João Cantacuzeno, Barlaam, Crisoloras, Manuel II e muitos outros autores bizantinos referidos no texto e nas fontes secundárias.

Petrarca. *Francesco Petrarcha: Le Familiari.* Edizione critica per cura di Vittorio Rossi, vol. 3. Florença: Sansoni, 1937.

Fócio. *The Homilies of Photius.* Tradução de Cyril Mango. Cambridge, MA: Harvard University Press, 1958.

*Procópio. *History of the Wars III.* Tradução de H.B. Dewing. Cambridge, MA: Harvard University Press, 1919. Texto bilíngue, em grego e inglês, da coleção Loeb. Cobre as guerras góticas de Justiniano na Itália.

*_____. *The Secret History.* Tradução de G.A. Williamson. Harmondsworth: Penguin, 1966. Fofocas picantes sobre Justiniano e Teodora. Ver nota anterior sobre Anna Comnena.

*Psellus, Michael. *Fourteen Byzantine Rulers.* Tradução por E.R.A. Sewter. Harmondsworth: Penguin, 1966. Ver a nota sobre Ana Comnena.

Robert de Clari. *The Conquest of Constantinople.* Tradução de Edgar Holmes McNeal. Nova York: Octagon, 1966.

*Rosenthal, Franz. *The Classical Heritage in Islam*. Tradução de Emile e Jenny Marmorstein. Londres e Nova York: Routledge, 1992 (1975). Contém traduções inglesas de obras escolhidas de Hunain ibn Ishaq, Ibn an-Nadim (*Fihrist*) e outras fontes árabes. Um livro facilmente disponível e extremamente útil para o leitor interessado, uma vez que muitos desses escritos não têm outras versões disponíveis em inglês.

Russian Primary Chronicle (*Laurentian Text*). Traduzida e editada por Samuel Hazzard Cross & Olgerd P. Sherbowitz-Wetzor. Cambridge, MA: Medieval Academy of America, 1973.

A Source Book for Russian History from Early Times to 1917. Vol. I: Early Times to Late Seventeenth Century. George Vernadsky, editor sênior. New Haven: Yale University Press, 1972.

Two Renaissance Book Hunters: The Letters of Poggius Bracciolini to Nicolaus De Niccolis. Traduzido e anotado por Phyllis Walter Goodhart Gordan. Nova York: Columbus University Press, 1991 (1974).

Estudos Modernos

Angold, Michael. *The Byzantine Empire 1025–1204*. Segunda edição. Londres: Longman, 1997. Boa história política dos períodos macedônio e comneno tardios.

Armstrong, Karen. *A History of God: The 4,000-Year Quest of Judaism, Christianity and Islam*. Nova York: Ballantine, 1993.

_____. *Islam: A Short History*. Nova York: Modern Library, 2000.

Bark, William. "Theoderic vs. Boethius: Vindication and Apology."

American Historical Review 49 (1943-44): 410-26.

Baron, Hans. *The Crisis of the Early Italian Renaissance*. Princeton: Princeton

University Press, 1955. Nesta importante obra Baron introduz a ideia amplamente aceita do humanismo cívico florentino.

*Baxandall, Michael. *Giotto and the Orators: Humanists Observers of Painting in Italy and the Discovery of Pictorial Composition, 1350–1450*. Oxford: Oxford University Press, 1971. Atribui a Crisoloras o papel de inspirador do desenvolvimento da composição pictórica e da perspectiva linear na pintura.

Baynes, Norman. *The Byzantine Empire*. Oxford: Oxford University Press, 1925.

Berlin Isaiah. *Russian Thinkers*. Henry Hardy, ed. Harmondsworth: Penguin, 1979.

*Billington, James H. *The Icon and the Axe: An Interpretative History of Russian Culture*. Nova York: Vintage, 1970 (1966). Narrativa inspirada e literária da hitória cultural da Rússia, com uma esclarecedora discussão sobre o embate entre o racionalismo e o misticismo hesicasta.

Bolgar, R.R. *The Classical Heritage and Its Beneficiaries*. Cambridge: Cambridge University Press, 1954.

Bowersock, Glenn. *Hellenism in Late Antiquity*. Ann Arbor: University of Michigan Press, 1996 (1990).

Brock, Sebastian. "Greek into Syriac and Syriac into Greek." Reimpresso com a paginação original (Estudo II) em Sebastian Brock, *Syriac Perspectives on Late Antiquity*. Londres: Variorum, 1984.

_____. *Syriac Perspectives on Late Antiquity*. Londres: Variorum, 1984.

*Brown, Peter. *Augustine of Hippo*. Berkeley: University of California Press, 1969. Indispensável.

_____. *The Cult of the Saints*. Chicago: University of Chicago Press, 1981.

*_____. *The Making of Late Antiquity*. Cambridge, MA: Harvard University Press, 1993 (1978).

_____. *Power and Persuasion in Late Antiquity*. Madison, WI: University of Wisconsin Press, 1992.

*_____. *The Rise of Western Christendom*. Oxford: Balckwell, 1996. Inspirado estudo do cristianismo primitivo pelo mestre da Antiguidade tardia. Apesar do título, contém farto material sobre o contexto do cristianismo primitivo no Mediterrâneo oriental.

*_____. *Society and the Holy in Late Antiquity*. Berkeley: University of California Press, 1982. Contém um excelente artigo sobre a controvérsia iconoclasta, "A Dark Age Crisis: Aspects of the Iconoclast Controversy", e muitos outros assuntos de valor.

*_____. *The World of Late Antiquity AD 150–750*. Nova York: Norton, 1989 (1971). O livro que inaugurou a Antiguidade tardia como área acadêmica de prestígio.

*Browning, Robert, ed. *The Greek World: Classical, Byzantine, and Modern*. Londres: Thames and Hudson, 1985. Livro de grande beleza, com artigos de importantes especialistas.

*_____. *The Byzantine Empire*. Edição revisada. Washington, D.C.: Catholic University of America Press, 1992. Excelente introdução à história e civilização bizantinas por um respeitado acadêmico.

_____. *Byzantium and Bulgaria*. Berkeley: University of California Press, 1975.

_____. *Church, State, and Learning in Twelfth Century Byzantium*. Londres: Dr. Williams's Trust, 1980.

Brooker, Gene. *Renaissance Florence*. Nova York: John Wiley and Sons, 1969.

*Bullock, Alan. *The Humanist Tradition in the West*. Nova York: Norton, 1985.

Burckhardt, Jacob. *The Civilization of the Renaissance in Italy*. Nova York: Phaidon, 1950.

Burke, Peter. *The European Renaissance: Centres and Peripheries.* Oxford: Blackwell, 1998.

Bury, J.B. *A History of the Later Roman Empire.* 2 vols. Nova York: Dover, 1958 (1923). Clássico, apesar de antiquado.

*Cameron, Averil. *Christianity and the Rethoric of Empire: The Development of Christian Discourse.* Berkeley: University of California Press, 1991.

_____. "Early Christian Territory After Foucault." *Journal of Roman Studies* 76 (1986): 266-71.

_____. "Images of Authority: Elites and Icons in Late Sixth-Century Byzantium." *Past and Present* 84 (1979): 3-35.

*_____. *The Later Roman Empire, AD 284–430.* Cambridge, MA: Harvard University Press, 1993. Excelente narrativa histórica desse período de transição para o leitor comum interessado.

*_____. *The Mediterranean World in Late Antiquity, AD 395-600.* Londres e Nova York: Routledge, 1993. Ler junto com *Later Roman Empire*, da mesma autora, para uma soberba abordagem do mundo mediterrâneo nos séculos anteriores ao islã.

_____. "New Themes and Styles in Greek Literature: Seventh-Eighth Centuries." Em *The Byzantine and Early Islamic Near East.* Vol. I: *Problems in the Literary Source Material*, editado por Averyl Cameron e Lawrence I. Conrad. Princeton: Darwin, 1992.

*_____. *Procopius and the Sixth Century.* Londres e Nova York: Routledge, 1996 (1985). Leitura essencial sobre Procópio e sua época por uma importante estudiosa da antiga Bizâncio.

_____. "The Theotokos in Sixth-Century Constantinople: A City Finds Its Symbol." *Journal of Theological Studies*, nova série 29 (1978): 79-108.

Cameron, Averil. "The Virgin's Robe: An Episode in the History of Early Seventh-Century Constantinople." *Byzantion* 49 (1979): 42-56.

Cammelli, Giuseppe. *I Dotti Byzantini e le Origini Dell'Umanismo I: Manuele Crisolora*. Florença: Vallecchi Editore, 1941.

Cardwell, Donald. *The Norton History of Technology*. Nova York: Norton, 1994.

*Cavallo, Guglielmo, ed. *The Byzantines*. Chicago: University of Chicago Press, 1997. Excelente introdução temática à sociedade bizantina com artigos de importantes acadêmicos.

Crone, Patricia. *Meccan Trade and the Rise of Islam*. Princeton: Princeton University Press, 1987.

Dawson, Christopher. *Religion and the Rise of Western Culture*. Doubleday, 1991 (1950).

Demus, Otto. *Byzantine Art and the West*. Nova York: New York University Press, 1970.

*Diehl, Charles. *Byzantium: Greatness and Decline*. Tradução de Naomi Walford. Edição e introdução de Peter Charanis. New Brunswick, NJ: Rutgers University Press, 1957. Um clássico que se mantém. Especialmente bom no que tange ao legado cultural bizantino.

Drijvers, Jan Willem; MacDonald, Alasdair. *Centres of Learning: Learning and Location in Pre-Modern Europe and the Near East*. Leiden: E.J. Brill, 1995.

Dvornik, Francis. *Byzantine Missions Among the Slavs*. New Brunswick, NJ: Rutgers University Press, 1970.

_____. *The Making of Central and Eastern Europe*. Segunda edição. Gulf Breeze, FL: Academic International Press, 1974.

_____. *Photian and Byzantine Ecclesiastical Studies*. Londres: Variorum, 1974. Coletânea de estudos, especialmente valiosa para Fócio.

Edgerton, S. *The Renaissance Discovery of Linear Perspective*. Nova York, 1975.

Fakhry, Majid. *A History of Islamic Philosophy*. Segunda edição. Nova York: Longman, 1983.

_____. *A Short Introduction to Islamic Philosophy, Theology and Mysticism*. Oxford: Oneworld, 1997.

Fine, John V.A., Jr. *The Early Medieval Balkans*. Ann Harbor: University of Michigan Press, 1983.

Flogaus, Reinhard. "Palamas and Barlaam Revisited: A Reassessment of East and West in the Hesychast Controversy of 14th Century Byzantium." Em *St. Vladimir's Theological Quarterly* 42, 1 (1998): 1-32.

*Fowden, Garth. *Empire to Commonwealth: Consequences of Monotheism in Late Antiquity*. Princeton: Princeton University Press, 1993.

Franklin, Simon. "Greek in Kievan Rus." *Dumbarton Oaks Papers* 46 (1992): 69-87.

*Franklin, Simon; Shepard, Jonathan. *The Emergence of Rus 750–1200*. Londres: Longman, 1996. Muito boa pesquisa de provas arqueológicas recentes sobre a Rússia antiga.

Frend, W.H.C. "Nomads and Christianity in the Middle Ages." *Journal of Ecclesiastical History* 26 (1975): 209-21.

Gabrieli, Giuseppe. "Hunayn Ibn Ishaq." *Isis* 6 (1924): 282-92.

*Garin, Eugenio. *Portraits from the Quattrocento*. Tradução de V.A. Velen e E. Velen. Nova York: Harper and Row, 1972.

*Geanakoplos, Deno John. *Constantinople and the West: Essays on the Late Byzantine (Paleologan) and Italian Renaissance and the Byzantine and Roman Churches*. Madison: University of Wisconsin Press, 1989.

_____. *Greek Scholars in Venice: Studies in the Dissemination of Greek Learning from Byzantium to Western Europe*. Cambridge, MA: Harvard University Press, 1962.

_____. *Interaction of the "Sibling" Byzantine and Western Cultures in the Middle Ages and the Italian Renaissance (330–1600)*. New Haven: Yale University Press, 1976.

Gibb, H.A.R. "Arab-Byzantine Relations under the Umayyad Caliphate." *Dumbarton Oaks Papers* 12 (1958): 223-33.

Gibson, Margaret, ed. *Boethius: His Life, Thought and Influence*. Oxford: Blackwell, 1981.

Gill, Joseph. *The Council of Florence*. Cambridge: Cambridge University Press, 1961.

Goffart, Walter. *The Narrators of Barbarian History*. Princeton: Princeton University Press, 1988.

Goodman, Lenn E. *Islamic Humanism*. Oxford: Oxford University Press, 2003.

Grabar, Oleg. "The Umayyad Dome of the Rock in Jerusalem." *Arts Orientalis* 3 (1959).

Gurevich, Aaron. "Why Am I Not a Byzantinist?" *Dumbarton Oaks Papers* 46 (1992): 89-96.

*Gutas, Dimitri. *Greek Thought, Arabic Culture: The Graeco-Arabic Translation Movement in Baghdad and Early Abbasid, Society (2nd-4th/8th-10th Centuries)*. Nova York e Londres: Routledge, 1998. Excelente, apesar de ocasionalmente polêmico, relato revisionista do movimento de tradução.

_____. "Islam and Science: A False Statement of the Problem." *Islam and Science* 1, 2 (2003): 215-20.

Gutas, Dimitri. "The Study of Arabic Philosophy in the Twentieth Century: An Essay on the Historiography of Arabic Philosophy." *British Journal of Middle Eastern Studies* 29, 1 (2002): 5-25.

Hale, J.R., ed. *The Tames and Hudson Encyclopedia of the Italian Renaissance.* Londres: Thames and Hudson, 1981.

*Halliday, Fred. *Islam and the Myth of Confrontation: Religion and Politics in the Middle East.* Londres: I.B. Tauris, 1995. Leitura absolutamente essencial para quem quer entender o islã, seu lugar no mundo e as atitudes ocidentais em relação a ele.

_____. *Two Hours That Shook the World: September 11, 2001: Causes and Consequences.* Londres: Saki, 2002.

Hankins, James. "Introduction." Em *Leonardo Bruni: History of the Florentine People.* Editado e traduzido por James Hankins para a I Tatti Renaissance Library. Cambridge, MA: Harvard University Press, 2001.

Haskins, Charles Homer. *The Renaissance of the Twelfth Century.* Cambridge, MA: Harvard University Press, 1927.

Herrin, Judith. "Aspects of the Process of Hellenization in the Early Middle Ages." *Annual of the British School of Athens* 68 (1973): 113-26.

*_____. *The Formation of Christendom.* Princeton: Princeton University Press, 1997. Inspirado e literário; para o leitor comum com inclinações eruditas.

*Hodgson, Marshall. *The Venture of Islam: Conscience and History in a World Civilization.* 3 vols. Chicago: University of Chicago Press, 1974.

*Holmes, George. *The Florentine Enlightenment 1400-1450.* Nova York: Pegasus, 1969. Atribui a Crisoloras o papel de inspirador do espírito secular entre os primeiros humanistas florentinos.

Hosking, Geoffrey. *Russia and the Russians*. Cambridge, MA: Harvard University Press, 2001.

Hourani, Albert. *A History of the Arab Peoples*. Cambridge, MA: Harvard University Press, 1991.

Hussey, J.M. *Ascetics and Humanists in Eleventh Century Byzantium*. Londres: Dr. Williams's Trust, 1960.

*_____. *The Byzantine World*. Nova York: Harper, 1961. Ainda uma excelente breve introdução à história e civilização bizantinas, incluindo seu legado cultural.

Jaeger, Werner. *Early Christianity and Greek Paidea*. Cambridge, MA: Harvard University Press, 1961.

Johnson, Mark J. "Toward a History of Theodoric's Building Program." *Dumbarton Oaks Papers* 42 (1988): 73-96.

Kazhdan, Alexander; Cutler, Anthony. "Continuity and Discontinuity in Byzantine History." *Byzantion* 52 (1982): 429-78.

Kaegi, Walter E. *Byzantion and the Early Islamic Conquests*. Cambridge: Cambridge University Press, 1992.

Kennedy, Hugh. *The Early Abbasid Caliphate*. Londres: Croom Helm, 1981.

Kianka, Frances. "The Apology of Demetrius Cydones: A Fourteenth-Century Autobiographical Source." *Byzantine Studies/Études Byzantines* 6, 1-2 (1979): 56-71.

_____. "Byzantine-Papal Diplomacy: The Role of Demetrius Cydones." *International History Review* 7 (1985): 175-200.

_____. "Demetrius Cydones and Thomas Aquinas." *Byzantion* 52 (1982): 264-86.

_____. "Demetrius Kydones and Italy." *Dumbarton Oaks Papers* 49 (1995): 99-110.

Kraemer, Joel. *Humanism in the Renaissance of Islam: The Cultural Revival During the Buyid Age.* Segunda edição revisada. Leiden: E.J. Brill, 1992.

Kristeller, Paul Oskar. *Renaissance Concepts of Man and Other Essays.* Nova York: Harper, 1972.

_____. *Renaissance Thought: The Classic, Scholastic, and Humanist Strains.* Nova York: Harper, 1961.

_____. *Renaissance Thought and Arts.* Princeton: Princeton University Press, 1990.

_____. "The School of Salerno." *Bulletin of the History of Medicine* 17 (1945): 138-94.

Laiou, Angeliki. "Italy and the Italians in the Political Geography of the Byzantines (Fourteenth Century)." *Dumbarton Oaks Papers* 49 (1995): 73-98.

_____; Maguire, Henry, eds. *Byzantium: A World Civilization.* Washington, D.C.: Dumbarton Oaks, 1992.

Lemerle, Paul. *Le Premier Humanism Byzantin.* Paris: Presses Universitaires de France, 1971.

Lewis, Bernard. *Islam and the West.* Oxford: Oxford University Press, 1993.

_____. *What Went Wrong? The Clash Between Islam and Modernity in the Middle East.* Nova York: Harper, 2002.

Leyser, Karl. "The Tenth Century in Byzantine – Western Relationships." Em *Relations Between East and West in the Middle Ages.* Derek Baker, ed. Edimburgo: University of Edinburgh Press, 1973.

Loenertz, Raymond. "Demetrius Cydones, Citoyen de Venise." *Echos d'Orient* 37 (1938): 125-26.

McCormick, Michael. *Eternal Victory: Triumphal Rulership in Late Antiquity, Byzantium, and the Early Medieval West.* Cambridge: Cambridge University Press, 1990 (1986).

McManners, John, ed. *The Oxford Illustrated History of Christianity.* Oxford: Oxford University Press, 1990.

MacMullen, Ramsay. *Chistianity and Paganism in the Fourth to Eighth Centuries.* New Haven: Yale University Press, 1997.

_____. *Christianizing the Roman Empire (A.D. 100–400).* New Haven: Yale University Press, 1984.

Maguire, Henry. *Art and Eloquence in Byzantium.* Princeton: Princeton University Press, 1981.

Makdisi, George. *Religion, Law and Learning in Classic Islam.* Londres: Variorum, 1991.

_____. *The Rise of Humanism in Classical Islam and the Christian West.* Edimburgo: Edinburgh University Press, 1990.

Mandalari, Giannantonio. *Fra Barlaamo Calabrese: Maestro del Petrarca.* Roma: Carlo Verdesi, 1888.

*Mango, Cyril. *Byzantium: The Empire of New Rome.* Nova York: Scribners. A melhor abordagem tópica da civilização bizantina, embora às vezes um pouco dura para com os bizantinos.

*_____. *Byzantium and its Image: History and Culture of the Byzantine Empire and its Heritage.* Londres: Variorum, 1984. Artigos escolhidos de um dos mais importantes bizantinistas.

*_____, ed. *The Oxford History of Byzantium*. Oxford: Oxford University Press, 2002. Para quem quiser ler um único livro sobre a história de Bizâncio, deveria ser provavelmente este – artigos vigorosos e atualizados de importantes especialistas.

Margolin, Jean-Claude. *Humanism in Europe at the Time of the Renaissance*. Tradução de John L. Farthing. Durham, NC: Labyrinth, 1989.

Martin, Janet. *Medieval Russia, 980-1584*. Cambridge: Cambridge University Press, 1995.

Martines, Lauro. *The Social World of the Florentine Humanists*. Princeton: Princeton University Press, 1963.

Mathews, Thomas F. *Byzantium: From Antiquity to the Renaissance*. Nova York: Abrams, 1998.

Mernissi, Fatema. *Islam and Democracy: Fear of the Modern World*. Tradução de Mary Jo Lakeland. Segunda edição. Cambridge, MA: Perseus, 2002.

Meyendorff, John. *Byzantine Hesychasm: historical, theological, and social problems: collected studies*. Londres: Variorum, 1974.

_____. *Byzantine Theology: Historical Trends and Doctrinal Themes*. Nova York: Fordham University Press, 1974.

*_____. *Byzantium and the Rise of Russia: A Study of Byzantino-Russian Relations in the Fourteenth Century*. Crestwood, NY: St. Vladimir's Seminary Press, 1989.

_____. "Mount Athos in the Fourteenth Century: Spiritual and Intellectual Legacy." *Dumbarton Oaks Papers* 42 (1988): 157-65.

_____. "Spiritual Trends in Byzantium in the Late Thirteenth and Early Fourteenth Centuries." Em Paul A. Underwood, ed. *The Kariye Djami*, Volume 4: *Studies in The Art of the Kariye Djami and Its Intellectual Background*. Princeton: Princeton University Press, 1975, 95-106.

*_____. *A Study of Gregory Palamas*. Tradução de George Lawrence. Crestwood, NY: St. Vladimir's Seminary Press, 1998 (1964).

_____. "Wisdom-Sophia: Contrasting Approaches to a Complex Theme." *Dumbarton Oaks Papers* 41 (1987): 391-401.

Meyerhof, Max. "New Light on Hunain Ibn Ishaq and His Period." *Isis* 8 (1926): 685-724.

*Momigliano, Arnaldo. *Alien Wisdom: The Limits of Hellenization*. Cambridge: Cambridge University Press, 1975.

_____. "Cassiodorus and the Italian Culture of His Time." *Proceedings of the British Academy* 41 (1955): 207-45.

*Nicol, Donald. *The Byzantine Lady: Ten Portraits*. Cambridge: Cambridge University Press, 1994.

_____. *Byzantium: its ecclesiastical history and relations with the western world: collected studies*. Londres: Variorum, 1972.

*_____. *Byzantium and Venice: A Study in Diplomatic and Cultural Relations*. Cambridge: Cambridge University Press, 1988. Excelente abordagem de uma relação fascinante.

*_____. *The End of the Byzantine Empire*. Londres: Edward Arnold, 1979. Excelente abordagem resumida da Bizâncio tardia (1261-1453) pelo mais importante estudioso do tema.

*_____. *The Last Centuries of Byzantium, 1261-1453*. Segunda edição. Cambridge: Cambridge University Press, 1993. Versão mais longa do livro acima, vale cada linha.

*_____. *The Reluctant Emperor*. Cambridge: Cambridge University Press, 1996. Excelente biografia do enigmático João Cantacuzeno.

*Obolensky, Dimitri. *The Byzantine Commonwealth: Eastern Europe, 500-1453*. Crestwood, NY: St. Vladimir's Seminary Press, 1974 (1971). Narrativa seminal das influências culturais bizantinas sobre o mundo eslavo.

*_____. *The Byzantine Inheritance of Eastern Europe*. Londres: Variorum, 1982. Mais estudos escolhidos.

*_____. *Byzantium and the Slavs: collected studies*. Londres: Variorum, 1971.

*_____. *Six Byzantine Portraits*. Oxford: Oxford University Press, 1988. Esboços biográficos de muitos dos indivíduos discutidos neste livro, entre eles Clemente, Vladimir Monomakh, Sava, Cipriano e Máximo, o Grego.

_____. "Sts. Cyril and Methodius, Apostles to the Slavs." *St. Vladimir's Seminar Quarterly* 7 (1963): 1-11. Reimpresso com paginação original (Estudo VIII) em Dimitri Obolensky, *Byzantium and the Slavs: collected studies*. Londres: Variorum, 1971.

O'Donnell, James J. *Cassiodorus*. Berkeley: University of California Press, 1979.

O'Leary, De Lacy. *How Greek Science Passed to the Arabs*. Londres: Routledge, 1949.

Ostrogorsky, George. *A History of the Byzantine State*. Terceira edição. Tradução de J. Hussey. Oxford: Oxford University Press, 1968.

Phillips, Jonathan. *The Fourth Crusade and the Sack of Constantinople*. Nova York: Viking, 2004.

Pipes, Daniel. *Russia Under the Old Regime*. Segunda edição. Harmondsworth: Penguin, 1995.

Pirenne, Henri. *Medieval Cities: Their Origins and the Revival of Trade*. Tradução de Frank D. Halsey. Princeton: Princeton University Press, 1969 (1925).

Reynolds, L.D. e N.G. Wilson. *Scribes and Scholars: A Guide to the Transmission of Greek and Latin Literature.* Terceira edição. Oxford: Oxford University Press, 1991.

*Runciman, Steven. *Byzantine Civilization.* Nova York: New American Library, 1956.

_____. *Byzantine Style and Civilization.* Harmondsworth: Penguin, 1987 (1975).

_____. *The Eastern Schism: A Study of the Papacy and the Eastern Churches During the Eleventh and Twelfth Centuries.* Oxford: Oxford University Press, 1955.

*_____. *The Fall of Constantinople, 1453.* Cambridge: Cambridge University Press, 1965. Leitura fluente e informativa.

_____. *The Great Church in Captivity: A Study of the Patriarchate of Constantinople from the Eve of the Turkish Conquest to the Greek War of Independence.* Cambridge: Cambridge University Press, 1985 (1968).

_____. *A History of the Crusades.* 3 vols. Cambridge: Cambridge University Press, 1987 (1951-54). A mais popular das narrativas.

_____. *The Last Byzantine Renaissance.* Cambridge: Cambridge University Press, 1970.

*_____. *The Sicilian Vespers: A History of the Mediterranean World in the Late Thirteenth Century.* Cambridge: Cambridge University Press, 1992 (1958).

Schevill, Ferdinand. *Medieval and Renaissance Florence: Volume II: The Coming of Humanism and the Age of the Medici.* Nova York: Harper, 1961 (1935).

*Setton, Kenneth M. "The Byzantine Background to the Italian Renaissance." *Proceedings of the American Philosophical Society* 100, 1 (1956): 1-76.

_____, ed. *A History of the Crusades*. 5 vols. Madison: University of Wisconsin Press, 1969-85.

Ševčenko, Ihor. "Byzantium and the Slavs." *Harvard Ukrainian Studies* 8 (1984): 289-303.

_____. "The Decline of Byzantium as Seen Through the Eyes of Its Intellectuals." *Dumbarton Oaks Papers* 15 (1961): 169-86.

_____. *Ideology, Letters, and Culture in the Byzantine World*. Londres: Variorum, 1982. Artigos escolhidos de um importante bizantinista.

_____. "Russo-Byzantine Relations After the Eleventh Century." Em *Proceedings of the XIIIth International Congress of Byzantine Studies*, 93-104. Editado por J.M. Hussey, D. Obolensky e S. Runciman. Oxford: Oxford University Press, 1967.

_____. "Three Paradoxes of the Cyrillo-Methodian Mission." *Slavic Review* 23 (1964): 220-36.

_____. "Theodore Metochites, the Chora, and the Intellectual Trends of His Time." Em Paul A. Underwood, ed., *The Kariye Djami*. Volume 4: *Studies in the Art of the Kariye Djami and Its Intellectual Background*, 19-55. Princeton: Princeton University Press, 1975.

Sinkewicz, R.E. "The Doctrine of the Knowledge of God in the Early Writings of Barlaam the Calabrian." *Medieval Studies* 44 (1982): 181-242.

Smith, Christine. *Architecture in the Culture of Early Humanism: Ethics, Aesthetics, and Eloquence, 1400–1470*. Oxford: Oxford University Press, 1992. Atribui a Crisoloras o papel de inspirador do ideal do "Homem da Renascença".

Stephens, John. *The Italian Renaissance: The Origins of Intellectual and Artistic Change Before the Reformation*. Londres: Longman, 1990.

Thomson, Ian. "Manuel Chrysoloras and the Early Italian Renaissance." *Greek, Roman and Byzantine Studies* 7 (1966): 63-82.

*Treadgold, Warren. *A History of the Byzantine State and Society*. Stanford: Stanford University Press, 1997. Hoje o livro-texto básico sobre história bizantina (em lugar de *History of the Byzantine State*, de George Ostrogorsky).

Turner, A. Richard. *Renaissance Florence: The Invention of a New Art*. Nova York: Abrams, 1997.

Turner, C.J. "The Career of George-Gennadius Scholarius." *Byzantion* 39 (1969): 420-55.

Ullman, Berthold L. *The Humanism of Coluccio Salutati*. Pádua: Antenore, 1963.

Underwood, Paul A., ed. *The Kariye Djami*. Volume 4: *Studies in the Art of the Kariye Djami and Its Intellectual Background*. Princeton: Princeton University Press, 1975. Contém brilhantes artigos de John Meyendorff e Ihor Ševčenko.

Urvoy, Dominique. *Ibn Rushd (Averroës)*. Londres: Routledge, 1991.

Veyne, Paul, ed. *A History of Private Life I: From Pagan Rome to Byzantium*. Tradução de Arthur Goldhammer. Cambridge, MA: Harvard University Press, 1987.

Von Grunebaum, G.E. *Classical Islam: A History, 600 A.D.–1258 A.D.* Tradução de Katherine Watson. Chicago: Aldine, 1970.

_____. *Islam and Medieval Hellenism: Social and Cultural Perspectives*. Londres: Variorum, 1976. Estudos escolhidos.

Vryonis, Speros, Jr. *Byzantium: Its Internal History and Relations with the Muslim World: Collected Studies*. Londres: Variorum, 1971.

_____. "Byzantium and Islam, Seven–Seventeenth Century." Em *East European Quarterly* 2, 3 (1968): 205-40. Reimpresso com paginação original (Estudo IX) em *Byzantium: Its Internal History and Relations with the Muslim World: Collected Studies*. Londres: Variorum, 1971.

_____. *The Decline of Medieval Hellenism in Asia Minor and the Process of Islamization from the Eleventh through the Fifteenth Century*. Berkeley: University of California Press, 1971.

Walzer, Richard. "The Arabic Transmission of Greek Thought to Medieval Europe." *Bulletin of the John Rylands Library* 29 (1945): 3-26.

_____. *Greek into Arabic*. Cambridge, MA: Harvard University Press, 1962.

Ware, Timothy. *The Ortodox Church*. Nova edição. Harmondsworth: Penguin, 1993.

Watt, W. Montgomery. *Islamic Philosophy and Theology: An Extended Survey*. Edimburgo: Edinburgh University Press, 1985.

*Webster, Leslie e Michelle Brown. *The Transformation of the Roman World, AD 400-900*. Berkeley: University of California Press, 1997.

Weinstein, Donald. *Savonarola and Florence: Prophecy and Patriotism in the Renaissance*. Princeton: Princeton University Press, 1970.

Weiss, Roberto. "Jacopo Angeli da Scarperia." Em *Medioevo e Rinascimento: Studi in Onore de Bruno Nardi*, vol. 2. Florença: Sansoni, 1955.

*Whittow, Mark. *The Making of Byzantium, 600-1025*. Berkeley: University of California Press, 1996. Hoje o livro básico sobre o período. Incomumente inspirado.

Wiet, Gaston. *Baghdad: Metropolis of the Abbasid Caiphate*. Norman: University of Oklahoma Press, 1971.

Wilcox, D. *The Development of Florentine Humanist Historiography in the Fifteenth Century*. Cambridge: Harvard University Press, 1969.

*Wilson, N.G. *From Byzantium to Italy: Greek Studies in the Italian Renaissance*. Baltimore: Johns Hopkins, 1992. Excelente, mas não para os fracos.

*_____. *Scholars of Byzantium*. Edição revista. Londres: Duckworth, 1996. *Idem.*

Woodward, C.M. *George Gemistos Plethon: The Last of the Hellenes*. Oxford: Oxford University Press, 1986.

Woodward, William Harrison. *Studies in Education During the Age of the Renaissance, 1400-1600*. Nova York: Russell and Russell, 1965 (1906).

_____. *Vittorino da Feltre and Other Humanist Educators*. Nova York: Columbia University, 1964.

Yates, Frances A. *The Art of Memory*. Chicago: University of Chicago Press, 1974 (1966).

ÍNDICE

abares, 133, 134, 185,
Abássidas, 143, 147, 149, 157 158, 175
Abd al-Malik, 129-132, 142-145
Abraão, 132
Abu Yusuf, 174
Academia Platônica, 62, 115, 118
Acciaiuoli, Donato, 118
Adriano II, papa, 195, 196
Agostinho de Hipona, Santo, 39
Aisha, 138
Akindynos, Gregório, 78
Al-Aqsa, mesquita de, Jerusalém, 130
Albergati, cardeal, 119, 120
Albizzi, Rinaldo degli, 119
Aldus, Manutius, 124-126, 274
Aleixo I Comneno, imperador, 65, 240
Aleixo IV, imperador, 57
Aleixo V, imperador, 57, 58
Alexandre, imperador, 203, 204
Alexíada (Comnena), 65
Alexis, metropolita, 250, 252-255, 257, 268
Al-Farabi, Mohamed (Alpharabius), 168-170, 172
Al-Ghazali, Abu Hamid, 171-174

Ali, 138, 142
Ali ibn Yahya, 162
Al-Kindi, 167-169, 176
Al-Mamun, 153, 154, 159, 160, 175, 176, 181, 188
Al-Mansur, 147-149, 152-154, 175
Almôades, 173
Al-Mutasim, 176
Al-Mutawakkil, 160, 162, 163
Al-Qaeda, 176
Al-Saffah, 147
Al-Tayfuri, dinastia, 159
Al-Walid, 130, 144, 171
Ana, 233
Ana de Savoia, 82
Anais de São Bertin, 220
Ancara, batalha de, 83, 105
Anchialus, batalha de, 205
Andrei Bogolyubsky, 240
Andrônico II, imperador, 33, 34
Andrônico III, imperador, 72, 73, 247
Andrônico IV, imperador, 254, 255, 257
Angeli da Scarperia, Jacopo, 85, 86, 98
An-Nadim, Ibn, 154

Anselmo, S., 168
antigo eslavo eclesiástico (idioma), 192, 193, 199, 208, 214, 235-237
antissemitismo, 134
aquemênida, dinastia, 134
Aquino, São Tomás de, 42, 45, 76, 79-81, 171, 174
aramaico, idioma, 157
Argyropoulos, João, 118, 119, 124, 126, 273
Arianismo, 42
Aristides, Élio, 96
Aristófanes, 98, 125, 164, 165
Aristóteles, 33, 41, 45, 63, 96, 98, 113, 115, 153, 154, 157, 173, 174
Askold, 218, 222, 224
Assírios, 157
Atumano, Simão, 78
Autômato, 150
Averróis (Abu al-Walid ibn Rushd), 171, 173-175
Avicena (Abu Ali ibn Sina), 169-170, 172-175
Avignon, papado de72, 74-76

Babilônios, 157
Banu Musa, 160
Bardas Focas, 232-233
Barlaam da Calábria, 70-79, 82, 84, 103, 109, 111
Baron, Hans, 92n
Basílica de São Marcos, Veneza, 37, 58
Basílio de Cesareia, São, 61
Basílio I, imperador, 196, 203
Basílio II, imperador, 228, 238
Batista de Verona, 104
Batu Khan, 241
Bayezid, sultão, 83, 105
Belisário, 46, 49
Bessarion, João, 110-112, 116-119, 121
Biblioteca do Vaticano, 80, 120, 123
Biblioteca Marciana (Biblioteca de São Marcos), 274

Bibliotheca (Fócio), 188
bin Laden, Osama, 176
Bizas, 47
Boccaccio, Giovanni, 70-77, 79, 81, 83, 85, 90
Boécio, 40-46, 60, 81, 88
Boiardos, 197, 198, 200, 202, 231, 234
Bóris I, cã da Bulgária, 189, 190, 193, 196-202
Botticelli, Sandro, 115
Bracciolini, Poggio, 91, 96, 110
Brunelleschi, Filippo, 88
Bruni, Leonardo (Aretino), 91, 95-99 110, 113, 115, 120
bubônica, peste, 49
Budé, Guillaume, 126
buídas, 175
Buktishu, dinastia, 159
Búlgaros, 29, 145, 182, 185, 199, 202, 204, 205, 209, 211, 214, 220

Calixto I, 251
Canção de Rolando, A, 153
Cantacuzeno, João (ver João VI Cantacuzeno), 77, 78, 80, 82, 100, 108, 247-249
Carlos Magno, 51, 52, 145, 153
Carlos Martel, 145n
Carlos VI, rei de França, 101
Carlos VIII, rei de França, 273
carolíngia, dinastia, 145
Cartas a Ático (Cícero), 87
Casa do Conhecimento, 147-163
Casa Giocosa, La, 103
Casimiro, rei da Polônia, 254
Caslav, 211
Cassiodoro, 40-51
Chalcondyles, Demétrio, 124-126
Choniates, Nicetas, 58, 59
Churchill, Winston, 92
Cícero, 75, 87, 90, 95, 105
Cipriano, 243, 251-255
cirílico, alfabeto, 207, 208, 209

ÍNDICE

Cirilo (Constantino, o Filósofo), 191-199, 208, 235-237, 267-268, 281
Ciro, o Grande, 134n
cisma fociano, 189, 194
Clemente de Ohrid, 208
Colet, John, 126
Colombo, Cristóvão, 99
Comnena, Anna, 65
compilações, As (Paulo de Perugia), 74
conciliarista, movimento, 109, 120
Concílio de Basileia, 109
Concílio de Constança, 114
Concílio de Florença, 108-113
consolação da filosofia, A (Boécio), 44
Constantino IX Monômaco, imperador, 238
Constantino, o Grande, imperador, 130
Constantino V Coprônimo, imperador, 150
Constantino VII Porfirogênito, imperador, 204, 210
Contra o caluniador de Platão (Bessarion), 116
Corbinelli, Antonio, 98
Corão, 131, 136, 170
Coripo, 133
Cosmas Indicopleustes, 136
Crisis of the Early Italian Renaissance, The (Baron), 92n
Crisoloras, Manuel, 83-104
Crisoloriana, 104
Cruzada de Varna, 112
Cruzadas, 54, 72, 177
Cumanos, 241
Cydones, Demétrio, 76, 78, 79, 81, 84, 100, 111
Cydones, Prócoro, 81

Dandolo, Enrico, 55, 57
Daniel, 277, 278
De Administrando Imperio (Constantino VII), 204
"Defesa da Própria Fé" (Cydones), 79

Demóstenes, 75, 96, 98
Denissoff, Elie, 276n
Digenes Akritas, 152, 236
Dimitri II Donskoi, 245, 259, 264
Diógenes, 152
Dir, 218, 222, 224
Discursos sobre a transfiguração (Gregório do Sinai), 251
Dnieper, rio, 183, 217-219, 221-223, 225
Doação de Constantino, 121
Dominicanos, 79, 275, 277
Domo da Rocha, Jerusalém, 130-132, 143
Don, rio, 219-221, 226, 245

Éclogas (Virgílio), 75
editora Aldine, 124, 125, 274
Em louvor à cidade de Florença (Bruni), 96
Eneida, 75
Epifânio Premudry (Epifânio, o Sábio), 268, 269
Erasmo, Desidério, 126
escolas sírias, 155
escolástica, 89, 90, 116
eslavos, 183-185
Ésquilo, 63, 98, 125, 165
Esquino, 96, 98
Este, família, 103
Estêvão de Perm, Santo, 268
Estêvão Dushan, 216
Estêvão Nemanja, 212
Etaples, Lefèvre, 126
Ética (Aristóteles), 96
Euclides, 98
Eugênico, Marcos, 111
Eugênio IV, papa, 109
Eurípides, 98, 165
Eutímio de Turnovo, 257, 267, 268

Falsafa, 167-171
Feltre, Vittorino da, 103, 117
Ficino, Marsílio, 114, 115, 118, 119, 124, 273
Fihrist (An-Nadim), 154, 155, 294

Filioque, 54, 194
Filofei (Filoteu), 265
Filoteu Kokkinos, 249-255, 259, 261, 263, 266, 272
Fócio, 181, 182, 186-192, 196, 197, 218, 225, 263
Franciscanos, 79
Francos, 39, 42, 51, 54, 153, 193, 194-196, 200

Galeno, 155, 157n, 159-164
Gaza, Teodoro, 117, 118, 121
Gaznavidas, 170
genealogia dos deuses, A (Boccaccio), 75
Gêngis Khan, 241
Genoveses, 66, 243, 247, 254, 256-259
Geoffroy de Villehardouin, 56
Geografia (Ptolomeu), 99
Geórgicas (Virgílio), 75
Gerasimov, Dimitri, 265
Giotto di Bondone, 32
glagolítico, alfabeto, 192, 208
godos, 38-40, 42, 43, 46, 51
Gonzaga, dinastia, 103
Greek Thought, Arabic Culture (Gutas), 154n, 187n
Gregoras, Nicéforo, 78, 79
Gregório de Nazianzus, São, 61
Gregório do Sinai, 251, 267
Guarino de Verona, 101, 110, 121, 124
Gutas, Dimitri, 154n, 187n, 281
Gutenberg, Johannes, 124

Hanbali, escola, 176
Harun ar-Rashid, 152, 153
Hedwig, princesa da Polônia, 261
Helena, imperatriz, 80, 100n
Henrique IV, rei da Inglaterra, 101
Henrique VIII, rei da Inglaterra, 276
Heráclio, imperador, 133-135, 137, 210
Heródoto, 63, 98, 121, 165, 213
Hesicasmo, 67, 71, 78-80, 107, 111, 177, 247, 250-251, 266-267, 268, 270, 271

Hesíodo, 75
Hexamilion, 106
Hilandar, monastério, 212, 214
História da guerra judaica (Josefo), 236
História do povo florentino, A (Bruni), 96
História dos godos (Cassiodoro), 46
Homem da Renascença, conceito do, 104
Homero, 63, 74, 75, 76, 98, 125
Hunain ibn Ishaq, 155-163
Hussein, 142

Ibn Hanbal, Ahmad, 176
Ibn Khaldun, 139-141
Ibn Taymiyya, Taqi, 176n
Ibn Tufayl, 173, 174
Iconoclasmo, 150, 151, 187, 189
Igor, 224, 229
Igreja de Chora, Constantinopla, 31-34, 61, 106n
Igreja de Santa Sofia, Kiev, 59, 239
Igreja do Santo Sepulcro, Jerusalém, 130
Igreja dos Santos Apóstolos, Constantinopla, 37, 48n
Ilíada, A (Homero), 75
imprensa, invenção da, 125
Inácio, o Diácono, 188
Inácio, patriarca, 189
incoerência da incoerência, A (Averróis), 174
incoerência dos filósofos, A (Al-Ghazali), 172
Inocêncio III, papa, 55
Instituições das cartas divinas e seculares (Cassiodoro), 50
Irene, imperatriz, 51, 187
Ishaq ibn Hunain, 159
Isidoro, 263, 264
Ivan I, grande príncipe, 249
Ivan III, tsar (Ivan, o Grande), 264, 265
Ivan IV (o Terrível), 277

Jacó de Edessa, 157
Jagiello da Lituânia, 259, 261
João da Escada, 267
João de Damasco, 151

ÍNDICE

João de Éfeso, 184
João II Comneno, imperador, 240
João Ítalo, 65, 66
João V Paleólogo, imperador, 82, 261
João Tzimisces, imperador, 227, 228, 232
João VI Cantacuzeno, 77, 247
João VIII Paleólogo, imperador, 109
João VIII, papa, 106, 111, 195
Jorge de Trebizonda, 117, 121, 122
José, 110, 275, 276, 277
José II, 109
josefitas (possessores), 275, 276
Josefo, 236
Juliano, o Apóstata, imperador, 107, 108n
Justiniano, imperador, 37-39, 43, 44, 46-49, 51, 62, 133, 134, 184

Kalka, batalha de, 241
Kasogianos, 226
Khazares, 192, 221, 226, 230, 231
Komi, 268
Kosovo Polye, batalha de, 216
Krum, cã da Bulgária, 185, 186, 211
Kulikovo, batalha de, 245, 246, 259, 260, 264
Kurbsky, príncipe, 278, 279

Láscaris, João, 126, 272
Last Byzantine Renaissance, The (Sir Runciman), 64n
Lazar, príncipe da Sérvia, 216
Leão III, imperador, 144, 150, 189
Leão III, papa, 51
Leão, o Matemático (Leão, o Sábio), 187
Leão VI, imperador, 203
lenda do capelo branco, A, 265
Linacre, Thomas, 126
Lituanos, 259, 260
Liudprand de Cremona, 52, 53, 64, 150, 225
Livro da cura (Avicena), 170, 171
Livro das leis (Pletho), 107
lombardos, 51, 133

Luís, o Pio, 220
Macário, 254, 227, 258, 262
macedônica, dinastia, 65
magiares, 202, 220, 221, 223
Magister, Thomas, 250
Mamai, cã, 246, 258, 259, 260
Manuel I Comneno, imperador, 240
Manuel II Paleólogo, imperador, 85, 100, 101, 102, 105, 106, 108, 240, 255, 261
Manzikert, batalha de, 240
Maomé, profeta, 129, 132, 133-136, 138, 231
Maritsa, batalha do rio, 216
Marwan I, 142
Marwan II, 147
Masawayh, dinastia, 159
Musurus, Marcus, 125, 126
Maxime le Grec et l'Occident (Denissoff), 276
Máximo, o Grego (Miguel Trivolis), 271, 272, 274-280
Meca, 130, 132, 135, 136
Médici, Cosimo de, 97, 98, 112-115, 118, 119
Médici, Giovanni de, 114
Médici, Lourenço de (o Magnífico), 118, 126
Médici, Piero de, 273
Medina, 130, 132, 135, 138, 142
merovíngia, dinastia, 145n
Metafísica (Aristóteles), 162, 170
Metochites, Teodoro, 32-34, 61, 66-68, 123
Metódio, 191-200
Michelangelo, 273
Miguel de Tver, príncipe, 252, 253
Miguel III, imperador, 181, 189, 192, 196
Miguel VIII Paleólogo, imperador, 59, 243
Mihna, 176
Milão, 91, 92, 100-102, 119
minúscula (cursiva), letra, 187
Mistra, 106, 110, 115
Mityai, 256-258

Mongóis, 149, 241-244
Monofisistas, 43, 137, 156,
Monte Athos (monte Sagrado), 71, 73, 212-214
monte Cassino, monastério de, 49
morávios, 194, 199, 235
More, Sir Thomas, 126
Moreia, 106
Moscou, 240, 241, 243-266, 269, 270, 272, 273, 276, 279
Muawiya, 138, 139, 141, 142, 145, 146
Murad II, sultão, 109
Musa, 105, 160, 162,
Mutazilismo, 176

não possessores, 275-278
Nascimento de Vênus, O (Botticelli), 115
Naum, 198-201
Neoplatonismo, 62n, 119, 169,
Nestorianos, 156, 158, 159, 161, 162
Nestório, 156
Newton, Isaac, 167
Niccoli, Niccolò, 97, 98, 166
Nicéforo I, imperador, 186
Nicéforo II Focas, imperador, 53, 227
Niceia, Credo de, 54n
Nicolau I, papa, 189, 194-196
Nicolau, o Místico, 204-207
Nicolau V, papa (Tommaso Parentucelli), 120-123
Nil Sorsky (São Nil), 276
Nilo Kerameus, 276
Normandos, 55, 65, 74, 240
Nuh ibn Mansur, 170

Oleg, 218, 222, 224, 229
Olga, 225
Olgerd da Lituânia, 249-254, 259
Omar II, 144
omíada, dinastia, 129, 132, 138, 139-147, 151, 173
Organon (Aristóteles), 45
Osmanli, 66

Oto, o Grande, 52, 53, 64
Otomano, Império, 31, 66, 83
Pacômio, 268
Palamas, Gregório, 71-73, 78, 79, 81, 172, 250, 267
Paleóloga, dinastia, 66
panteão olímpico, 107
Paulo de Perúgia, 74
Paulo, São, 194
Pausânias, 125
Pechenegues, 65, 202, 220, 227, 247, 240, 241
Pedro, cã da Bulgária, 207
Pedro, metropolita, 248
Peste Negra, 89
Petrarca, 28n, 34, 70-85, 87, 90, 92, 125
Pico della Mirandola, Gianfrancesco, 274
Pico della Mirandola, Giovanni, 273, 274
Pilato, Leôncio, 76
Pimen, 258, 259, 261
Píndaro, 98
Platão, 41, 45, 62, 95, 98, 106, 108, 113-117, 118, 125, 162, 165, 169, 273
Pletho, Georgios Gemistos, 106-108, 110-118, 168
Plutarco, 96, 98, 125
Poitiers, batalha de, 145
Políbio, 98
Política (Aristóteles), 96
Poliziano, Ângelo, 118, 273
Portões Cilicianos, 152
Primeira crônica, 217, 218, 222, 224, 225, 229-231 234-236
Primeira Cruzada, 54
Primeira Renascença bizantina, 64-66
Procópio, 40, 42, 44

Qadisiyah, batalha de, 137
Quarta Cruzada, 37, 55, 56, 59, 66, 86, 123, 241
Questões (Crisoloras), 94, 125

Ratislav, príncipe da Morávia, 197
Razes (Abu Bakr al-Razi), 168, 169

Reconquista da Itália, 38, 46
Renascença paleóloga, 66, 105, 215
Resgatando do erro (Al-Ghazali), 171
Reuchlin, Johannes, 126
Risala (Hunain ibn Ishaq), 161, 162
Roberto, o Sábio, rei de Nápoles, 72
Romano, 205-207
Romano I Lecapeno, imperador, 52
Rossi, Roberto, 84, 85, 98, 100, 114
Rota da Seda, 148
Rublev, Andrei, 269
Runciman, Sir Steven, 32, 64
Rurik, 218
Rus de Kiev, 217, 221, 224, 229, 236, 238

Saber Exterior, 60, 63, 107, 272
Saber Interior, 60
Saif al-Dawla, 168
Salutati, Coluccio, 84-88, 90-93, 95-99, 119, 251, 266
samânida, dinastia, 170
Samuel, tsar da Bulgária, 232
Santa Sofia, Igreja de, Constantinopla, 59
Santo Apolinário Novo, Ravena, 38, 39, 130
São Marcos, biblioteca de, Florença, 274
São Vital, Ravena, 37, 38
sassânida, dinastia, 134, 138
Sava, São, 212, 214, 215
Savonarola, Girolamo, 273-276
Scholarios, Georgios (Genadio), 112
segunda influência sul-eslava, 266, 268, 269
seljúcidas, turcos, 65, 243
Serapion, dinastia, 159
Sérgio de Radonezh, São, 245, 255, 260, 268, 278
Sérgio, patriarca de Constantinopla, 134
Sérvios, 209-216
servo-croata, idioma, 210
Severo de Nisibis, 157
Shakespeare, William, 96
Símaco, 41

Simeão, o Estilita, 157
Simeão, o Grande, 201
siríaco, idioma, 156, 157, 161
Sobre a anatomia das veias e artérias (Galeno), 160
Sobre a anatomia dos nervos (Galeno), 160
Sobre a demonstração (Galeno), 155
Sobre a dissecação (Galeno), 161
Sobre as atitudes cavalheirescas e os estudos liberais para os jovens (Vergerio), 98, 102
Sobre as diferenças entre Aristóteles e Platão (Pletho), 115
Sobre como os jovens podem tirar proveito da literatura pagã (Basílio de Cesareia), 61
Sobre os céus (Aristóteles), 162, 173
Sófocles, 63, 98, 125
Solomônia, 271, 277
Sopocani, monastério, 215
Strozzi, Palla, 98, 119
Sufis, 171
Suleiman, 144
Summa Contra Gentiles (Aquino), 79
Sunitas, 138
Svatopluk, 195, 198
Svyatoslav, príncipe de Kiev, 225-229, 232

Tamerlão, 83, 216, 264
Tarásio, 187
Teócrito, 75, 98
Teodora, imperatriz, 37
Teodorico, o Grande, rei dos godos, 38-40, 42-46, 130
Teodósio de Turnovo, 266
Teodósio, imperador, 47
Teófanes, o Grego (Feofan Grek), 269
Teófilo, imperador, 188
Teognosto, 248
Tertuliano, 60, 61
Thietmar, bispo de Merseberg, 234
Thomson, Ian, 101n
Tifernate, Gregorio, 113
Timóteo I, 157
Tokhtamysh, cã, 260

Tolstoi, Leon, 279
Tomeu, Nicolau Leônico, 124
Tomislav, rei, 207
Tomismo, 80, 81
Tópicos (Aristóteles), 157, 162
Topografia cristã, 236
Trindade (crônica), 263
Trivolis, Demétrio, 272
Trivolis, Miguel (Máximo, o Grego), 272, 275-277, 280
Tucídides, 63, 64, 77, 98, 121, 122, 125, 165
Última Renascença bizantina, 33, 66-69
União de Krewo, 261n
Uthman, 138

Valla, Lorenzo, 121, 122, 161
Vândalos, 38, 39
varangiana, guarda, 233
varangianos, 217-221, 226, 229
Varlaam, 276, 277
Varna, batalha de, 112
Vassili III, grande príncipe de Moscou, 271
Vassian Patrikeyev, 276, 277
Venerio, Antonio, 84
Verbum ad verbum, método, 94
Vergerio, Pier Paolo, 97, 102, 103, 110
Vida de Pedro (Cipriano) 260, 263
Vidas (Plutarco), 98
Virgem Maria, 133-135, 234
Virgílio, 75, 90
Visconti, Gian Galeazzo, 92, 100, 101
Visigodos, 39

Vivarium, monastério, 49, 50
Vladimir II Monomakh, 238, 239
Vladimir, o Grande (são Vladimir), 229, 230
Vladimir, cã da Bulgária, 200
Vlastimir, 211
Volga, rio, 184, 219, 220, 231
Vsevolod, 238
Vyatichianos, 227

wahabismo, 176

xariá (lei islâmica), 141, 169, 176
Xerxes, 213
Xiitas, 138, 143

Yarmuk, rio, 136, 137
Yaropolk, 229
Yaroslav, o Sábio, 235-238, 240
Yasianos, 226
Yazid, 142
Yeats, William Butler, 53n
Yuhanna ibn Masawayh, 159
Yuri Dolgoruky, 240, 249

Zab, batalha do, 147
Zane, Paolo, 102
Zara, 55
Zeus, 107
Ziriano (ver Komi), 268
Zoé Paleóloga, 264, 271
Zoé, imperatriz, 204, 205
Zoroastrismo, 133, 134

Este livro foi composto na tipografia
Garamond BE, em corpo 11/15, e impresso em
papel off-white no Sistema Digital Instant Duplex
da Divisão Gráfica da Distribuidora Record.